# 追寻

## 50倍投资收益的逻辑与心法

陶朱振羽 著

经济日报出版社
北京

图书在版编目（CIP）数据

追寻：50倍投资收益的逻辑与心法/陶朱振羽著. -- 北京：经济日报出版社，2024.8

ISBN 978-7-5196-1379-2

Ⅰ.①追… Ⅱ.①陶… Ⅲ.①股票投资–基本知识 Ⅳ.① F830.91

中国国家版本馆CIP数据核字（2023）第227124号

## 追寻：50倍投资收益的逻辑与心法
ZHUIXUN: 50BEI TOUZI SHOUYI DE LUOJI YU XINFA

陶朱振羽　著

| 出　　版： | 经济日报出版社 |
|---|---|
| 地　　址： | 北京市西城区白纸坊东街2号院6号楼710（邮编100054） |
| 经　　销： | 全国新华书店 |
| 印　　刷： | 天津裕同印刷有限公司 |
| 开　　本： | 880mm×1230mm　1/32 |
| 印　　张： | 10.75 |
| 字　　数： | 290千字 |
| 版　　次： | 2024年8月第1版 |
| 印　　次： | 2024年8月第1次 |
| 定　　价： | 88.00元 |

本社网址：www.edpbook.com.cn，微信公众号：经济日报出版社
未经许可，不得以任何方式复制或抄袭本书的部分或全部内容，**版权所有，侵权必究**。
本社法律顾问：北京天驰君泰律师事务所，张杰律师　举报信箱：zhangjie@tiantailaw.com
举报电话：010-63567684

本书如有印装质量问题，请与本社总编室联系，联系电话：010-63567684

# 自序

# 我与投资的故事
## ——探索世界、追寻规律、创造价值

我在学生时代就对投资非常感兴趣,大学及读研期间,我几乎将图书馆里有关投资的书籍读了个遍。硕士毕业后,怀揣着对投资的热情,我顺利进入了一家大型国有投资公司,从此正式开展投研工作。

刚步入职场的我给自己定下第一个目标:10年之内,要让自己的投资收益达到50倍,这也是本书书名《追寻:50倍投资收益的逻辑与心法》的溯源。于是我上班时调研公司、研究行业发展和经济运转规律,下班后看书写思考总结,日子过得既紧张又充实。

回想起来,我非常感激投研工作为我提供了非常卓越的平台,让我有机会去探索世界、追寻规律,并努力用规律创造价值。

这个过程也让我越来越清晰地感觉到,投资上的比拼,除去资金体量、融资能力、信息差等客观硬件外,投资者运用的投资方法论也起到了决定性作用。而投资方法论本质上是比拼三大核心要素:**天赋**——对世界的感知能力以及对规律的感悟能力;**心态**——控制自己的能力,做到知行合一,成为理性之人;**勤奋**——每日反思总结,不断迭代。将"天赋、心态、勤奋"对应到具体的投资行为上,就是"搭建投资体系和框架""提升认知和心态""不断迭代完善信息及知识",在实战中做好这三点会大幅提升投资收益率。

### 一、搭建投资体系和框架

投资是个系统性的过程,需要通过一整套体系或框架来实现。一些人认为,成功押注高收益股票、彩票、虚拟货币是快速实现资产增值的一种办法，但投资者如果一直沉迷于这种风险收益双高资产的博弈，心态极容易崩溃，资金赔光后黯然离场是大概率事件。适合大众的投资方法，一定要有成熟的投资框架和体系作辅助，将资产的收益率曲线尽可能变得平滑，形成一种"下有底，而上不封顶"的稳定模式。

**二、提升认知和心态**

投资圈有一句比较流行的话：你永远也赚不到认知范围以外的钱。

我个人觉得这句话不无道理。对于投资而言，除了本金大小外，认知和心态就是最大的实力。投资的核心就是预测未来资产价格的走势，能否正确把握规律，做出正确预测，最终取决于投资者的认知水平。投资是一种高竞争性的经济行为，要想取得更高收益，必须要扛得住资产价格的高波动，但高波动对人瞬间的情绪冲击会非常大。如何面对贪婪和恐惧，确保自己始终处于理性状态，减少失误，做到知行合一，这是个不小的难题。提高自我认知和心态则是解决这个难题的最优解。

认知和心态的提升绝非易事，不仅需要主观的意愿，还需要客观的环境。主观上，需要投资者不断地学习和实践，主动打破自己的固有认知，脱离舒适圈，对人性以及投资规律有着远超常人的洞察力，这需要花费一些时间且过程比较痛苦。客观上，则需要投资者储备一定的初始资金去试错。纸上得来终觉浅，仅靠学习别人的经验提升始终是有限的，只有亲身经历过痛彻心扉的挣扎与迷茫，才能真正地提升对人性的理解和感知。

**三、不断迭代完善知识储备**

相对于前面两点，大众投资者会多少了解一些金融基础知识，但也需要不断提升。这是因为有不少投资者本身就是从事金融行业的，即便自己不是，但每个人身边总会有金融行业的亲朋好友，向这类人群请教和咨询，再加上信息量超强的互联网，把基础问题弄明白难度不大。

但这并非十全十美，对于大多数投资者而言，无论是工作中接触到的还是在校期间学到的金融知识，在理论上讲得头头是道，但实践起来都会备感困惑。因为通过投资实现资产快速增值的知识必须是体系化、实时更新、具体情况具体分析的。多数投资者在工作中接触到的金融知识面过窄,自学的往往是陈旧的理论框架,既不具备时效性,又缺乏系统性。

鉴于上述难点,我将一路走来的经验和收获总结成了这本书,分享给一路同行的朋友们,希望能对大家有所帮助。

除了上述方法论,永远对未知保持好奇、永远对探索保持热情,永远心态乐观是成长过程中的重要一环。投资行为本身是非常枯燥的,只有保持心中永不熄灭的热爱,才能点燃你在投资领域的小宇宙。

最后祝大家投资顺利,早日实现梦想。

# 目录
CONTENTS

## 第一篇　实现资产增值的投资体系和投资框架

没有一个胜利者相信偶然的机遇。

——［德］弗里德里希·尼采

### 1. 投资目标——资产增值 02

1.1　财富自由的标准　02

1.2　资产增值之梦　04

### 2. 投资体系与投资框架 07

2.1　投资体系与投资框架的重要性　07

2.2　通过投资实现资产增值的底层逻辑　10

2.3　投资策略　13

2.4　投资资产种类　15

2.5　底层逻辑、投资策略与资产种类如何匹配　19

## 第二篇　成长心路总结——将知道变成做到

知行合一，知为行之始，行为知之成。

——［明］王阳明

### 1. 成长心路：思维与心态的转变 24

1.1　实现资产增值需要有一定的财富基础 24

1.2　信仰不灭 29

1.3　守正出奇：逻辑正确与结果正确 32

1.4　真理永远掌握在少数人手里 34

1.5　人和不如地利，地利不如天时 36

1.6　放下幻想，准备战斗 39

1.7　行为金融——认识到自己的缺陷 42

1.8　思维上的先知与后验 46

### 2. 经历回顾：多品种经验总结 50

2.1　四大品种与三大阶段 50

2.2　不动产投资经历及心得梳理 51

2.3　资本市场（公募基金、私募基金）投资经历及心得梳理 57

## 第三篇　基础理论详解

山不让尘，川不辞盈。

——［魏晋］张华

### 1. 可投资资产概述 74

1.1　适合大众投资者投资的几大品种 74

1.2　可投资产的投资思路和逻辑 75

1.3　可投资资产排序 76

1.4　实用理论及模型 77

### 2. 房地产 88

2.1　房地产的特点 88

2.2　房地产的分类 90

2.3　房地产价值的分类 90

2.4　房地产的估值方法 91

2.5　房地产市场之我见 95

### 3. 私募证券投资基金 104

3.1　中国私募基金发展概况 104

3.2　私募证券投资基金的特点 111

3.3　私募证券投资基金的分类 114

3.4 私募证券投资基金评价与基金选择的关系 129

3.5 私募证券投资基金评价（后验） 130

3.6 私募证券投资基金选择（先知） 140

## 4. 公募基金 149

4.1 中国十年公募基金发展概况 149

4.2 公募基金的特点 150

4.3 基金的分类 153

4.4 公募基金公司评价与公募基金经理评价 165

4.5 如何选择公募基金 170

## 5. 股票 180

5.1 中国股票发展概况 180

5.2 股票的特点 185

5.3 常见的股票指数 187

5.4 行业分类股票详解 194

5.5 股票的选择 310

## 6. 股指期货及衍生品的应用 316

6.1 股指期货 316

6.2 期权 317

6.3 期货及期权的运用 319

## 第四篇　风控及成本管理

> 投资法则一，尽量避免风险，保住本金；第二，尽量避免风险，保住本金；第三，坚决牢记第一、第二条。
>
> ——［美］沃伦·巴菲特

### 1. 风控管理 322

　　1.1　风控的重要性 322

　　1.2　风控过程中重点考虑因素 323

### 2. 成本管理 324

　　2.1　机会成本 324

　　2.2　时间成本 324

　　2.3　交易成本 325

　　2.4　融资成本 325

　　2.5　佣金、管理费、业绩报酬成本 326

# 第一篇 CHAPTER 1

# 实现资产增值的投资体系和投资框架

> 没有一个胜利者相信偶然的机遇。
> ——[德]弗里德里希·尼采

# 1 投资目标——资产增值

## 1.1 财富自由的标准

近几年来,"资产增值"成为许多人的终极目标,但对于"资产增值"的标准十分模糊。在制定资产增值的标准时,社会上有两种逻辑,即绝对资产增值逻辑和相对资产增值逻辑。

### 1.1.1 绝对资产增值的标准

绝对资产增值的标准是,当某个人的财富积累到一定数值后,财富产生的孳息,包括利息、分红、房租等,足够覆盖日常消费支出时,即达到资产增值。

以胡润数据为例,胡润研究院发布的《2021胡润财富自由门槛》显示(表1-1),中国一线城市入门级财富自由的门槛是1,900万元,二线城市是1,200万元,三线城市是600万元;一线城市中级财富自由的门槛是6,500万元,二线城市是4,100万元,三线城市是1,500万元;一线城市高级财富自由的门槛是1.9亿元,二线城市是1.2亿元,三线城市是6,900万元。国际级财富自由的门槛是3.5亿元人民币,相当于5,000万美元。

表 1-1 《2021 胡润财富自由门槛》

| 级别 | 财富自由门槛（万元） | 常住房（平方米） | 第二住房（平方米） | 汽车（辆） | 家庭税后年收入（万元） |
|---|---|---|---|---|---|
| 入门级 | 三线城市：600 | 120 | / | 2 | 三线城市：20 |
| | 二线城市：1,200 | | | | 二线城市：40 |
| | 一线城市：1,900 | | | | 一线城市：60 |
| 中级 | 三线城市：1,500 | 250 | 200 | 2 | 三线城市：50 |
| | 二线城市：4,100 | | | | 二线城市：100 |
| | 一线城市：6,500 | | | | 一线城市：150 |
| 高级 | 三线城市：6,900 | 400 | 300 | 4 | 三线城市：250 |
| | 二线城市：12,000 | | | | 二线城市：400 |
| | 一线城市：19,000 | | | | 一线城市：1,500 |
| 国际级 | 35,000 | 600 | 400×3 套 | 4 | 1,000 |

不难看出，胡润研究院给出的财富自由标准的跨度是极大的。一线城市入门级别资产增值门槛为 1,900 万元，而高级财富自由门槛为 1.9 亿元，这两者相差了整整十倍。

## 1.1.2 相对资产增值的标准

资产增值除有绝对标准，还有相对标准。资产增值是指人无须为满足生活开销而努力工作去赚钱的状态。简单地说，一个人的资产产生的被动收入至少等于或超过他的日常开支，如果进入这种状态，就可以称为资产增值了。

在相对标准下，赚多少钱就能资产增值，成了一件更没边界的事情，每个人的日常开支从每月几千元到每月百万元，资产产生的被动投资收益率也是天差地别，有些人的投资收益率一年能翻几倍，有的人则可能还是负收益。在相对标准下，要想实现财富自由，不仅要开源，即

---

※　如无特殊说明，本书数据均来自 wind。

拼命地赚钱，还要节流，即控制自己的欲望，不然多少钱都不够花。

**乍看下来，相对财富自由似乎更加可能实现**。为了迎合大众流量，有一些"鸡汤博主"会大谈"有多少钱并不重要，只要克制住欲望，月入1万元就能资产增值"等言论。

对此，我并不是十分赞同。

首先，"相对财富自由"的理论，有点像"鸡汤"文，也不太客观。在当今的社会，如果本身资产过少，又没其他收入来源，不要说实现理想抱负，就连日常的工作生活都有诸多不便。具体例子在就不一一详细举例了，大家观察一下，一定深有体会。其次，克制心中的欲望，达到内心的平静，难度是非常大的，一点也不亚于实现绝对自由。

柏拉图说过："征服自己的人比征服千军万马的人更伟大。"在现代社会中，各类吸睛新奇商品、刺激感官的服务层出不穷，克制欲望、保持理性，更加困难。有些人在家或许还能做到远离喧嚣，平息欲望，但是一出门看到满大街的新奇商品广告，心中难免会有跃跃欲试的冲动。

## 1.2 资产增值之梦

资产增值之所以被称为"梦想"，主要有两个原因——**充满幻觉且路途遥远**。

### 1.2.1 充满幻觉的梦

**实现资产增值后，很多美梦就可以实现**，大众投资者常见的美梦可能包括下面几种。

**幻觉1**：不再受工作奔波劳累之苦，不用早起也不用忍受堵车，烦人的客户来电不用再接了，不用看领导、同事的脸色，也不用担心未来会失业。

**幻觉2**：不再受家务琐事之苦。实现资产增值后通过资产孳息就能达到两三百万元的年收入,家务不用做,全交给家政;出门不用自己开车,由司机接送。

**幻觉3**:可以有充足的时间去实现自己的梦想。以前没时间做的、不敢想的事情都敢做了,想环球旅行就环球旅行,想开豪车就开豪车,想拍电影就拍电影,总之就是要走上人生巅峰,把过去不能做的事都做一遍。

还有幻觉4、幻觉5、幻觉6……

但对很多人而言,即便实现了资产增值,上述美梦也不一定能实现,该有的烦恼还会存在,甚至会更多,这主要是人的欲望膨胀过快所致。从白手起家到资产过亿,其中不知道要花费多少时间和心血,很多人耗费毕生精力也无法达成这个目标,但是欲望的提升就是一眨眼的工夫。

马克思在《雇佣劳动与资本》中写过这样一段话:"一座小房子不管怎样小,在周围的房屋都是这样小的时候,它是能满足社会对住房的一切要求的。但是,一旦在这座小房子近旁耸立起一座宫殿,这座小房子就缩成可怜的茅舍模样了。这时,狭小的房子证明它的居住者毫不讲究或者要求很低;并且,不管小房子的规模怎样随着文明的进步而扩大起来,但是,只要近旁的宫殿以同样的或更大的程度扩大起来,那么较小房子的居住者就会在那四壁之内越发觉得不舒适,越发不满意,越发被人轻视。"

这也是即便实现资产增值了也要克制欲望的原因,但如何克制自己的欲望实现幸福人生,不是本书讨论的重点。本书主要讲解如何实现资产增值。

## 1.2.2 路途遥远的梦

大众投资者距离资产增值是否真的遥远?

有不少高级白领觉得工资再高,也不太可能实现资产增值。即便年薪百万,每年刨除完家庭日常开销,估计能攒下70万元。每年攒70万元,攒到1亿元也需要一百多年。这还不考虑中途发生意外等各种突发情况。

乍一看,这确实很难。但是这种认识忽略了一个很重要,甚至可以说是最重要的因素——时代红利。个人努力固然重要,但也要考虑到历史进程。自改革开放以后,中国进入"造富时代"。如果把一个人从零到实现资产增值的过程比作从一楼到登顶"中国尊"的过程,若仅靠个人努力,就如同爬楼梯爬到"中国尊"的顶端,辛苦、耗时不说,大概率也爬不到顶点。如果借助时代红利,就好比坐观光电梯登顶"中国尊",不仅省时省力,还能欣赏楼外的风光。

改革开放后产生"造富"浪潮的因素有三个。

**(1)通过产业创造财富**

首先是经济的蓬勃发展。改革开放之初,中国的市场经济领域百废待兴,如果你着手创业,即便从最基层的路边摊干起,也可以打造出自己的产业集群。

读者朋友们感兴趣的话,可以翻一翻各方"大佬"的发家史,不乏刷盘子、收拾废品、栖身于市井攒出第一桶金的故事,在个人努力的前提下,再抓住时代机遇,有望成为一方"大佬",在福布斯排行榜榜上有名。

**(2)通过投资投机创造财富**

经济高速发展,除了产业经济者受益外,也一定会带动原材料、股市的价格猛增,如果能抓住时代浪潮,低买高卖,也能完成第一桶金的积累。

# 2 投资体系与投资框架

## 2.1 投资体系与投资框架的重要性

### 2.1.1 大众投资者和高级白领的特点

在大众投资者中，高级白领和小企业主是一个特别有意思的群体。一方面，他们一般受过高等教育，甚至不乏名校背景，拥有体面而且收入丰厚的工作，按理说能过上光鲜亮丽的生活。但是另一方面，北京、上海、深圳这三大一线城市是大佬、富豪云集之处，千万身价也没有什么值得骄傲的。

更何况，大众投资者往往被房贷、车贷、赡养老人、抚养子女等各种现实枷锁所束缚，抗风险能力差，对未来也充满了不安。工作或者生意顺利时，资金流较为充沛，他们的日子过得还算舒适。但是他们也没有大额资金结余，一旦遇上风险，比如裁员调岗、或者家人患重疾，就会面临现金流断裂的风险。

面对着纷繁复杂的国际形式，加之科技加速迭代，大众投资者的焦虑也越来越明显。在经济增长放缓的大环境下，加速"内卷"已经成为必然，在外部公司间的竞争、内部与同事的竞争中，任何一次失败都会让大众投资者面临调岗或者失业的风险，而人到中年，再想换个赛道拼搏一把也无比困难。失业后的大众投资者主观方面既没有心力、也放不下面子再战一场，客观上又很难学会新的技能。上述的压力让大众投资者产生一个特别矛盾但又正常的心态：**想赢，但又输不起**。这种心态可以说是投资时的大忌，极容易导致"追涨杀跌"的行为。在"追涨"方面，大众投资者会在某一资产价格已经涨了一段时间之后购入，因为他们此时往往会高位接盘；在"杀跌"方面，由于大众投资者往往是在某一资产处于较高位时买入，涨一段时间后，某些利空消息出现，导致资产价格出现回调，这时候大众投资者会非常焦虑，因为所投资产价格的下跌不仅会让多年积蓄受损，甚至还会影响房贷还款等事宜，为了避免现金流断裂等极端事件发生，大众投资者只能着急地撤出。因此，大众投资者很少有将投资做成功的，不要说资产增值，跑赢通货膨胀都鲜有人做到。

### 2.1.2 投资体系和投资框架的必要性

在想赢而又输不起的心态下，适合大众投资者投资的资产，其收益率曲线应该是一条零回撤、呈 45° 角向上的直线。

这样的收益率曲线不可能长期存在。现实收益率曲线往往是上下波动，只有扛过了低点，才能实现高收益。

图 1-1 对比了投资者所期待的三年年化 20% 收益率曲线和实际三年年化 20% 收益率曲线。因此，要想做好投资，有两个方法可供参考。一个方法是调整心态，"想赢而又输不起"的心态绝对要不得。但是，调整心态是非常困难的，贪婪和恐惧是人之常情，我们又不是圣人，面对资产大跌谁又能不恐慌呢？

另外一个方法则是通过搭建投资体系和投资框架让收益率曲线尽可能变成平滑且斜向上的。

掌握一个正确的投资体系意味着大众投资者至少要掌握两种以上相关性弱的投资资产，这对构造平滑收益率曲线是非常重要的。因为资产间相关性弱，当某种资产下跌时，另外一种资产上涨，上涨资产的收益弥补下跌资产的收益，从而使收益率曲线变得平滑。

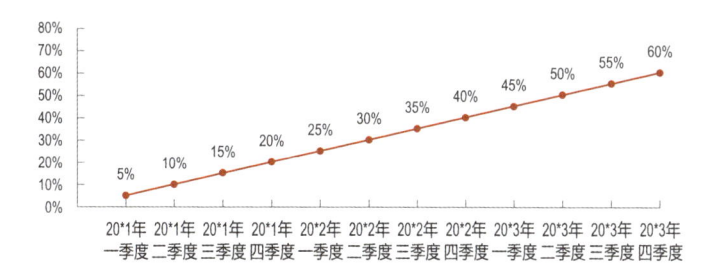

# 第一篇 实现资产增值的投资体系和投资框架

(a) 期待中的三年年化20%

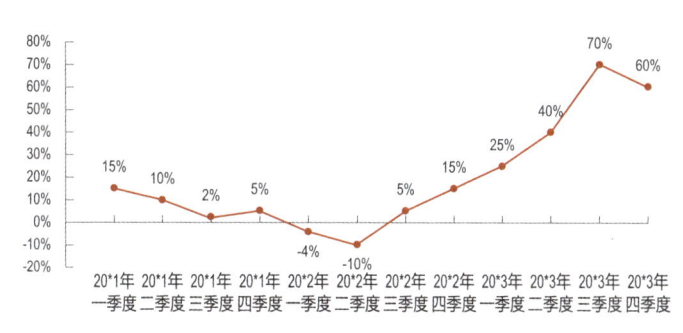

(b) 实际三年年化20%

图1-1 投资者所期待的三年年化20%收益率 VS 实际三年年化20%收益率

掌握一个正确的投资框架，意味着大众投资者会大体弄明白投资的逻辑、赚钱的策略以及逻辑、策略与对应资产间的关系，这对提高收益率是大有裨益的。

当大众投资者正确地掌握投资体系和投资框架后，可以大幅提高实现资产增值的概率，甚至在时间复利的加持下，将资产增值这一偶然事件变成一个必然事件。

尽管投资体系和投资框架如此重要，然而现实情况是，大部分大众投资者都缺失相关知识储备。他们可能炒过股、投过基金、买过房，却没有过成型的方法论，导致赔钱的时候稀里糊涂，赚钱的时候莫名其妙，这就让投资是否能赚钱完全变成了如同掷硬币一般的随机事件。

如果是掷硬币，或许还有50%的获胜概率。但在大资本面前，大众投资者在信息资源、技术方法方面处于绝对弱势地位，这些弱势再经贪婪与恐惧一一放大，大众投资者连 10% 的胜率都保证不了。

## 2.2 通过投资实现资产增值的底层逻辑

尽管人们做梦都在想着税后收入、财富自由，各种微信公众号都在讲如何进行现金管理和理财，但是没有人把投资赚钱的底层逻辑讲清楚。这其实是非常致命的，也是导致无数大众投资者南辕北辙、缘木求鱼，最终一败涂地、成为"韭菜"的根本原因。

为了帮助读者更好地理解投资逻辑，需要先界定投资的定义。我们将投资定义为一种购买某种资产并持有一段时间后，获取利息、投资收益或者资本利得（损失）的行为。

根据投资动机的不同，可以把投资逻辑分为四类，即套利逻辑、投机逻辑、价值投资逻辑和通货膨胀逻辑。

### 2.2.1 套利

套利逻辑利用的是同一种产品在不同条件下定价不同的情况来赚钱，是一种低风险或者无风险投资逻辑。

但套利逻辑是存在问题的，随着所有市场越来越透明化，越来越有效，套利的机会存在的时间会越来越短。只要投资者的套利对象是流动性好的标的，风险相对比较小，赚钱的比例相对而言要小。值得注意的是，赚钱比例小并不意味着赚到钱的金额小，相反，套利策略有可能是赚钱绝对额最大的策略，主要原因在于套利策略风险小，投资者可以投入大量本金，而且可以放杠杆。

有一个简单的公式可以用于计算加杠杆后的收益率，即：

$$R_p = R_I + \frac{V_B}{V_E} \times (R_I - R_B)$$

式中，$R_p$ 为加完杠杆后的最终收益率；$R_I$ 为投资资产的收益率；$R_B$ 为杠杆的成本；$V_B$ 为杠杆的总额；$V_E$ 为本金金额。

举个例子：投资者老王有本金 100 万元，此时他发现有一款产品的收益率为年化 8%，为赚取更多的收益，老王向小王以 4% 的成本借 200 万元加杠杆。问：老王加完杠杆后的收益是多少？即求 $R_p$。

$$R_I=8\%;$$
$$R_B=4\%;$$
$$V_B=200（万元）;$$
$$V_E=100（万元）;$$
$$R_p = 8\% + \frac{200}{100} \times (8\%-4\%) = 16\%。$$

### 2.2.2 投机

最常见的投机类型就是预估某件事情发生后，资产价格会涨或者跌。

比如，预估下周央行降息，本周便提前买入股票。

再比如抱着不知从何而来的自信，看着某股票股价已经涨三天，认为第四天一定会跌。

整体来说，投机的特点是这种做法往往是短期的，投资者没有太大把握，比较凭直觉。

投机拼的是智力。

很多投资者有一种误解，认为投机靠的是运气，其实不是这样的。就投资而言，勤奋比运气重要得多。

在机会逐步减少的时代，投机几乎是实现资产增值的唯一手段。

### 2.2.3 价值投资

价值投资逻辑常指经过慎重研究或思考，发现某个标的价格明显低于其价值，以低价买入，期盼未来价格能够回升。

最知名的价值投资者就是巴菲特，他长期持有可口可乐公司的股票。这几类底层投资逻辑都是自洽的。

我在此提一个"挖坑"的问题：**哪种底层逻辑是最好的呢？**

这时候就有读者朋友举手了：价值投资是最好的，感觉很多"大佬"都选择价值投资策略，伯克希尔·哈撒韦公司的巴菲特、桥水基金的达里奥、高瓴集团的张磊，他们都选择了价值投资。

如果有人这么回答，就代表掉进"坑"里了。《孙子兵法》有云："水无常势，兵无常形"，商场如战场，要想将投资做好，对于不同的资产，在不同的时间下，应当采取不同的策略。

值得一提的是，我总结身边已经实现资产增值的那些人士的经验，通过套利、投机等实现资产增值的都有，但是个人通过价值投资实现资产增值的例子反而较少。

为什么呢？我个人觉得价值投资对大众投资者而言存在3个问题。

### （1）价值投资门槛高

价值投资听起来简单，但操作起来是最难的。巴菲特曾指出价值投资的核心是安全边际，他曾说过："当你建造一座可以承受3万磅压力的桥梁时，你只会让自己驾驶一辆不超过1万磅的卡车过桥。进行投资时，也是同样的道理。"很多投资者听了之后觉得："价值投资就是寻找安全边际呀！我会看公司的报表，公司现金流充足，利润高，就是好公司呀！"也有投资者说："我在汽车行业工作了20多年，对汽车行业非常了解，某某汽车要出新的车型了，这款新车一定会热卖，某某公司的股票一定会涨。"

但上述想法都是不对的，甚至可以说连价值投资的皮毛都没有摸到。

判断企业的价值是非常困难的，至少要融合宏观、产业、政策、企业本身盈利情况等多方面不可预测的因素。非专业投资者可能连理解三张报表的钩稽关系都很困难，更不要说各种产业政策。到底哪家公司具有最高的安全边际，让人完全无从判断。

### （2）价值投资借力少

投资成功的关键一定是要借势而为。

相较于套利、投机和利用通货膨胀这三种投资逻辑，价值投资是借势最少的。价值投资更加看重的是对企业的研究，寻找企业的内在价值。

价值投资从逻辑上讲是最行得通的，也是最公正的。但是逻辑正确并不能确保结果正确。就好比 A、B 两个运动员要比赛谁能更快地完成 48 千米到达终点。A 运动员看上去肌肉匀称而有力，天赋极高；B 运动员看上去体脂率很高，明显缺乏训练痕迹。所有观众一致认为 A 能获得比赛的冠军。结果比赛当天，B 以绝对优势赢得比赛，因为 B 是赛车运动员。其实投资赚钱的逻辑也一样，有些赚钱的逻辑听起来很对，结构严谨，内容自洽，但是在时代的大势之下，赚钱效应显得无比苍白。

### （3）价格回归价值的时间具有不确定性

价值投资的底层逻辑是价格围绕价值上下波动，从长期来看，价格是要回归价值本身的。

这句话的确是真理。但关键是如何理解"长期"。对于长期的理解并不是一年以内是短期、一年以上是长期这种简单的划分方式，而是得根据资产本身的周期属性进行划分，有的周期短，有的周期长，而且大多数周期常常无法确定。甚至有些周期是非常长的，比如康德拉季耶夫周期理论长达 60 年，如果投资者运气不好，终其一生也无法等到一个康波周期的高点。

## 2.3 投资策略

### 2.3.1 三大投资策略

通过投资实现资产增值是需要策略的。尽管有不少大众投资者天天喊着要资产增值，但是我打赌，至少有一半的人没有仔细想过具体如何实现。

如引言中所说，靠工资和奖金是不可能实现资产增值的，一是个人所得税率过高，当年薪超过96万元后，个人所得税率高达45%，接近于一半的收入了。而且要赚取高额的工资和奖金，一定会占用个人大量的时间和精力，让人无法专心研究投资之道（职业投资除外）。

靠做小买卖也很难实现资产增值，随着市场竞争越来越激烈，行业间的"内卷"会越来越严重，利润空间也会越来越小。因此，投资几乎是大众投资者实现资产增值的唯一途径。但是对于大众投资者而言，能实现资产增值的投资一定是系统而又有规划的，绝不是靠撞运气实现的。

投资方法是有讲究的，笔者总结了一下，大体上讲靠投资实现资产增值有且只有三种策略。

### （1）策略一："大钱"押大概率

将大笔资金加杠杆后押在一个确定性很高的投资对象上，把周期拉长，通过复利去赚钱。

### （2）策略二："小钱"押小概率

将少部分钱放在一个风险很大，但是回报极高的投资品种上。

### （3）策略三："大钱"押小概率

将大部分钱押在高收益、高风险的资产上。

## 2.3.2 大众投资者可选择的最佳策略

大众投资者要实现资产增值，在策略选择方面，我并不是非常推崇第三种方法。主要原因有两个。

**其一，对于大众投资者而言，第三种方法风险太高。**

把大量资产押在高风险产品上确实能很快致富，但是风险也很大。大众投资者好不容易积累了一些原始资金，一旦赔了，就很难再翻身。我们可以观察一下周围的朋友，会发现，一个普通人想跨越阶级是非常困难的，很多名校毕业的高才生也很难在一线城市靠自己的收入购房。

**其二，容易养成"赌"性，难以守住收益。**

把大部分钱押在高收益资产上，如果赌输了，那自然是满盘皆输；那万一赌对了呢？就我所见，周围一时"赌"对的投资者，他们的结果似乎也不是太好，多数人"赌"对了后都会盲目自信，认为自己是无敌的，然后将资金投入收益预期更高，风险更大的产品。然而运气总有用光的一天，只要输一把，就难以翻身。

整体来看，本书比较推崇将第一种策略和第二种策略结合。

首先，购买抗通胀的核心资产相对简单，并且可以加杠杆上规模，策略容量是极大的，非常适合大众投资者。其实财务是否自由，关键衡量的是资产总量，选一个容量大、流动性较好、能长期持有的资产是非常重要的。有的资产、投资策略虽然涨幅大，但是容量有限，或者持续性不强。

其次，第二种策略是很好的补充选择，可以大幅提高投资收益率。但是这种策略需要投资者有很强的认知储备和经验。比如，要炒期货，需要投资者对行业产业有深度研究，能挑一个最优时机进入，绝不是将资金投进去"追涨杀跌"。

## 2.4 投资资产种类

### 2.4.1 适合大众投资者的投资品种

明白了投资策略和投资逻辑，下面步入正题——投资品种，即大众投资者具体通过哪些投资品种来实现资产增值。

如果是实力较强的合格投资者，接触到的投资品种有如下几种：

1. 股票；
2. 未上市公司股权；
3. 公募基金；

4. 私募证券基金；

5. 私募股权基金；

6. 商品期货及股指期货；

7. 期权等其他衍生品；

8. 债券及现金理财类产品；

9. 信托、证券公司资管、公募专户等其他金融产品。

上述几种资产并非都适合投资。本书认为，只有股票、公募基金、私募证券类基金这几种比较适合大众投资者投资，其中原因简要说明如下。

### （1）股票、证券类公募基金、私募证券基金、期货

本书认为，股票以及以股票为最终投资标的的证券类公募基金、证券类私募基金还有期货是未来可配置的最重要资产形式，主要有三个原因。

其一，纳税少。中国对个人投资股票的资本利得部分免征个人所得税，而对工薪所得最高征收税率高达45%。

其二，成功企业的必然性。在中国经济带动下的中国资本市场中一定会涌现出成功的企业，带动股价上涨。

其三，政策的支持。支持资本市场发展已经是政策和舆论的导向，这也是中国经济运行的趋势。

### （2）未上市公司股权及私募股权基金

尽管私募股权基金造富多，也创造了很多造富神话，但是本书并不认为私募股权基金是大众投资者要实现资产增值的适当选择，主要有以下原因。

其一，纳税高。在我国通过私募股权基金进行投资或是直接持有未上市公司股权，如盈利退出，需要缴纳约资本利得30%的税。

其二，盈利能力大幅降低。在注册制的推进下，公司上市的门槛相对降低，而未上市公司的融资渠道越来越多且规范，导致公司上市的利

润率大幅降低。10 年前一家非上市公司上市后利润可能翻 10 倍，但是在 2022 年能翻 2—3 倍就算很多了。

新 IPO（首次公开募股）的公司还会出现破发的现象，曾经的"香饽饽"也会变成"烫手的山芋"。2021 年，A 股市场共有 524 只股票 IPO，其中首日破发的就有 22 只股票，最高亏损高达 27.27%（成大生物）；3 个月后有 356 只股票亏损，最高亏损高达 60.8%（南极光）；6 个月后有 398 只股票亏损，最高亏损高达 69.14%（大地电器）；1 年后有 294 只股票亏损，最高亏损高达 71.75%（恒辉安防）（表 1-2）

表 1-2　2021 年 A 股市场新股亏损情况

| 首日破发股票数量（只） | 首日破发股票占比 | 首日最高跌幅 |
| --- | --- | --- |
| 22 | 4.20% | 27.27% |
| 3 个月后股票亏损数量（只） | 3 个月后股票亏损数量占比 | 3 个月后最高跌幅 |
| 356 | 67.94% | 60.80% |
| 6 个月后股票亏损数量（只） | 6 个月后股票亏损数量占比 | 6 个月后最高跌幅 |
| 398 | 75.95% | 69.14% |
| 12 个月后股票亏损数量（只） | 12 个月后股票亏损数量占比 | 12 个月后最高跌幅 |
| 294 | 56.11% | 71.75% |

要知道 2021 年对于股票市场来说是一个结构性牛市。

其三，周期长。一家未上市公司的上市周期较长，从介入再到上市，在不出意外的情况下速度最快的，也需要 3 年。

**（3）商品期货及股指期货、期权等其他衍生品**

商品期货及股指期货可以上大幅杠杆，波动大，确实可以让投资者快速实现财富自由。但是商品期货存在的最大问题是波动性大、专业性强，投资人容易"赌"急眼。个人认为，主管 CTA 产品能够起到充分的多元化资产配置功能，分散风险。

**（4）现金理财类及债券**

由于中国的债券持有周期长、流动性差，国内以个人名义购买债券的投资者占比极少，建议通过购买债券公募基金代替。

### （5）信托、证券公司资管、公募专户等其他金融产品

首先，过去信托主要是以房地产信托为主，随着信托打破刚性兑付，尽管有部分信托转型为主动管理型，但是其本身的主动管理能力较弱，是以代销产品或者FOF（基金中的基金）的形式来管理产品。因此，与其买信托产品，白白让其收取一道通道费、认购费、管理费甚至业绩报酬，为什么不直接购买私募或者公募产品呢？

由于大多数证券公司资管和期货资管的直接激励机制赶不上私募，人才培养及影响力积累又赶不上公募，因此，证券公司资管和期货资管培养出来的优秀基金经理较少，历史上最著名的证券公司资管为东方红，但是后来也"奔私"了。因此，本书认为适合大众投资者保值增值品种包括北上广深核心区域的房地产、股票、公募基金、证券类私募基金（购买前要满足购买资格）、现金理财类产品等。

但是适合大众投资者投资的产品并不意味着大众投资者能获得好的回报，考虑到现金理财类产品投资难度相对较低，本书将主要介绍股票、公募基金、证券类私募基金等常见可投资产品。

### 2.4.2 精通两种以上资产的投资

如果投资者想快速地通过投资实现资产增值，至少需要精通两种以上资产的投资。这是因为投资不是"人定胜天"，而是"人不可与天斗"。如果你能摸清资产上升的趋势，实现资产增值则是比较容易的；如果走错了方向，多年积累的财富灰飞烟灭也是瞬间的事情。

假如投资者只擅长一个品类的投资，正在投资的3—5年恰好是这一品类的下行周期，那么，投资者耐不住寂寞，频繁地"抄底"，结果无疑是非常糟糕的。

参考各位投资"大佬"的经历，无论是前期积累资本，还是后期增厚收益，套利几乎是一条成功的捷径。资产越多的投资者，他的套利品种范围就越广，成功的可能性更高。

在此条件下，借助通货膨胀的力量，加杠杆投资于具备抗通胀属性的优质资产，抛开短期波动，长期来看，投资收益率理论上将数倍于M2的增速。当M2维持在较高水平时，利用通货膨胀是实现资产增值的重要推力。而且，相较于其他因素，通货膨胀可以说是未来最确定的因素之一。每增加一分的确定性，就会减少一分风险，对于抗风险能力弱的大众投资者而言，利用通货膨胀实现资产增值是不二的选择。

## 2.5 底层逻辑、投资策略与资产种类如何匹配

### 2.5.1 底层逻辑、策略与资产种类的关系

**本书2.2、2.3、2.4小节介绍了投资逻辑、投资策略和适合投资的品种。**

但这三者之间是什么关系呢？具体又该如何操作呢？如果把投资者实现资产增值的过程比作一场长途旅行，他可以开汽车、开船或者开飞机前行。弄明白投资的底层逻辑就好比投资者在出发旅行前，弄明白飞机是如何飞的、汽车是如跑的、轮船是如何游的。

选择投资策略，就如同投资者要在现有环境中选择何种方式到达目的地。比如，出发地是北京，目的地是东京，投资者的选择可能是飞机或者轮船，因为汽车穿不过海峡；如果是从北京去莫斯科，投资者则没法选择轮船，因为没有航道。

在操作投资品种方面，就好比投资者在弄清楚各类运输工具的原理，根据具体的地理环境和气候环境选择好了交通工具后，就要驾驶相应的运输工具出发了。驾驶员的操作水平非常重要，有经验的驾驶员不仅驾驶技术过硬，还会看地图，懂得随机应变，能够又快又稳地到达目的地；驾驶员水平一般的话，到达终点则会慢很多。更有甚者，既没有了解过交通工具的发动原理，便着急地驾驶上了交通工具，用开汽车的

方法开飞机，用开飞机的方法开汽车，一通乱操作，不要说到达终点了，交通工具不出问题就谢天谢地了。

举几个常见的例子。

案例一：用价值投资的思路去做虚拟货币投资。王先生用 50 万元购买了某虚拟货币后，一个月内涨了 20%，于是王先生产生了幻觉，觉得虚拟货币投资真是好，一个月涨 20%，半年就翻一倍，持有两年后就可以买房了，持有五年后将成为小镇首富，持有十年后将稳登福布斯富豪版……于是又借了 50 万元大力加仓。加仓之后，项目方"跑路"，王先生前后投入的 100 万元全部打了水漂。

案例二：用投机的方式去投大型金融蓝筹股。张先生认真研究了 A 大型银行的股票，觉得这家银行的盈利情况特别好，但是 PB（市净率）值居然低于 1，顿时觉得如获至宝，投入大量资金买入。过了一个月，这只股票价格没动，张先生安慰自己，市场对某银行的价值认可需要一个过程。又过了一个月，中小盘股票都在猛涨，张先生再也沉不住气，一怒之下，把持有的 A 银行股票全卖了，然后加仓买入中小盘 B 类基金，结果没过几天，中小盘大幅回调，而 A 银行开始分红，张先生后悔莫及。

当然，有的投资品种是可以用多种投资策略进行投资，这就好比一团面按照不同的手法，既可以做成拉面，又可以做成馒头。但采取不同的策略去思考同一个品种时，会得出两种截然不同的结论，甚至有时候网上会有人为不同的结论争执不休。

2017 年，有朋友向我咨询了一些买房意见。当时北京通州副中心的建设如火如荼，所以他想在通州购房自住。这个朋友给出的理由是，通州的房价相对于城区而言还是比较便宜的，北京开始建设城市副中心，未来一定会是发展的重点，配套设施迟早会跟上，房子的增值空间很大。

而我的建议是在西城区金融街附近、西直门或者海淀核心区域买房，理由是，这些地方属于北京乃至中国的核心区，其价值不可替代，目前这几个区域很难再有新房源了，优质住房资源卖出一套少一套，抗通胀能力强，而且买二手房一定会有折扣的。

从逻辑上来讲，我们二人的理由都说得通，但得出的结论完全不一样，主要原因是在于我们的出发点不一样，选择的策略不一样。

投资最令人抓狂的地方就在于是结果导向的，尽管很多时候逻辑上看起来无比正确，结果却差强人意。虽然我和朋友的理由从投资逻辑上听起来都对，但是结果相距甚远。

2017年，通州房屋均价5.3万元/平方米，2022年是5.5万元/平方米；2017年，西城区某个小区的房屋价格是13万元/平方米，2022年变成了20万元/平方米。

## 2.5.2　结论

前文所述的几种资产并非都适合投资。股票、公募基金、私募证券类基金等比较适合大众投资者投资。

对同一种资产可以采取不同的投资策略，但是总有一个策略相对而言是较优的。

对可投资的四种资产可按以下几个方面进行投资操作。

投资的逻辑包括套利、投机、投资等。

投资的两大策略是，大资金押赚钱概率大、收益率稳定的产品，小资金押概率小但能赚大钱的品种。

表1-3总结了与本书匹配的投资结论。

表1-3　本书的投资结论

| 投资逻辑 | 投资策略 | 投资品种 |
| --- | --- | --- |
| 套利 | 大资金押赚钱概率大、收益率稳定的产品 | 一线地区核心区域房地产 |
| 投机 | 小资金押概率小但能赚大钱的品种 | 小市值股票（可通过衍生品和期货加杠杆） |
| 价值投资 | 大资金押赚钱概率大、收益率稳定的产品 | 公募基金、私募证券基金 |

# 第二篇
# CHAPTER 2

# 成长心路总结——将知道变成做到

> 知行合一，知为行之始，行为知之成。
> 
> ——［明］王阳明

# 1 成长心路：思维与心态的转变

本书第一篇介绍了投资框架，但是做过投资的人都知道，要将投资做好，仅有好的想法和框架肯定不够，投资者还应对人生有足够的认知，这样才能战胜贪婪和恐惧，在无数的波动中，保持初心。在从梦想着有朝一日能资产增值的那一刻，到最终实现资产增值，这不仅是积累财富的过程，也是收获经验和经历的过程。当一个人实现资产增值时，他的思维和思想若没有得到相应的提升，凭运气赚的钱，也会凭实力亏光。

**对比我自身的经历，我觉得以下几点是我实现资产增值前和实现资产增值后在思维和思想方面的转变。**

## 1.1 实现资产增值需要有一定的财富基础

在当前经济高速发展的年代，资产过亿并不是一件完全不可能的事情，但也绝不是谁都能实现的事。一个人再有投资天赋，也需要经历足够的磨炼；一个人再有资金运作能力（或是加杠杆能力），也需要有一定的启动资金。

但是现在很多人，尤其是金融从业人员，服务的对象很多是有钱的企业家，企业家看起来赚钱又多又快，和企业家沟通久了心态容易飘，觉得企业家能行的事自己也行，买了几个涨停股就觉得自己是"中国版巴菲特"，总幻想拿着手里的几万元或者几十万元，每年能翻 5 倍，用不上两年就资产增值了。

然而，实际情况大多是这样的：2016 年，老王兴致勃勃地拿着 50 万元冲进投资市场，不巧遇到股灾，好几天都遇上开盘就跌停的情况，正当他担心按照这个速度跌下去，他这 50 万元两周之后差不多就得彻底归零的时候，有一天开盘后股市翻红了，老王算了笔账，总共赔了 25 万元，虽然亏损一半，但总比赔光了强，于是斩仓全部卖出。又过了两年，老王攒了些积蓄，拿着 10 万元投资，不巧赶上政策收紧，又赔了 30%，老王觉得自己时运不济，清仓走人。2019 年，老王再次攒了笔钱，也发现了股市回暖的势头，觉得近期经济平稳发展，既不会出现经济危机，财政也不会收紧，便又一次拿着 10 万元冲进股票市场，结果赶上新冠疫情，股市暴跌。经过这三次亏损后，老王终于下定决心，再也不碰股市了。结果尽管受到新冠疫情影响，但中国股市并没有直线下跌，反而是国家出台了一系列刺激政策，随着货币增发，中国股市又涨回来了。

有一天，老王的同事老孙把车从宝马三系换成了奔驰 GLE400，老王客气地恭喜了两句，又顺便问了一下老孙如何发的财，老孙回答，他在 2019 年年初买的公募基金翻了一倍。听完老孙的回答，老王既气愤又懊恼，当时要是能拿住他的股票，没准也翻了倍。于是他又攒了一笔钱，心想着这次一定沉住气，等着一波大跌再进，时间终于来到 2021 年年底，中证 500 经历近一年的"长牛"后，终于等到了一波调整。刚开始下跌时，他不敢跟进，终于在下跌两个月后，到春节前一天，他觉得差不多到底了，又用他攒的 50 万元再一次冲进股市，万万没想到，春节后第一周，俄乌冲突爆发，中国各大指数一泻千里，老王手里的 50 万元转眼又只剩 25 万元了。**每当稍微有点积蓄就冲进股市，一遇到大的回撤就疯狂撤出，从来没有积攒过资本，这样的投资者注定会成为"一棵韭菜"。**

因此，不要一开始就想着靠投资实现资产增值，而要先打好基础，要么把工作收益（年薪、经营或其他非投资所得）提升到一定高度，要么已经完成一部分的原始积累。实际上，很多投资者赔钱的根本原因就是因为本金太少了。

设定一个具体的起步基础目标，建议在非常丰富的现金流收入或者可投资资产超过 500 万元后，再考虑通过投资实现资产增值的事。在此之前，我不建议花大量的时间研究投资，尤其不要碰股票和基金，应该把重心放在好好工作赚钱和攒钱上。

通过投资实现资产增值目标的前提是高现金流收入。原因如下。

## 1.1.1 高现金流收入

### （1）保证现金流平稳

保证高现金流平稳，是实现资产增值的重要保障和关键环节。

现金流稳定可以保障股票大跌时不斩仓。金融市场起伏不定，净值波动极大，总有净值下跌到极低的情况。扛过至暗时刻，是取得投资胜利的关键所在。若 A 股市场突然暴跌，投资者的股票、基金全部被套，投资者如果急需用钱，手头又没有足够的现金，就会出现被迫低位卖股票斩仓的情况。中国股市向来有急跌反弹的案例，一旦斩仓，想再追回来就难了。

### （2）高现金流收入可更好地加杠杆

要想快速实现资产增值，择机加杠杆可以说是不二的选择。但是加杠杆是要还利息的，权益投资净值起伏不定，利息却是雷打不动的。如果资产价格暴跌，叠加现金流断裂，是非常危险的。

### （3）高现金流收入是自我提升和经验积累的重要过程

提高现金流收入的过程往往是比较曲折和令人痛苦的，这对做投资大有好处。投资者在投资的过程中，一定会面临压力和痛苦。投资者在面对净值的大幅震荡、回撤或资产缩水时，所承受的痛苦和压力一定会比平时工作中面对的业绩无法完成、被客户拒绝、办公室斗争等所承受的痛苦和压力加起来都要大。投资者可以把工作中承受的痛苦视为日后面对痛苦和压力的铺垫。

更重要的是，当投资者在提高现金流收入的过程中，一定会遇到许多事业上很成功的"大佬"，投资者可以学习他们的成功经验；也一定会遇到投资失败、负债累累的前辈，投资者可以从中汲取教训。如果所有的事情都需要投资者亲身经历一遍才能学习到这些经验教训，真不知道要付出多少成本；但是通过观察和学习，投资者可以把他人试错的结果转为己用。

### （4）靠工薪赚钱的效率大幅下降

当投资者的年薪到达一定程度后，相比投资而言，工资和资金的边际收益会较低。

首先，要缴纳的税会相对较高。我国工薪阶层最高一档的应纳税率为45%（表2-1），此外，如果投资者还要缴纳工会费、年金保险等费用，那么投资者到手的现金流会更少。

表2-1　中国居民全年个人工资、薪金所得预扣缴应纳税所得额税率表

| 级数 | 累计预扣预缴应纳税所得额 | 预扣率 | 速算扣除数 |
| --- | --- | --- | --- |
| 1 | 年度不超过 36,000 元的部分 | 3% | 0 |
| 2 | 超过 36,000—144,000 元的部分 | 10% | 2,520 |
| 3 | 超过 144,000—300,000 元的部分 | 20% | 1,6920 |
| 4 | 超过 300,000—420,000 元的部分 | 25% | 3,1920 |
| 5 | 超过 420,000—660,000 元的部分 | 30% | 52,920 |
| 6 | 超过 660,000—960,000 元的部分 | 35% | 85,920 |
| 7 | 超过 960,000 元的部分 | 45% | 181,920 |

其次，精力有限。一个人的精力有限，能力也有限，一天只有24小时，为了达到资产增值，投资者每天工作10小时；要想年薪达到200万元，投资者每天要工作20小时，还不把自己累坏了？

最后，随着整个金融行业头部效应越来越明显（其实所有行业都一样），公司品牌效应越来越大，个人能力的作用越来越小，且绝大多数头部金融机构都属于国有企业，员工之间的收入差距不会很大。当投资者年薪超过百万后，再想大幅提升薪酬所得，空间有限，性价比也不高。

## 1.1.2　可投资资产500万元

### （1）可投资资产的定义

此处的可投资资产仅指现金、股票，不包括自住的房地产，投资性房地产无法随时变现或者抵押融资，也不应考虑其中。

### （2）为什么是500万元

我们直接考虑一个问题，到底是把有限的时间全部用在工作赚钱上，还是专心研究投资规律赚取投资收益，起决定性作用的因素到底是什么？归根结底，要比较的是两种选择的赚钱效率和赚钱性价比。

为什么当年薪达到百万后，建议工作之余在投资上适当多花些时间？主要是因为对大多数人而言，当年薪突破百万时，不仅上涨空间有限，而且应纳税会高，性价比较低，这时，投资赚钱的效率会高于努力打工。

当可投资资产超过500万元后，假设能达到2019—2021年时长期保持的较高收益率15%—25%时，其投资500万元浮盈收益绝对金额约为75万—120万。

因此，可投资资产达到500万元后，工作之余把较多时间花在研究投资规律和投资产品上是性价比最高的选择。在此之前，强烈建议不要把太多的时间花在幻想靠投资实现资产增值上，对绝大多数人而言，在这个阶段，是不大可能想明白如何实现资产增值的，就算投资者费尽心力想明白了实现资产增值的方法，也没有足够的本钱，只能望洋兴叹，徒增烦恼。

## 1.2 信仰不灭

想靠投资长期赚大钱，就一定要有信仰。对于大众投资者而言，投资是一个"零和博弈"的过程。为什么这样说？因为大众投资者的主动投资多数都是短期的（三年以下）。可以观察一下投资者身边亏钱多的散户，其中炒了十年股的"老股民"大有人在，但是从十年老股民中找出能够主动看好并持有某只股票三年以上的不多，被动持有的，比如忘了账号和密码、金额太小懒得调仓才持有十年的不算在内。

一家上市公司不经过三年的发展，其价值很难会有大的提升；一名投资经理的主动管理能力在三年以内也不可能提高太多。因此，在短期内，想通过上市公司的价值增长、基金经理的主动管理能力提升来获得大量财富积累是不可能的，赚钱就进入了"零和博弈"的环节。什么叫"零和博弈"？说白了，即一个人赚的钱就是另一个人赔的钱。

大多数散户和大众投资者在"零和博弈"中都是处于劣势的，因为散户和大众投资者的心智并不足以面对残酷的资本市场。大资本只要利用好散户和大众投资者心中的贪婪和恐惧，就能实现轻松"收割"。散户和投资者只要有贪婪的念头，就容易"追高"；只要产生恐惧，就会"杀跌"。这一进一出，散户及大众投资者50%的资产就蒸发了。

如何才能帮助人们战胜心中的贪婪和恐惧，和大资本一争高下，打破"放羊人"的枷锁呢？

**只有一件事——信仰**。通过赚钱实现资产增值难度虽然大，但这是经济层面上的事，本质上就是租房住还是买豪宅住的区别，不涉及生存层面。

既然投资需要信仰，一个成功投资者的投资信仰具体是什么呢？每个人的投资信仰都不一样，有人相信巴菲特的长期主义，有人相信索罗斯的反身性理论，有人相信量化投资。但不管哪种信仰，一定要乐观，要坚定。

### 1.2.1 投资信仰要乐观

对投资的信仰一定得是乐观的,投资者要对未来充满信心,一定要坚信所有的困难都是暂时的,未来是无比光明的;要长远地看人类的发展、国家的发展和自己的发展。

为什么要乐观?因为目前全球经济的运行的核心体系是信贷、融资、投资的模式。这其实是一种借相对长期的未来资源为当下所用,使当下提前且高速发展,以反哺短期未来的发展模式。在这种模式下,在相对短期未来的一段时间内,经济有极大概率会往好的方向发展。

这时候可能有读者朋友会问,要是借了未来的资源,当下却没发展好,怎么办?若是一个公司采取这种模式,确实会出现这种现象;但如果是人类或者一个大的主权国家这样做,这种情况是比较少见的,因为有多种方式可以解决。

而且从博弈论的角度出发,看多未来,就是成功的唯一解。我们来场景模拟一下,把投资者对未来的预测分为"看好做多""看衰做空"两种情况,把未来的实际发展也划分成"变好"和"变坏"两种情况,则未来就有以下四种情形:

场景一:看好并做多未来,未来真的发展好了,结局是投资者取得成功。

场景二:看好并做多未来,未来发展差了,结局是投资者失败。

场景三:看衰并做空未来,未来发展好了,由于投资者看反了方向,结局是投资者失败。

场景四:看衰并做空未来,未来发展差了,虽然投资者看对了方向,但是结局还是投资者失败。

在这四种场景下,投资者有且只有可能在第一种场景下取得成功。

## 1.2.2 投资信仰要坚定

坚定的投资信仰十分重要。过去二十年，在中国，如果投资者坚信价值投资，长期持有优质股二十年，便资产增值了。

只要坚信，定能实现。比较悲催的投资者是投资信仰经常变化的那一类人。他们第一周看完巴菲特的致股东信，觉得买股票就要买茅台，便建仓茅台；过了一周发现茅台没动，腾讯在拉升，他们就觉得互联网企业影响力大，利润好，是好企业，在微亏的情况下清掉茅台买腾讯；……最终成了一棵"追涨杀跌"的"老韭菜"。

因此，与其不断地换方法、换投资信仰，不如守正出奇。探究其中深层次的原因，**主要在于投资是否能成功，取决于投资者的投资信仰（或者方法论）能否正确地解释并推演这个世界的发展，如果能够正确地解释并推演这个世界的发展，投资者做出投资预测也会是对的，只要交易得当，通过投资赚钱便会是大概率事件**。如果投资者的投资信仰或者方法论不能解释并预测世界的发展，投资者做出来的预测大概率也是错的。

但问题就在于**我们所处的世界是无比复杂的，复杂到目前没有任何一种模型、方法或信仰能够完全解释和预测投资市场的发展**，因此，想通过不断试错找到一种成功率高的方法和信仰是行不通的。但同时，我们的世界也是如此广阔，包含非常丰富的可能性，因此，现在的主流方法论和信仰都存在能够成功解释这个世界的可能性。

如果我们将投资市场类比为地球的生态系统，把每一种投资信仰比作某一物种的话，地球的生态系统是如此复杂，不存在某一种生物同时登顶每一种生态体系，即便是人类也暂时没办法做到长期在海里生存，而地球上的生态系统也是如此的广袤，所以不同的物种都有生存空间。

但是值得注意的是，尽管投资市场的包容性很强，投资者的逻辑也要自洽而且要坚持才有成功的可能性。这就好比鱼儿能在水里生存，是因为鱼儿经过了千万年的进化，具备适应在水里游的生理系统，鸟儿能在空中生存，是因为鸟儿经过了千万年的进化，具备能在天上飞的生理系统。想让鱼儿在天上飞，不能直接把鸟儿的翅膀切下来粘在鱼儿身上。

**虽然"条条大路通罗马"，但如果不停换道路，就很可能到不了罗马。**

## 1.3 守正出奇：逻辑正确与结果正确

在投资上获得巨大成功一定是守正出奇的共同结果。初级投资者往往会犯两个错误，一种是只知道"守正"，即拿着某种自以为优质的资产长期不放；而另一种则是只想着"出奇"，今天先找个"妖股"试一下，明天投一个虚拟货币，总想着机会一来，资产就能翻几千倍，资产增值一步到位。

这些都是错误的，在投资逻辑和策略正确的前提下，"守正"会给投资者带来较稳定的收益，但不会是暴利；而正确且成功的"出奇"，才会给投资者带来资产增长方面的机会。

对于抗风险较弱的大众投资者而言，"守正"是"出奇"的基础，没有"守正"带来稳定的收益率，"出奇"不可持续；而"出奇"是"守正"的翅膀，只有抓住能获得暴利的机会，才能快速实现资产增值。

### 1.3.1 "守正"：逻辑正确是结果正确的基础

投资逻辑和投资策略正确是"守正"的保障。

正确意味着至少满足以下两点。

**（1）投资逻辑和投资策略是自洽的**。大众投资者在投资逻辑和投资策略方面是缺失或是混乱的，甚至根本就没想过要有投资逻辑和投资策略，看什么涨了就跟风买什么，最终导致一地鸡毛。因此，投资的第一步一定是要建立自洽的投资逻辑和投资策略，这套策略和逻辑是能够自圆其说的，在 90% 的情况下都是能够赚钱的，只是赚多赚少的问题。

（2）**投资逻辑和投资策略是不能违背时代发展潮流的**。尽管有的投资者的投资逻辑和投资策略完整、自洽，却是属于旧时代的，甚至是违背当今时代潮流的，则注定要失败。

如果有了正确的投资逻辑和投资策略作保证，长期来看，投资者的投资收益不会太糟糕，只是赚多少的问题。

### 1.3.2 "出奇"：逻辑正确无法确保结果正确

仅靠"守正"实现资产增值是非常困难的，甚至可以说是不太可能的，主要有两个原因。

其一，从概率统计上讲，能实现资产增值的人占极少数。如果社会财富的分配状态服从正态分布，那实现资产增值的人应该是处于正态曲线极右端的一小部分人。"守正"只能有助于人们大概率实现正向收益，但是无助于实现正向极值收益。

其二，正确而自洽的投资逻辑只是可行解，而不是最优解。最优解一定是逻辑正确加上抓住外部机会的结果。过于"守正"反而会束缚投资者的手脚，逻辑正确并不意味着结果最优，比如一些基金经理和研究员，谈起与行业相关的问题来头头是道，思维清晰，逻辑缜密，但为什么在基金业绩方面的表现不尽如人意。

"出奇"意味着以小搏大，但绝不是撞大运和剑走偏锋，如果将投资比作捕鱼，那么"守正"就是投资者这个捕鱼人的日常工作，投资者需要每天不断地撒网捕鱼，但大概率只能抓到小鱼小虾，整体收益不大，只是足够捕鱼船上的正常开支。"出奇"就好比是捕鲸鱼，鲸鱼不是每天都碰得到，捕鲸鱼也需要捕鱼人有充足的经验，具备很高的风险，甚至会使船毁人亡。

投资领域里面的"鲸鱼"又是什么呢？作者总结有以下两种。

### （1）短期：加杠杆套利

套利是指无风险或者低风险地赚取收益，套利机会的出现通常是由信息不对称等产生的。

从理论上讲，金融产品市场上最常见的套利机会是汇率市场间的抛补套利或者无抛补套利。但在实践中，套利是很难长期存在的。因为市场上一旦出现套利机会，就会不断有套利者涌入，把套利空间压缩到零。

套利本质上是利用无风险或者低风险的成本赚钱，但是正因为套利是低风险的，所以套利机会不可能长期存在，如果发现有确定的套利机会，就要抓紧套利，将收益落袋为安。

### （2）长期：寻找低风险高收益的品种

金融学常讲"高风险、高收益，低风险，低收益"。但按照这个思路，投资者最多只能找到跑赢通货膨胀的投资组合，而通往资产增值之路的秘诀就在于打破常规，寻找低风险、高收益的投资品种。

实际上，回顾国内外"大佬"赚到的第一桶金，相当一部分都来源于"低风险，高收益"的投资。但暴利是不可持续的，尤其在这样一个高度"内卷"的时代。

## 1.4 真理永远掌握在少数人手里

### 1.4.1 "零和博弈"与马太效应

对于大多数投资者而言，投资都是偏于短期的。或许有很多人会炒十年的股，但是极少有人持有某只股票十年以上。

股票的价值在短期内不会有质的变化，基金经理投资能力的阿尔法（$\alpha$）不会有质的积累，资产价格的波动也不会走完一个完整的周期。因此，短期内，投资赚钱的逻辑还是"零和博弈"，是存量收益方面的竞争。

存量方面的竞争，比拼的是信息来源的可靠性、信息处理效率对时机的把握、对情绪及心态的控制。在这方面，人和人之间、普通投资人和天才投资者之间的差距是非常大的，犹如手持长矛大刀的士兵同坦克肉搏一样。而且投资的奇妙之处在于弱势的一方浑然不知，大多数的投资者（信息来源和信息处理效率、投资技巧处于弱势的一方）会被一遍又一遍地"割韭菜"。

从结果来看，只有少数人能从短期投资中赚钱——真理永远掌握在少数人手里。

### 1.4.2 相信自己与反向指标

从短期看来，大多数投资者都是赔钱的，因此不盲从大流、能独立思考异常重要。有些投资者有种幻觉，觉得自己所处的圈子高人一等，认为自己周围那些人的看法和观点是领先于时代的，社会上的消息不可靠，但是自己周围那些人的信息是正确的。殊不知，**投资能否成功，和学历、在公司中的职务、工作的能力和表现几乎都没有关系**，不管投资者身边的人看上去有多么优秀，但是在投资这件事上，多半是棵"韭菜"。

不过，真理掌握在少数人手里这一点有一个好处，即大众行为往往是优质的反向指标，比如当主流媒体竞相报道 A 股大涨时往往是反转来临之时，当某只基金被疯狂抢购时，往往也是这只基金处于高位之时；相反，当各种媒体报道股市大跌、基金产品卖不动发行失败时，可能是入场投资的好时候。因此，从这个角度来讲，投资似乎也不难，可以找一个在证券公司营业部工作的朋友，时不时地打听一下，基金好卖的时候赶紧撤，基金难卖时全力入场。

## 1.5 人和不如地利，地利不如天时

### 1.5.1 投资中的天时、地利与人和

孟子曰："天时不如地利，地利不如人和。"但就投资而言，情况则恰恰相反，即可谓"人和不如地利，地利不如天时"。

如果投资者想通过投资实现资产增值，一定要明白，选择好的投资时点（天时）要比选择好的大类资产（地利）重要得多，选择好的大类资产（地利）要比筛选出好的基金管理人或者股票（人和）重要得多。

在如今的财富管理行业，尤其是股票和基金投资行业中流行一种观点，即投资不需要择时，或者说，择时太难了就干脆不择时，投资者只要挑选好的资产，比如估值低、有成长性的股票或者长期有阿尔法（α）的基金产品，无论何时买入，只要持有的时间够长，投资者主动管理能力的价值都会超过投资初期。

这种说法乍看之下之所以受欢迎，一方面主要是迎合了投资者在择时上偷懒的心理，择时是件非常困难且痛苦的事，投资者会经常懊悔：要是没买某某基金就好了，也不会亏钱。另一方面则是因金融销售员的"刻意"引导所致，在这个逻辑下，金融销售员无论何时向客户推荐产品都是对的，省去帮助客户择时的麻烦，更重要的是，金融销售的任务全年都有，然而，如果给客户推荐产品要择时，必然存在某个时间段是不适合卖产品的。

### 1.5.2 天时、地利，通往自由的必经之路

实际上，大众投资者要想实现资产增值，光靠人和（择具体投资标的）是肯定不够的，一定要靠天时（择时）和地利（择大类资产）来实现，靠天时、地利的赚钱效率要比靠人和高得多。大众投资者实现资产

增值是一个资产超速积累的过程,在这个过程中,投资者必须做对重大的择时、择资产才可以。这就如同曹操要统一北方,必须在官渡之战中打败袁绍;刘备要想实现三足鼎立,必须在赤壁之战中打败曹操。投资有时候很像战争,择时或者择大类资产确实很难,过程很痛苦,压力也大,但是这是必经之路。官渡之战、赤壁之战都是困难重重、敌众我寡的战役,但是不打赢这些战争,就无法实现大业。

## 1.5.3 如何把握天时和地利

择时和择大类资产虽然困难,但是在具体方法上并不是完全无迹可寻,有三个值得注意的问题。

### (1)不要照搬他人观点

千万不要照搬他人的观点,要有自己的判断。在择时和择大类资产的问题上,他人的观点往往靠不住。短期投资市场基本都符合"零和博弈"逻辑,而且高度体现马太效应,即少部分人把大多数钱赚走了,因此,绝大多数人的判断都是错误的。真正能做出判断的天才也不太会把真相告诉大众投资者,毕竟"天机不可泄露"。

### (2)把握天时:要克服贪婪和恐惧

大多数投资者理想中的做法都是"高抛低吸",现实中却都做成了"追涨杀跌",问题就出在了择时上。大盘指数2900点和3400点,孰高孰低,小学生都知道——应该在2900点"低吸",在3400点时"高抛"。实际情况却是,大盘指数在2900点时,所有投资者都"谈股变色";而当大盘指数到3400点时,投资者们吵吵嚷嚷,争着要进投资市场。

为什么会这样呢?还是贪婪和恐惧作祟。大盘数据到3400点时,投资者们想着这是百年不遇的大机遇,满仓投了这一次以后就可以退休了;而当大盘指数在2900点时,却担心投入股市会被套牢。这么一来,不赔才怪。

越能克服贪婪和恐惧,离成功就越近。如果投资者能做到别人恐惧时他贪婪,别人贪婪时他恐惧,投资者就成功了。

按照这个逻辑,只要判断出"别人"贪婪和恐惧的时间点,择时反向做投资,大概率就能取得成功。但如何判断这个时间点呢?对于不同资产而言,方法大不相同。相对来说,公募基金择时预测相对容易,投资者只需要去看一下各大银行、证券公司或财富机构的公募基金销售数据即可。如果整个公募基金市场出现销量火爆的情形,比如销量又创年度新高,整体规模达到历史最高水平,某某明星基金的产品开始限额,某某热点公募产品1小时内卖出100亿元,这就是市场上出现贪婪现象的特征,投资者应感到恐惧,并准备减仓。如果整个公募市场销量异常冷清,比如公募基金销量触及历史冰点,又有好多只公募基金无法成立,身边投资公募的同事全部亏损等,这就是市场上出现恐惧现象的特征,而此时投资者就应该贪婪,拼命加仓入场。

择时投资莫要抱有侥幸心理——低位时总想,再跌一跌,我再进;高位时,想着不着急出,跟着行情冲一冲再出。

### (3)把握地利:择大类资产要考虑适合性、周期性和相关性

**适合性:** 如前文所述,适合大众投资者投资的品种主要包括一线地区核心区域的房地产、股票、公募基金、私募证券类基金(特别是CTA)做投资也应该主要从这四类大的资产中做选择。

**周期性:** 在选资产时一定要考虑周期因素,比如一线地区房地产的投资周期要长,一旦进入上涨周期,就可以持有较长时间;有一些资产的周期较短,比如CTA(商品交易顾问)策略的私募基金、投机性强的股票,要见好就收。

**相关性:** 在做大类资产配置时,相关性是最重要的考虑指标之一。除非投资者对某种资产的走势非常笃定,否则,所选择大类资产的相关性一定要低。千万不要把鸡蛋放在同一个篮子里。

投资是否能成功,很多时候都取决于心态,所投资资产大类间的相

关性越弱，投资者的投资收益率曲线就会越平稳，投资者的心态越好、越平稳，也就越不会受到贪婪和恐惧的影响。

## 1.6 放下幻想，准备战斗

### 1.6.1 放下"轻松"的幻想

总有人认为投资很轻松，不用上班、不用跑客户，不用起早贪黑地工作，在家中研究一下股票，低位时把钱投进去，等着价格涨上去就好。

这么听起来，投资好像很轻松。但是实际情况绝非如此，投资是非常累，甚至是非常痛苦的活动。

首先说生理上的累。投资是个"体力活"，要做好投资，投资者需要形成自己的投资框架和逻辑，这会耗费投资者巨大的精力用于学习，建议投资者先考下 CFA（金融分析师）和 FRM（金融风险管理师）资格，再把投资学的经典理论和案例反复研究，形成基本的投资观。而且光有投资框架和逻辑还不够，还要紧盯市场，留意经济形势、企业最新动态，同时要对市场上最新的投资工具了如指掌。

其次是心理上的痛苦。投资在某种意义上是"反人性"的行为，贪婪和恐惧是人之本性，维持心态平稳，做到不因外界影响而产生波动是非常痛苦的。因为人是群居动物，当自己的行为和大众行为趋同时，会有很强的安全感，即使出现错误，也会觉得大家都错了，不会显得自己特别笨；相反，当自己的思想和行为和大多数人不一致时，会非常不安，甚至会被同伴视为异类。

别人恐惧时我贪婪，别人贪婪时我恐惧——要做到这样，实属不易。

### 1.6.2 放下永恒的幻想

人是一种懒惰的生物，体现在投资上，就是总想找到某种能够永远赚钱的方法，但是这种方法是不可能存在的。

人会幻想，买了某只基金后，永远也不要动，每年都有30%的涨幅；看好某个股票后，长期持有，每年都翻倍；买了某个楼盘后，可以作为传家宝世世代代传承下去。

但是实际上，没有永恒。决定股票价格的各种市场因素和底层逻辑在不停地变化，某只股票也不可能永恒地上涨；基金的赚钱效应可以说是盈亏同源，A股风格轮动之剧烈往往造成今年赚的钱下一年就"吐出来"。

### 1.6.3　放下平庸的幻想

对大众投资者而言，在实现资产增值的诸多方法中，通过投资实现是较为容易的，也是可行性较高的一种，但是通过投资实现资产增值的人是极少数。要想超越多数，实现资产增值，怀着平庸的幻想是不行的，投资者必须在某些方面做到极致才行，其中至少包含以下三个方面。

**（1）极度清醒**

做投资，头脑清醒非常重要，切莫让大喜大悲影响了情绪。

做投资的人容易出现的两种极端状态。一种情况是赚钱后被极度喜悦和骄傲的情绪冲昏了头脑。这种投资者赚钱后更倾向于将成功的原因全部归功于自己，认为自己是投资成功的唯一原因，此后要么会毫不犹豫地全仓甚至加杠杆继续投，要么觉得高速赚钱的状态可以持续，便声色犬马，肆意挥霍。殊不知，投资赚钱，自身的能力往往只起一小部分作用，起决定性作用的往往是时运。时运一去，任凭能力再强也无济于事。很多人将投资成功赚到的钱用于再度加仓或者挥霍，总期待着还有下一次暴涨的机会，但实际情况则是时运一去可能几年甚至十年都回不来。

另外一种情况则是投资者遇到大幅回撤后彻底丧失信心，斩仓离场。无论是在楼市还是股市，当遇到大调整时，人的心理总会受到极大冲击，要么认为自己天生就不是做投资的料，要么认为发生战争会引发经济全面崩盘，或者认为疫情再也不会好起来。在这种悲观情绪的影响下，投资者极易做出不理智的行为，比如趁着房子还能卖出去，或者股市还没有到开盘就跌停的地步，赶紧撤，认为再不撤就来不及了。

### （2）极度抗压

做投资的压力是非常大的。压力往往来自两个方面。

一方面是大跌之后，产生的过度的心理压力。

当所投资资产出现远超出自己预计的大跌后，投资者会陷入非常强烈的自我怀疑之中。投资者会怀疑自己的价值判断、投资逻辑，也会怀疑投资市场的稳定性、经济运作，甚至会担心自己所投资资产的大跌会否引发经济大崩盘，乃至人类灭绝。在如此多重怀疑的压力下，投资者很容易做出极端的事情，轻则低点斩仓，重则厌世轻生。每每股市大跌时，总会出现一些投机客跳楼轻生的新闻报道。

对大多数没有经过训练的投资者而言，上述情形都是完全没有必要的过度反应。毕竟资产的价格普遍具有周期性，资产的周期性大跌几乎是人人都知道的事实；况且还有什么比生命宝贵呢，留得青山在，不怕没柴烧。

笔者认为，大多数投资者的过度反应有其不可抗的本能因素。当人类祖先还在非洲大草原上与狮子、鬣狗抢食物时，必须对环境，尤其是负面环境非常敏感，过度的敏感会帮助人类将一些潜在的风险排除掉，从而更好地存活下来。当这种敏感被写入基因，传承到现代投资者身上时，他们对资产价格波动的过分敏感，反而会让他们在投资上陷入万劫不复的境地。

如果投资者具备极强的抗压能力，扛过最惨痛的大跌，往往能在投资上获得好的结局。实际情况是，如果投资者投资的资产是有一定价值支撑的（都不需要说最好），超跌之后一定会有强烈的反弹，促使价格尽快达到正常水平。

另一方面则是由于杠杆加得太猛，引发的现金流压力。

如果这两个方面因素叠加,再加上短期波动大,会出现叠加高杠杆引发高利息的情况。

### (3) 不怕被误解

投资成功的关键在于思想。

成功的投资者其思想往往是领先于大众的,比如在 2012 年预判了新能源的大发展;或者成功的投资者其思考是与大众背道而驰的,当别人贪婪时他恐惧,别人恐惧时他贪婪。但不管是上述两种情形中的哪一种,实践之初都是不被大众认可的,甚至被挚友亲朋怀疑,这时候投资者的压力会非常大。

## 1.7 行为金融——认识到自己的缺陷

### 1.7.1 了解自己的非理性

传统金融学理论往往将投资人设定成一个"理性人"。

"**理性人**"一词有两层特殊的含义:其一,理性人接受主观期望效用理论;其二,理性人接收新信息后,代理人会做出正确的反应并更新自己的理念,这也被称为贝叶斯法则(Bayes' Theorem)。

我们平时接触到的大部分金融传统投资理论,都是建立在理性人假设基础上的,**无论是市场数据检验,还是投资者的自我感觉。**

首先,对证券市场的实证分析和研究发现了一系列与理性人假设不相容的异常现象,譬如"一月效应""星期一效应""波动率聚集""板块效应""小盘股效应"等,这些异常现象无法在传统金融学框架内得到解释。其次,凡是做过投资的人都知道,人在投资时是非理性的,不要说投资前进行基于贝叶斯法则的严密判断,购买时多数是想都没想,几乎就是看别人买什么涨了就跟着买什么,甚至晚买几天都忍不了,生怕错过了一夜暴富的机会。

这种不理性的行为在行为金融学中被称为行为偏差，笔者将关于行为偏差的内容收集整理出来，投资者在做投资决策前默念一遍，或许能躲过不少"坑"。

## 1.7.2　投资及资产配置中的行为偏差

投资人的行为偏差是影响其投资收益的重要因素。人们会不时听到投资人抱怨："我明明非常看好 A 股票，可就是掌控不住啊！"这就是投资人典型的行为偏差。

投资人常见的行为偏差可分为两大类：其一，可以克服的行为偏差——**认知偏差**。认知偏差又可再分为两类；一类是接收信息过程中出现的偏差，另一类是处理信息过程时出现的偏差。其二，人天生自带的，没法克服的行为偏差——**情感偏差**。

### （1）可克服的行为偏差

接收信息过程中出现的偏差包括以下几种类型。

① **代表性偏差**：投资人往往根据过去的经验或者过去的分裂方式，归纳出错误的规律，并据此对新信息作出误判；投资人会对近期发生的事情给予更大的关注，同时也可能仅仅根据一小部分样本信息就改变投资策略。

② **控制错觉**：投资人认为他们能控制或者影响市场，实际上是不能的。

③ **保守偏差**：投资人不能及时根据情况的变化修正自己的预测模型，倾向于更为重视现有信息，较为轻视新的信息。

④ **事后诸葛亮**：在一件事情发生以后，投资人认为这件事的发生是理所当然的，也是可预测的。

⑤ **确认偏差**：投资人做完投资决策后，更关注支持自己投资决策的信息，对反对自己投资决策的信息选择视而不见。

处理信息过程中出现的偏差则包括以下几种类型。

① **锚定偏差**：当衡量一个新事物的价值时，投资人习惯于依据过去对该事物设定的价格锚点进行评估。但实际上，投资人心中的价格锚点往往是不准确的，但是投资人很少去调整。

② **心理账户偏差**：传统金融学认为，每笔资金之间毫无区别，但行为金融理论认为存在心理账户偏差，人们会根据钱的来源，将其划分用于不同的目的。比如，中彩票的钱和工资两者用法不一样，多数人对中彩票的钱往往挥金如土，而工资花起来则谨慎而收敛。

③ **框架偏差**：人们所表达的问题或者传达的信息会受到表达方式的影响。比如，由于提问的方式不同，回答者对问题的理解不同，最后会导致答案不同。

举个例子：A基金赚钱概率是70%，赔钱概率是30%。

销售经理采取第一种方式推销：王先生，购买此基金后您有70%的概率赚钱。

销售经理采取第二种方式推销：王先生，购买此基金后您有30%的概率赔钱。

实践证明，当销售经理采取第二种方式推销时，客户更愿意购买基金，尽管第一种方式和第二种方式表述的是同一个意思。

④ **易得性启发偏差**：人们在做投资决策的过程中，往往会赋予那些最为常见的、自己最熟悉的信息以更大的权重，而不是利用真正客观的信息进行决策。

### （2）不可克服的行为偏差

① **损失厌恶偏差**：在传统经济学中，我们假设人完全理性，收益和损失对理性人产生的效用是完全一样的。但在实际场景中，人明显是喜欢收益而厌恶风险的。例如，人们在盈利面前变得保守，有一点浮盈就想落袋为安；在亏损面前变得激进，宁可承担持续下跌、永远被套的风险，也不愿意变现。

关于人厌恶风险这一点，有一组很著名的对照实验。

实验一：志愿者有两个选择——选择 A，志愿者有 50% 的概率可能拿到 100 元，50% 的概率一分钱也拿不到；选择 B，志愿者有 100% 的概率拿到 50 元。

实验二：志愿者有两个选择——选择 C，志愿者有 50% 的概率可能拿到 100 元，50% 的概率失去 50 元；选择 D，和选择 B 相同，志愿者有 100% 的概率拿到 50 元。

结果，实验一中选择更为激进的 A 选项的志愿者比例远远高于实验二中选择更为激进的 C 选项志愿者比例，正是因为人们厌恶风险，所以，在面对风险（选择 C）时，人们变得保守。

② **过度自信偏差**：高估自己的投资预测，喜欢把正确的预测归因于自己，错误的预测归因于他人。

③ **自我控制偏差**：是指人们因为不够自律而导致无法实现长期目标。这是一种长短期目标之间的矛盾导致的偏差。

④ **维持现状偏差**：投资人在投资中表现出只愿意维持当前的投资决策，即便做出改变要付出的成本很小。

投资人为什么会愿意维持现状呢？一方面归因于沉没成本，投资人会认为自己为前期的投资决策已经付出了很大的成本；另一方面源于对风险的厌恶，投资人害怕做出改变之后结果会变得更加不好。

⑤ **占有偏差**：人们对于自己拥有控制权、占有的资产或者自己拥有该资产时对其的估价高于没有拥有该资产时对其的估价。

人们也会对特定资产给予更多的价值，比如，王先生继承了其父亲一笔股票遗产，根据理性分析，这只股票业绩非常糟糕，应该及时卖掉，但考虑到这是父亲的遗物，王先生因抱有感情因素而没有卖掉。

⑥ **后悔规避偏差**：为了避免后悔，投资人常常采取一些非理性行为，如趋向于等待获取到一定的信息之后才作出决策，即便这些信息对决策并不重要；投资人有强烈的从众心理，倾向于购买其他人追涨的股票，因为想到亏钱时大家一起亏，投资人后悔的情绪会有所减弱。

## 1.8 思维上的先知与后验

要想投资成功,在思维上先知是必需的,而后验(日后验证)并不是。

### 1.8.1 先知与后验的对比

先谈谈我对这两种思考方式的理解。

(1)**先知:意味着根据过去运行的情况把握规律,预判结果,再进行投资。**

(2)**后验:看看过去哪些资产涨得好,挑涨得好的资产进行投资。**

乍一看,这两种思维方式都是参照过去经验进行投资,但是实际上二者差距巨大。先知的成功概率要远胜于后验。

造成这两种思维差距的原因,在于先知思维是寻找规律,主动预判,投资者进行投资是以发展的眼光看问题;而后验的思维则是想照抄成功经验,是以静态的眼光看问题。无论是投资还是生活,先知思维会大幅提升成功的概率,而**后验则极有可能使投资者陷入困境。**

举个我身边的例子:1998年,我父亲为了能离开小县城,考到北京师范大学读博士,博士毕业后,包分配工作,并解决了户口问题,因为父亲是博士学历,单位还为他解决了一部分购房资金。15年后,小县城里又有两名青年,小王和小张,想参考我父亲走出县城的经验,也考到北京念书。在攻读硕士期间,小张想了想,决定不再念博士了,硕士毕业就去了一家互联网大厂,恰逢互联网行业发展迅速,小张几年后升职到了管理层;小王则还是想学习我父亲的经验,把博士读完了,结果很难找到薪资与学历匹配的工作。

不考虑其他社会因素,仅从经济层面考虑,都是借鉴前人经验,为什么小王和小张的差距如此之大呢?核心在于"小张想了想"这五个字,体现了"把握规律,预判结果"的思想,也是先知思维与后验思维的本质差别。小王只看到了我父亲读博士带来的好处,并没有思考这一路径能带来好处的底层规律。我父亲读博士能带来红利是得益于当时博士的稀缺性。经过20年的发展,中国博士数量呈指数型增长。2001年,我国博士毕业生只有1.29万人,2020年毕业的博士生则有6.62万人,翻了5.13倍。2002—2019年累计有80.25万博士生毕业,这80.25万"前人"早就把博士生想去的工作岗位占满了(见表2-2)。

表2-2　2001—2020年中国博士毕业生人数统计表

| 年　份 | 高等教育:博士毕业生人数(万人) | 年　份 | 高等教育:博士毕业生人数(万人) |
| --- | --- | --- | --- |
| 2001 | 1.29 | 2011 | 5.03 |
| 2002 | 1.46 | 2012 | 5.17 |
| 2003 | 1.88 | 2013 | 5.31 |
| 2004 | 2.35 | 2014 | 5.37 |
| 2005 | 2.77 | 2015 | 5.38 |
| 2006 | 3.62 | 2016 | 5.5 |
| 2007 | 4.14 | 2017 | 5.80 |
| 2008 | 4.37 | 2018 | 6.07 |
| 2009 | 4.87 | 2019 | 6.26 |
| 2010 | 4.9 | 2020 | 6.62 |

因此,决定一个人价值的并不是博士学位,而是稀缺性。2020年处于新时代,相较于博士学位,能将知识转化成生产力的能力以及百年不遇的互联网发展大浪潮才是稀缺的,小张正是抓住了事物的本质,让自己更加具备稀缺特性,最终取得成功。

### 1.8.2　先知强于后验的底层逻辑

如果说先知与后验的差别主要在于"掌握规律"与"预判结果",为什么从长期来看,先知思维主导的投资结果一定会优于后验思维呢?

有投资者也会反驳："我做投资也会总结规律、预判结果，但是预判经常出错，还不如胡乱猜一把，还有50%的正确率呢。"

有这种想法的投资者完全忽略了三点底层逻辑。

### （1）长期和多次

先知会提高成功概率，但是先知并不能保证每一次都成功，因此，只有在长期、多次决策的前提下，先知才会有绝对优势。举个例子，如果不做任何判断的情况下成功概率是50%，经过投资者的判断后，成功概率提升到55%。

但是如果只赌一次，投资者仍有45%的概率会失败，失败的概率也是很大的。如果投资者赌一次就失败了，就会认为提升成功概率没有用。只有经过长期、多次的决策，改进后的成功概率才有用。

如果连赌三次，**改进前一次也不成功的概率为12.5%，改进前一次也不成功的概率为9.1%**。

### （2）预判的准确度是可以提高的

考虑到大众投资者普遍是受过良好教育的，在正确方法的指导下，通过不断地试错，其预判的准确度是会大幅提高的，比如初始成功概率有50%，投资失败一次后，通过总结规律，成功概率提高到55%，再失败一次，成功概率提高到56%，再失败一次，成功概率提高到57%……除此之外，提高投资成功概率不一定非要通过亲自投资试错这一种方式实现，还可以借助于其他方式，比如读书、观察他人投资、总结经验等。

### （3）后验成功概率远低于50%

由后验思维主导的投资，其实是一种照搬成功先例下的惯性投资，而这种投资的成功概率是远低于50%的。

很多人有一种错误的观点，认为投资就像是掷硬币，我胡乱猜一下，成功的概率总有50%吧？更何况投的是一个之前有过成功案例的资产，不管怎样，成功概率都要高于50%了吧？

这其实是一种幻觉，用数学方面的语言来说，投资不是掷硬币，收益率的分布不是50%对50%的均匀分布，也不是正态分布，而是偏度和峰度都极高的不确定的某种分布。

举个现实中的例子，投资者从100只股票中随便挑一只，炒股的正收益率是50%吗？必然达不到，因为投资收益"二八效应"显著，他成功的概率大概就是20%。

如果投资者随便猜一下就去投资，他成功的概率是20%，那么他要是投一个曾有成功案例的资产，成功率会高于20%吗？我个人理解，对于大众投资者而言，成功概率是低于20%的，为什么呢？因为熊市期间，大众投资者对股票的关注度是很低的，等他对股票突然关注起来时，股市往往处于高位。

举个例子，当股市大盘指数从2200点涨到2500点时，小王完全没有关注过股市；当股市大盘指数从2500点涨到2800点时，隔壁老王兴奋地跟小王说他买的基金涨了一倍，小王开始有所关注，但还是很犹豫；不知不觉中，股市大盘指数从2800点涨到3200点，小王心里痒痒的，心想："要是当时买了，我这至少多赚了35%！"但他还没出手，大盘指数就从3200点涨到了3600点，小王终于认定，中国A股云集了全中国最优秀的上市公司，是中国经济的希望，在3800点时满仓全入，结果恰逢俄乌冲突，A股暴跌。几年旁观，只为此时成为"接盘侠"。

**如果仅仅是投资成功概率低一些，其实也还好，无非是赚得少或者亏损了一些本钱而已。更为致命的是，很多力量会利用大众投资者的后验思维，提前布好局，等着大众投资者入瓮接盘，如果投资者不能很好地甄别出来，此时面临的风险就不再是能否全身而退了，而是有可能投资本金"全军覆没"，因为布局者就是铁了心要将投资者"吃"掉。**

不断地试错，把握规律，才能将偶然事件转变变成必然事件。

# 2 经历回顾：多品种经验总结

## 2.1 四大品种与三大阶段

2014年，我开始工作，拥有的整体资产就是父母给的价值200万元房产。经过十年的奋斗，通过工作赚现金加上投资，我拥有的整体资产翻了50倍。其间，我尝试过以下几种投资，包括一线地区房地产、优质证券、公募基金、私募证券基金、私募股权基金、未上市公司股权。其中真正助力我实现资产增值的是一线地区房地产、公募基金和私募基金这三项。尽管股票未能助我实现正收益，主要是2016年后由于种种原因，我不再投资股票，但无论是前期投资股票积累的经验，还是后期研究股票波动产生的顾虑，都对我在投资基金方面起到了决定性的作用。因此在本书中，我将主要介绍有关股票、公募基金和私募基金这几种资产的投资问题。

如果将我这么多年的投资经历按照主要盈利资产划分，则可分为三个阶段。而2014—2018年也正是中国财富管理市场大转型的时候，后来我发现我做投资的这三个阶段和中国财富管理行业发展的三个阶段相吻合，这也是我的资产能够快速增值的原因。

（1）第一阶段，2014—2018年：一线地区房地产主导＋权益资产试水。对财富管理行业而言，此阶段正是"四万亿计划"后中国房地产黄金阶段的一次高潮。

（2）第二阶段，2018—2020年：权益资产＋一线地区房地产共同主导。对财富管理行业而言，随着房住不炒和监管体系的大幅去杠杆，以往房地产信托等香饽饽将打破刚兑，而在此阶段，2018年的中国权益市场即将走过至暗时刻，在2019年，白马股走出新的行情。

（3）第三阶段，2020—2024年，房地产调整阶段的心得。"房住不炒"是促进房地产市场平稳健康发展的一项总原则，不应也不会改变，须长期坚持。房地产是国民经济的支柱产业，这是客观事实。不能夸大其作用，像过去一样对这一行业存在过度依赖的倾向；也不能轻视其在宏观经济中的作用、对上下游产业的带动作用。我国房地产市场仍在调整过程中，对于政策效应释放效果还需多一些耐心。

## 2.2 不动产投资经历及心得梳理

### 2.2.1 第一阶段：2014—2018年房地产黄金阶段的投资经历及心得梳理

2014年，我刚刚参加工作，工作压力较大，当时北京房价较2008年已经涨过一波了，当时从事投资行业的我认为做PE（私募股权投资）、VC（风险投资）这种权益投资才够"高大上"，将买房子作为资产配置的方式太落伍了。

迫使我换房（当时还不是投资）的起因在于现实工作需要。我最初上班的地方在金融街的英蓝国际，8:30上班。我至今还非常清晰地记得，为了能够准时上班，我得6:50起床，7:05从家里出发，7:20骑车到回龙观地铁站，拼命挤上地铁13号线，7:50到达西直门，一路小跑，8:00换乘上2号线，8:15赶到单位。

最开始我并没有什么感觉，毕竟当时还年轻，而且自我安慰着：北京这么大，去哪里都得花费一小时左右。但是过了半年我就吃不消了，因为虽然路程只耗费一小时,但是过程很是艰辛。尤其是在夏天,到了单位,身上的衬衫几乎被汗水湿透了,甚至可以拧出水来。

渐渐地我就有了搬到城区的想法,于是就在单位附近看了些房子。首先中介带着我看了几个好小区,单价7万—8万元/平方米,我想也没想就放弃了,觉得房价怎么会这么贵,一年工资就能买2—3平方米,肯定是价格出了问题,房价一定会大回调。于是中介又带我看了附近的"老破小",结果不仅让我吃惊,更让我郁闷。20世纪90年代的"老破小"居然要到4万—5万元/平方米,2004年郊区的房子才2万—3万/平方米。如果我卖了郊区的大房子,也只能换一套东西向、品相很一般的一室一厅。于是我只得暂时打消换房的念头。

但是随着时间的推移,上班距离过远的问题对我造成了太大的困扰,每天回家直接累趴下。当时我正在准备CFA考试,备考状态非常受影响,回到家后完全看不进去书。在地铁上背公式、学CFA或CPA的事我都体验过,学习效果极差。无论是看书还是锻炼健身,都需要安静舒适的环境,让人能够做到精神高度集中,才能有所收获,不然基本都是自欺欺人。

因此,我坚定了换房的想法,为了让自己有充足的时间提升自我,无论付出多大的代价我都要去做。等我开始换房时,惊奇地发现附近的"老破小"竟然每平方米涨了1万元,价格高达5万—6万元/平方米,而郊区的房价每平方米只涨了2000—3000元。

这使我深刻地意识到,即便是处于互联网和金融等高薪行业,也赶不上自己投资成功赚钱快。因为能否赚到钱,最核心的一点就是要抓住时代的风向,如果能够做到这一点,便存在赚大钱的可能性。单靠打工赚钱需要积累,等投资者积累好了,很可能就错过时代的风向了。

### 2.2.2 第二阶段:2018—2020年房地产白银阶段的投资经历及心得梳理

经过2014—2018年四年的洗礼,我在二手房交易策略方面逐步明朗起来。但是在国家政策的引导下，房地产市场的热度快速降温，与此同时，各地房价的走势出现明显分化的态势，即一二线城市房地产价格不断走强，其间也出现过回调，而三四线城市房价则明显走弱。

无论是投资者还是普通居民，对于房地产价格的走势表现出一种非常矛盾的态度——既希望房地产价格上涨，又不希望暴涨；既希望房地产价格下跌，但又不希望暴跌。

在各种矛盾的交织下，我有了一个很明确的认识，房地产价格只涨不跌的时代恐怕要彻底过去了，但是房地产作为中国居民财富的重要组成部分、房地产产业作为中国经济一个支柱产业这一既定事实不会改变。因此，我减缓了交易频率，同时把我认为价值低的房地产及时清理掉，大概有以下心得。

**心得1：一线城市核心区域房地产的刚需属性是非常强的。**

2018—2020年期间，北上广深核心区域的房地产成交价格整体不跌反涨，除了货币因素，我觉得刚需支撑也是导致此现象的重要原因之一。

刚需1：教育需求支撑。中国有一个著名的历史典故——孟母三迁。教育的重要性已经深入人民群众内心，核心区域的学区属性会大幅提升核心区域房地产的刚需属性。

刚需2：工作需求支撑。核心区域也是产业聚集地，会提供大量就业工作岗位。在一线城市工作强度大、"内卷"严重，工作地点离家近可以大幅减轻体力消耗，可以让人将更多的时间放在工作上。而且值得注意的是，由于年轻人加班已经成了常态，回家往往很晚，房子可能就是个睡觉的地方，因此环境好不好可能也没有那么大的关系。

刚需3：医疗需求支撑。中国一线大城市中存在一个特别有意思的现象，那就是核心区域是所有资源的大汇总，不仅有教育和产业方面的，还有医疗资源。北京不只是北京人的北京，也是全国人民的北京，不少患疑难杂症、来自全国各地的病人都要来北京看病。如果投资者正好有一套三甲医院附近的房子，不仅自己看病方便，相信这个区域的人流量也不会少。

刚需4：亲人团聚支撑。大多数中国人对家庭都是十分重视，家人能够随时走动是很多人的梦想。但要实现这个想法，在核心区域至少要有三套房产，一套自己住，剩下两套给夫妻双方父母住。

刚需5：面子需要支撑。如同大的金融机构会在金融街或者陆家嘴设办公楼一样，人有钱了也希望在一线城市的核心区域买房。

**心得2：大众的标准很重要。**

我在做投资中发现，很多时候，决定资产价格的不是投资者对资产的观点，而是大众对这个资产的一致看法。

尽管一线城市核心区域的房产流动性不错，但相较于股票基金等标准化资产，房产的流动性终归弱一些，因此，为了确保所投房产的流动性，了解大众对房地产价格的看法更加重要。如果投资者持有的是股票，对A股票特别看好，但是大众不这么认为，当投资者卖掉A股票时，大不了价格便宜一些。但如果投资者持有的是房地产，大众若认为该房产不好，可能卖都卖不掉。

一般来讲，在其他条件相似的情况下，存在以下排序情况：

（1）从房屋属性来看，住宅（有70年产权）> 公寓。

（2）从小区环境来看，有小区环境 > 无小区环境。

（3）从房屋朝向来看，南北通透 > 东西向、东南向、西南向 > 西北向。

从房屋附加值属性来看，附近有优质学区、有三甲医院都是很好的加分项。

根据多年经验，大众对有以下情况的住房比较敏感，户型奇怪、不能用明火的住宅，商住混用、小产权公寓房，顶层、底层，这些都是大众可能比较忌讳的类型。

**上述是大众眼中的一般标准，当且仅当其他条件相似时起作用。**

**心得3：马太效应日见明显。**

在全球一线城市，尤其是在东亚城市，都存在一种特别有意思的现象，那就是资源特别容易集中于一个区域内，正如前文所述，中国的一线城市也不例外，以北京为例，点开地图就会发现，有的区域集教育、产业、医疗、宜居于一身，环境宜人，旅游景点云集，而有的地方什么条件都不具备。

具有更多资源的地段在资源的加持下，其房价的涨幅会高于资源较少的地方。值得注意的是，从增值的角度来讲，在房地产市场整体下行的情况下，最好不要对资源不好的区域抱有"逆袭"的幻想。

很多房地产开发商在宣传偏远地区的新楼盘时会"画大饼"，宣称未来会有某大附中入住，会有优质的医疗配套资源，政府会出台好的产业政策，但等到落地时，往往会跟人们想象中相去甚远。出现这种现象主要有三个原因。

其一，开发商画的"大饼"有相当一部分落不了地，承诺引入的各种资源不确定性非常大，一个政策的微小变化都会导致之前承诺的资源落不了地。

其二，人口的流向和聚集是非常复杂的，一线城市核心区域的形成具有很大的偶然性和不可复制性，这往往是天时、地利、人和共同作用的结果。北京是百年古都，上海在民国期间就是经济重镇，深圳在改革开放后成为世界以及中国经济发展红利的集中地，这些城市的兴起都是顺应中国乃至世界发展形势的结果，绝不是出台某个简单政策就可以实现的。而且，就算政策有效果，也需要一段时间的酝酿，一个地区从初建到成熟，最快也要十年。十年对于大众投资者而言，实在太过漫长。

其三，在人口增速放缓甚至是人口锐减的大环境下，房地产进入存量博弈时代，在现有大型城市不断放出吸纳人口政策时，形成新的超大型城市和区域的概率越来越小了。

**心得4：警惕豪宅。**

我对豪宅持有谨慎态度，有两个原因。

理由 1：需求小。相信我，有钱人永远是少数，这也注定了对豪宅的需求不会太多，更重要的是，投资者买了豪宅，卖的时候，接手该豪宅的人也会是有钱人。有钱人往往都是很精明的，想把豪宅高溢价卖给富人，十分困难。

理由 2：保养费会很高。豪宅的保养费非常昂贵。首先，常规费用就比较高，有些豪宅的物业费动辄 20 元 / 平方米起，不是按市价供暖也不是按居民用水、用电标准收水、电费，再加上大面积等因素，与豪宅相关的日常费用远远高于普通民宅。其次，无论是对外出租还是出售豪宅，要想租或卖个好价钱，好的装修是必要的，而好的装修需要不菲的成本。

### 2.2.3 第三阶段：2020—2024 年房地产调整阶段的心得体会

每一个行业的发展，往往是有起有落的，房地产行业历经多年高速扩张，当前的房产行业调整，有利于房地产构建新模式，有利于结构优化，尤其是有利于房地产高质量发展[1]。坚持房子是用来住的、不是用来炒的定位，是房地产市场实现高质量发展的前提逻辑。

我国城镇化进程仍在持续推进，农民走向城市有大量住房需求。人们对美好居住生活的向往仍不断升级，对好房子，对改善居住条件同样有大量需求。2024 年，多地陆续优化调整房地产政策，从金融、土地、存量商品住房消化等方面综合施策，包括取消房贷利率下限、下调房贷首付款比例和公积金贷款利率等。随着各项决策部署的持续落实，以及房地产发展新模式的逐步建立，一定能够推动房地产转型升级、实现高质量发展，让人民群众住上更好的房子。

---

[1] 亢舒.房地产市场仍有发展空间［N］.经济日报.2024-04-24（06）.

## 2.3　资本市场（公募基金、私募基金）投资经历及心得梳理

以下是我对二级权益市场投资认知层面和实操层面的心得，我觉得这也是自己能在权益市场投资中取得成功的关键。

### 2.3.1　认知心得

**认知心得 1：标准化权益市场是大众投资者未来投资必然的选择。**

从资金流向、政策、监管等各个方面来看，以股票、公募基金、私募基金为代表的权益市场是大众投资者未来必然的选择。

在资金流向方面，除了少数地区外，中国房地产整体增速收缩，房价增长开始放缓。资金从房地产市场撤出后，走向何方？债券市场收益率低，且"爆雷"事件频出；期货市场波动大，资金容量小，一旦大资金涌入，容易引发物价飙涨，易受到政府管控；一级股权市场投资周期长、风险大。而二级资本市场（股票、公募基金、私募基金）流动性好，资金容量大，是为数不多资金去向之一。

在国家政策方面，党的十八大以来，资本市场的地位不断地提升，在未来，支持重点行业的发展离不开资本市场的助力，政策方面也会不断向好。

在监管方面，随着国家监管力度不断加强，打击老鼠仓、内幕交易的力度越来越大，A股市场将会变得越来越公平和透明，这一点对于保护中小投资者的利益以及维护资本市场的长远发展都是大有益处的。

在此三重因素的叠加下，标准化权益市场大发展是必然趋势，因此，标准化权益市场是大众投资者实现资产增值的必经之路。

但市场大发展和投资者能否赚钱是两回事，甚至可能由于市场的大发展，导致专业投资者越来越多，因而大众投资者越来越难赚到钱。对

于大众投资者而言，标准化权益市场是必赴的"赌局"。借用电影《让子弹飞》里张麻子的那句话来说，这场赌局必须赌得起，还得赌得赢。

**认知心得 2：投资、投机是在权益市场赚钱的根本来源。**

对于大众投资者而言，将套利的策略放在投资权益类资产上就比较难操作了。由于股票属于标准化产品，流动性很好，套利空间本身就很小，且市场上存在大量专业机构，无论在技术层面还是资金方面，这些机构都碾压大众投资者。因此，大众投资者在权益类市场赚钱的策略就只剩投资和投机这两个选择了。在权益市场上，投资和投机赚钱的底层逻辑是什么呢？

投资赚钱的底层逻辑在于认知上的领先。若投资者对某只股票、基金的认识比别人更加正确（注意，是正确，而不是深刻），则当资产处于低位时，投资者先入场；当资产处于高位时，当资产处于至暗时刻时，敢坚持。这几句话听起来容易，但做到是非常难的，问题核心在于认知的提升比较难，需要投资者采取正确的方法学习到正确的知识，再配以正确的实践才可能提升认知，不然都是无用功。

投机赚钱的底层逻辑在于短期认知以及对市场情绪的判断。首先投机往往是短期高收益行为，这就要求投资者对未来短期内的判断要领先于市场，产生这种判断的主要来源就是信息差。其次就是对市场情绪的判断，即投资者在市场大涨或者大跌前做出判断，判断准确率的高低极靠天赋，但是后天经过长期培训也可以得到提升，而且可以通过各种指标，比如交易量和销量指标进行监控。

**认知心得 3：打造完整而齐备的投资体系。**

尽管大众投资者不是专业机构，但是想要通过投资实现资产增值，需要打造出正确且适合自己的投资体系。

股票的涨跌幅是限制的，每天涨幅最高 10%，且随着专业机构增多，金融市场上的对冲工具也会越来越多，某只股票连续几日大涨的可能性也越来越低。因此，想靠一两次押对某一只或者几只股票实现资产增值，概率是很低的，只有搭建好投资体系提高成功概率，进行很多次、长时间的投资后，才有可能实现资产增值。

投资者搭建的投资体系要正确而且要适合自己。

首先是正确，投资体系的正确分为两个层面，一是逻辑层面正确，二是结果层面正确。逻辑正确加上配合市场环境，最终结果正确。外部市场环境是无法掌控的，而能掌控的就是确保投资者自身的投资逻辑正确。检验投资者的投资逻辑是否正确，最基础的要求就是逻辑自洽，说白了，就是在投资者所假设的前提下，按照投资者的方法进行预测，大概率是成功的。

其次是要适合自己。世界上不存在当下所拥有的资源、经济条件和对未来的预期完全一致的投资者，所以成功人士的投资经验和投资体系不能照搬。这也是很多人看了巴菲特的书、不断地去模仿巴菲特，但结果还是失败的原因。大众投资者应该更多地学习方法论，将金融"大佬"著作中适合自己的部分摘出来，按照自己的逻辑进行组合，搭建好自己的投资体系，并根据实际情况不断进行调整。

**认知心得4：本金充足再进军二级市场。**

我在二级市场进行投资的前期吃了很大的亏，现在想了想，有一个很重要的原因，那就是本金少，本金少会有以下几个弊端。

其一，本金少在二级市场投资意义不大，赚钱效率低。

我们将近几年的基金业绩筛选一下，每年年化30%收益率的基金产品占比极少。即便投资者的投资水平接近头部基金经理水平，也只能做到年化收益率30%，假设投资者的本金只有5万元，三年后翻了一倍，达到10万元，相对增长了100%，但绝对值只涨了5万元。但是要知道实现年化30%收益率是非常困难的，投资者不仅需要投入大把时间研究公司和市场，还需要忍受股票或者基金涨跌带来的煎熬。

大众投资者如果把同样的精力和时间放在工作或者副业上赚到5万元，绝对比通过炒股赚5万元容易得多；更何况绝大多数人实现不了三年年化收益率30%而不亏钱。

其二，攒本金的过程有助于做好投资。

权益投资能否成功在很大程度上取决于投资者的认知水平。投资者在攒钱的过程中，尤其是"攒大钱"的过程中，一定会经历很多考验，这些考验会提升他对人性和市场的认知，提高他的投资成功率。

如果投资者本身就是金融从业者，则不着急入场，多攒一些钱，效果更好。投资者不必急着动用本金，可以先观察客户的投资交易以积累经验。

其三，资金较少时，投资者会对投资抱有过高的期待。

当投资者的资金较少时，会对投资抱有过高的期待，甚至可以说抱有不切实际的幻想。投资者接受不了大幅波动，同时又期待本金一年翻好几倍，一旦这种幻想得不到满足（必然也得不到满足），心浮气躁、自我怀疑、越来越不理性的心态必然产生。然而投资赚钱的逻辑之一就是理性人"收割"非理性人。因此，资金少的投资者在投资时就有天然的劣势。

### 2.3.2 操作心得

**（1）大类资产的选择**

**①权益类投资如何择时及择资产。**

将权益类投资获得收益的因素归类，基本可以分为择资产和择时这两类。

如果说投资是科学和艺术的结合体，那么择资产偏科学成分多一些，即投资者花费时间越多、越专业，其所选择的资产往往在逻辑上越讲得通；而择时则偏艺术成分多一些，努力分析、积累经验对择时能力的提升会有帮助，但是提升程度有限，择时择得好不好与天赋和运气关联极大。

**对于提升收益而言，择资产和择时哪个更重要呢？** 笔者个人认为二者都非常重要，但是就短期投资而言，择时的影响会更大；就长期而言，择资产的影响会更大。而大众投资者往往择时和择资产的能力都很弱，要先提升哪种能力，又应该如何提升呢？

**答案很简单——哪个容易提升、提升效果明显，就先提升哪一个。**对于普通人而言，相较于择时能力，择资产能力的提升是有规律可循的，通过研究行业公司就可以找出规律，择资产能力能得到明显提升。而择时能力提升起来比较困难，主要是由于短时间内影响资产价格的因素太多了，导致择时效果本身就是非常不可控的。当然，笔者认为择时和择资产能力的提升都是很难的，择资产比择时容易也只是相对而言。这就如同比较珠穆朗玛峰和乔格里拉峰的高度，珠穆朗玛峰和乔格里拉峰都是海拔八千米以上的高峰，只是珠穆朗玛峰会更高一些。

那么如何提升择资产能力呢？方法有很多，比如多学习（考一考CFA或FRM，择资产能力会有很大提升）、多调研、多看研报、多找基金经理交流，但是这些方法的效率不能报以过高期望。因为提升择资产能力绝非朝夕之功，不是看几本书就够实现，需要进行系统的学习，最容易的就是考一次CFA，而这样最快也需要2—3年，但也只能达到入门水平。除此之外，调研、看研报、找基金经理交流这些方法可能只适用于金融行业的大众投资者，其他类型的投资者可能也有没有机会尝试这些方法。

**通过自我学习来提升择资产能力是长周期性的**，有一个快速变相提升最有效的方法就是购买优秀基金公司或者优秀基金经理的工具产品或者主动管理类产品，这样就把直接选择股票这个难度系数极高的工作变成了选择基金经理这个相对容易工作。

散户直接选择股票的难度系数非常高，决定股价涨跌的因素实在太多，而且不可预测性太高，经济环境、行业环境、公司环境、市场情绪，甚至一些不可靠的小道消息、花边新闻都会对股价有明显的影响。而在挑选基金经理方面，通过简单方法即可剔除掉70%的不可靠的基金经理，再从剩余30%的基金经理中继续挑选则相对容易多了。由于

私募基金行业存在业绩报酬,且优秀的私募基金管理人比较看重声誉,他们和投资者的利益绑定得更紧密。因此,就择资产的难度而言,选择私募基金经理的难度要低于选择公募基金的难度,而选择公募基金的难度要低于选择股票的难度。

但值得注意的是,**世界上没有免费的午餐,选择投资难度越低的资产,比如私募基金,投资者的弹性盈利也会越小,而且私募基金往往还会收取 20% 的业绩报酬。**

②三种资产的选择与投资顺序有讲究。

就大众投资者而言,**当投资者在某些方面的禀赋较弱时,建议从最容易的资产开始投起**。那么哪种资产的投资难度低呢?前文分析过,从择资产的角度出发,选择私募基金的难度要低于选择公募基金的难度,而选择公募基金的难度要低于选择股票的难度。

如果继续从择时的角度来判断呢?结论仍是选择**私募基金最容易,公募基金次之,最难的是股票**。

当投资者购买股票,尤其是中小市值的股票时,择时是非常关键的,因为单票风险非常聚焦。如果代表中国股市的沪深 300 指数跌破 4000 点,投资者还可以期待以后还能涨回来;但是某只股票从高点跌下来,尤其是由于公司自身经营的原因,有可能就再也涨不回去了。如果大众投资者择时择不好,基本可以断定股票投资他也做不好。

在投资公募基金时,择时也非常关键,主要是由于无论是指数基金还是权益基金,我国监管对仓位都是有要求的,当系统风险来临时,公募基金无法通过大幅降低仓位的模式应对风险。

相较于投资公募基金和股票,投资私募基金的择时会相对容易点。因为私募基金的仓位可以灵活控制,而且相当一部分主观多头的基金经理是做绝对收益的,当系统风险来临时,可以通过降低仓位的方式渡过风险。而且从策略上讲,私募基金有很多中性或者对冲策略的产品,这些产品会通过期货或者股指衍生品对冲掉系统性风险。因此,从择时的角度看，也是选择私募基金最容易，公募基金次之，最难的是股票。

按照这种逻辑，当投资者进入资本市场时，按照从易到难的顺序，应该先选择私募基金，再选择公募基金，最后选择股票。但有意思的是，实际情况正好相反，投资者一般先买股票，赔得严重了再试试公募基金，很多年后，自己成熟了，也攒够100万元成为合格投资者了，才去买私募基金。

本书建议，当投资者的投资资产低于100万元时，不要进入权益类市场，先投固定收益类产品即可，此阶段应专心工作、专心做买卖赚钱保证现金流。

**③要学会利用中介机构的正确方法。**

随着金融市场越来越成熟，投资者们越来越富有，投资者身边的财富顾问或者理财经理越来越多，他们会时不时地推荐理财产品，这个时候投资者会发现一个比较纠结的情况，就是这些财富顾问或者理财经理推荐的产品成功率不高也不低。他们偶尔会推荐一些表现不错的产品，但是如果投资者买了他们推荐的全部产品，一年下来往往表现平平。如果当年是大牛市，他们推荐的产品确实是正收益，但又跑不过指数；如果是震荡市，所推荐产品的整体收益往往也是不赚不赔；如果当年是熊市，大多数投资顾问所推荐的产品就是鸡肋，借用电影《飞驰人生》里的一句台词："一顿操作猛如虎，定睛一看原地杵。"投资者想把他们永远"拉黑"，但又担心失去一夜暴富的机会，毕竟他们推荐的产品中还是有成功案例的。

针对这种情况，我有一个建议，**即少听结论，多听过程**。

首先，少听结论的原因在于，从结果上验证，投资顾问的结论往往是不可靠的。这样说主要有以下几点原因。

第一，大部分的投资顾问的投资实力大概率不怎么强。我们直接从结果反推，如果这些投资顾问的实力真的都那么强，他们也不会长期这样工作下去，早就该发家致富了。当然，也有少部分投资顾问的实力确实非常强，但也只是占少部分。

第二，投资顾问未必真心替客户着想。投资顾问和理财经理的工作压力都是很大的，他们所在公司每月甚至每周都会给他们下达沉重的考核任务，让他们多卖某某私募基金或产品。在重压之下，投资顾问的出发点可能会变性，他们有可能会向客户推荐一些并不适合客户的产品，这也就是投资者会发现投资顾问推荐的产品时而好、时而不好的原因之一。

第三，即便投资顾问能力又强，出发点也是从客户角度出发，但是投资顾问并不是神，他们的判断本身就不是100%准确，能有60%的正确率就该谢天谢地了。投资者也很难每次都按照投资顾问的建议操作，要是运气不好，就有可能发生投资者听了投资顾问的三次建议，结果投资顾问的建议是错的，而投资者没听投资顾问建议的那三次，结果投资顾问的建议却是对的。

其次，要多听过程，投资顾问推荐产品的结论不一定正确，但是其分析中的底层数据和分析过程却是可以借鉴的。

底层数据方面：大众投资者其实没有时间细致地研究宏观基金、市场情绪、公司数据等方面的基础数据，但是大型正规公司的投资顾问是有这些数据的，证券公司和银行，每天都会对投资顾问进行培训，早上有晨会，晚上有夕会，这些客观数据对大众投资者做投资判断多多少少会有帮助。

推荐产品的逻辑：投资顾问向投资者推荐产品时，往往会有一套话术，无论这套话术是投资顾问或理财经理自己想出来的，还是他们所在公司给他们培训出来的，这套话术往往逻辑上是自洽的，或者是贴合当下热点的。

### （2）私募基金

由于私募基金行业一般会有业绩报酬机制（业绩报酬20%的居多），私募基金本身和投资者之间会形成一定程度的利益绑定，同时，优秀的私募基金一般也比较看重自己的市场口碑，因此，选择私募基金相对而言容易一些。

**操作心得 1：选择私募基金有两种思路。**

思路 1，长期投资，赚取稳定的私募基金经理超额收益。

在这种思路下，大体可以分三步进行操作。

第一步，先确定好拟选择的私募基金策略，是多头、量化指数增强还是 CTA？

第二步，从选定策略的产品中，找出近 3—5 年阿尔法（α）最稳定的。如果投资者的资产总量够大，投资时一定要分散化，不要把较多资金押在一个基金产品或者一类私募基金产品上。同等条件下，选择费率较低的产品。

第三步，尽可能选一个低点进入。

思路 2，短期投资，赚取私募基金稀缺的投机收益。

由于私募基金投资很灵活，没有对最低集中度的要求，一只私募基金可以全部投向某一只股票，且可以加杠杆、这就使一些择时能力强、投机胜率高的私募基金表现很好。

投资者如果看得准，在股市低位时，集中买入这些股票，等到牛市来临，加过杠杆的私募基金其净值会大幅上涨。

由于第二种思路**需要投资者对私募基金有很深入的了解，而且有足够的渠道获取私募基金的稀缺额度**，对大众投资者要求很高，属于小众行为。本书建议投资者多采取第一种思路进行投资，以下关于私募基金投资思路的讨论也是围绕第一种投资思路展开的。

**操作心得 2：私募基金——换还是不换？**

当投资者持有一段时间的私募基金后，发现所投基金产品的收益率远高于预期或者远低于预期时，是否应该继续持有，还是应该换一只基金呢？

情景 1：买入后，基金产品收益率高于预期。

如果投资者持有的基金连续 3—5 年都大幅跑赢指数，投资者考虑要不要高位减仓时，我的建议是，如果有好的替代产品，还是换一下为好。

如果一只基金在过去的某段时间内大幅跑赢指数，**往往是在某一类风格的股票上有较多敞口所致。然而市场风格快速切换是 A 股市场的重要特征之一**，盈亏同源，一旦风格切换，私募基金没有跟上，结局一定是巨额亏损。

"王权没有永恒"，这句话也适用于私募基金市场。目前为止，我国市场上还没有出现像巴菲特基金那种长期打败市场的私募基金。

情景 2，买入后，基金产品收益率低于市场平均水平。

如果投资者是按照操作心得 1 中的思路 1 并经过慎重决策后买入的私募基金，若买入较长时间后该基金仍跑输市场，要不要换一只产品呢？

这个时候需要慎重分析，基金收益率低是基金公司和基金经理的原因，还是市场的原因。如果是基金公司和基金经理的原因，比如基金公司的管理出问题了、基金经理的投资风格变了、基金产品换策略了，就一定要换产品。如果这些都没有发生，仅仅是因为市场风格切换导致的基金净值下降，建议可以再缓缓。

**操作心得 3：尽可能少交业绩报酬。**

私募基金行业的业绩报酬一直是广大投资者所诟病的对象。2022 年，我国私募基金行业常见的业绩报酬提取率为 20%。

坦率来说，这个比例确实比较高，因为业绩报酬不仅会提取基金收益的阿尔法（$\alpha$）（超额部分），也会提取贝塔（$\beta$）部分。而且基金提取业绩报酬的正好位于基金高点，而赎回正好是低点，这种条件下甚至会出现投资者的投资收益赶不上基金管理人提取业绩报酬的情况。

举个例子：投资者小王在 1 月买入 100 万元 A 私募基金，1—6 月，A 私募基金的净值上涨了 50%，此时私募基金提取了 10 万元业绩报酬。6—12 月，A 私募基金净值下跌了 50%，此时小王赎回，在不考虑其他因素的情况下，投资收益为0。

当然，尽管投资者对业绩报酬诟病颇多，但是从另外一个角度讲，正是由于业绩报酬的存在，基金公司的利益和投资人的利益绑定在一起，才确保了正常情况下私募基金管理人会尽可能做高产品净值，同时也会吸引越来越多的优秀人才涌入私募基金行业。

本书认为，在充分告知投资者的情况下，收取20%的业绩报酬也算合理，毕竟这是市场行为。如果投资者觉得买私募基金比自己操作强，他才会去买私募基金；如果投资者觉得私募基金业绩报酬高，可以去买公募基金。

**操作心得4：不要对超额期待过高。**

通过回顾过往数据筛选出业绩较好的基金经理进行投资，期待长期稳定地赚取基金经理超额收益，要实现这一点，其中蕴藏着两个假设前提条件。

假设1，未来的整体市场风格不会发生变化，基金经理在市场风格中不漂移。

假设2，如果未来整体市场风格发生变化，基金经理则可以适应新的市场变化，重新创造出阿尔法。

**在实际情况中，无论是假设1还是假设2，都有较大概率无法实现。**

资本市场中，资产价格的反转效应是长期且普遍存在的，市场风格长期不发生变化的概率较低，而基金经理，尤其是多头基金经理的操作是主观的，要稳定住一刻也不动，这是很困难的。

因此，不要对优质的基金经理有过高的期待，不能期待基金经理每年都做出20%的超额收益。同时，在选择基金经理初期，**不要太纠结，不要用力过猛，只选择前一年业绩最好的基金经理再去做投资，这样会让投资者错失较多投资机会（基金经理普遍存在"赢者诅咒"的现象）**，而且反转效应的存在会让当下表现很好的基金在未来反而表现不好。很多时候选择超额10%的基金和超额15%的基金是没有本质区别的。

**（3）公募基金及股票**

在分享有关公募基金的投资心得前，我们先了解一下公募基金的特点。

**其一，与私募基金不同，公募基金是没有业绩报酬的。**

公募基金不收业绩报酬，这看似是个优点，毕竟少收钱让大家都开心。但是不收取业绩报酬也会导致存在一些弊端。最主要的弊端就在于公募基金的利益和投资者的利益没有深层次绑定。在过去，公募基金经理通过"老鼠仓"进行利益输送的新闻屡见不鲜。尽管随着监管日趋严格，公募基金明显损害投资者利益的违法行为明显减少，但还是存在一些隐蔽的行为，比如收取高额的交易佣金，公募基金的交易佣金费率一般是0.04%—0.08%，而普通散户的交易佣金费率仅为0.01%—0.02%，一个具有规模效应的机构费率竟然比散户要高！

**其二，存在代理人风险。**

与私募基金相比，公募基金有另外一个问题，那就是公募基金的基金经理和基金公司之间可能存在代理人风险。头部私募基金的基金经理很看重自己的品牌，毕竟是自己的公司；而公募基金则不一样，公募基金经理与基金公司之间属于雇佣关系，而公募基金经理的工资和奖金是有上限的，当基金经理的管理规模很大后，容易出现心理不平衡的情况。基金经理在这种情况下的工作状态是让人担忧的：他会不会消极怠工，会不会萌发转私的想法？而且，公募基金中同一只产品更换基金经理也是很常见的现象。

**其三，公募基金有空仓限制。**

根据相关法规规定，公募基金是无法完全空仓的。这就意味着无论市场行情如何，哪怕大盘暴跌，公募基金也只能硬扛。

尽管基金经理可以通过购买不同行业的股票对行业进行空仓操作，

但是面对系统性风险时,不同行业的对冲毫无意义。

**操作心得 1:将公募基金作为配置型工具进行投资。**

本书并不认为长期不动地持有某只公募基金(即便是主动管理的基金产品)是一种较好的策略。主要原因在于,投资者与基金公司、基金公司与基金经理间的利益绑定关系较弱。

但是若将公募基金当作一个工具,具备低费率、高流动性、相对靠谱的特点,投资者进行资产配置的效果便不错。

例如,当大盘位于低位时,投资者看好大盘或者某个行业会反弹。相较于股票和私募基金,公募基金是最好的选择。如果此时投资者买股票,但是对具体标的没有特别深入的理解,非常容易踩雷;如果投资者买私募基金,一般会收取 20% 的业绩报酬,大盘上涨期间贝塔($\beta$)的 20% 也会被私募基金白白提走。

**操作心得 2:投资公募基金,可以关注择时与行业轮动。**

如何运用好公募基金这个配置型工具呢?主要可以关注择时和行业轮动方面。

首先是择时,由于私募基金可以大幅空仓,投资者若投资私募基金,尚可将控制回撤委托给私募基金经理操作。但投资公募基金只能靠自己,对于大众投资者而言,要想实现财富自由,择时比择资产重要得多。择时做得好与不好,一年的时间产生的差距有时可达一倍。做好择时的关键在于四个字——高抛低吸。如何做到"高抛低吸",本书后文有详细解答。此处先介绍一个好用的技巧:**投资者可以观察银行或者证券公司权益产品的销量,如果基金处于热卖之时,就一定要谨慎入场或要准备离场了;如果基金销量跌至冰点,则是买入的好时机。**

其次是行业轮动,行业轮动称得上是中国资本市场的一大特色,主要原因在于中国政府执行力强,政策对市场的影响很大。

其一是行业政策。比如,一系列利好的政策使芯片行业在政策支持下迎来了一波高潮;同时,教育培训行业近年来受政策影响,走向没落。

其二是货币政策。货币放水会对资本市场有强烈的影响。2023年1月底，我国广义货币M2余额已经达到273万亿元。相较于美国和日本，我国居民海外投资较少。随着房地产和固定收益类产品走向衰弱，股市承接M2的作用会越来越大。往往是资金会进入一个热门行业，拉高股价后进入另外一个热门行业，周而复始。

而公募基金在行业轮动上有非常大的优势。首先，公募基金有大量行业ETF（交易型开放式指数基金），投资者如果看好某个行业，可以直接购买对应的行业指数基金，而且ETF还可以当天择时买卖；其二，如果投资者担心全行业指数基金中存在良莠不齐的情况，还可以选择一些行业精选指数基金，基金公司会帮助投资者剔除一些不好的公司，当然，挑得好不好，也要看基金经理的水平和职业操守了。

**操作心得3：投资股票最好能找出一个必胜的理由。**

我是强烈不建议大众投资者直接下场买股票的，因为大众投资者在各个方面和专业机构都有差距，容易被"割韭菜"。

如果非要入场，投资者需要研究明白自己的相对优势在哪，找出一个必胜的理由。

如果投资者自认为是行业专家，对某个行业非常了解，可以尝试投一些被低估的股票，长期持有，等待估值回归；如果投资者是十年老股民，自认为对盘面十分了解，擅长K线操作，可以尝试趋势跟踪；如果投资者是财会类专业人士，自认为对上市公司报表的研究十分到位，则可以从财务报表分析的角度投资股票。

但是在寻找相对优势时，一定要保持头脑清醒，要对自己有清醒的认识、对优势发挥的作用要有清醒的认识。有相对优势只能提高投资成功的概率，并不能保证100%投资成功。

**操作心得4：投资股票，切忌觉得自己"天下第一"。**

很多投资者确实在某方面有优势，或是行业专家，或是财务专家，或是经济专家，或是多年老股民，认为自己具有一定的优势就可以在资本市场里"大杀四方"——这是极为错误的想法。实际情况是资产价格是由多方面因素决定的，具体有哪些因素、这些因素的权重占比是多少，并没定论。用专业一些的语言来表述，就是不管用哪种方法对股票价格进行归因分析，不可解释的残差项很大，所以投资者切不可觉得自己有优势就无敌于天下，买的股票就一定会赚。

**操作心得 5：投资股票切忌"吃着碗里望着锅里"。**

首先，作为大众投资者，如果有相对优势，这种优势往往局限于某个领域，投资者切不可跨领域而动。比如投资者小王是白酒行业资深从业者，但他看着新能源股大涨，便耐不住寂寞去买了新能源股票；再比如投资者小张是一名财务资深从业人事，擅长财务及报表分析，却开始炒短线。这都是"以自己的爱好去挑战别人的饭碗"。

其次，要知道投资者的优势项是相对的，要把握好度。仅中国就有几亿网民，当投资者做交易时，投资者的竞争对手可能是缺乏专业知识的外行，也有可能是各种名校毕业的顶尖基金经理。在这样大的市场里，投资者的相对优势可以是非常大的，也可以是非常小的。

在投资者的相对优势开始发挥的初期，不要着急外逃；当投资者已经丰收很多时，则要准备撤出，千万别觉得自己的观点领先于市场上的所有人，自己可以把全市场的"肉"都吃了。

# 第三篇
## CHAPTER 3

# 基础理论详解

> 山不让尘，川不辞盈。
> ——[魏晋]张华

# 1 可投资资产概述

根据笔者的经历,大众投资者通过投资实现资产增值需要完成三个突破。

第一个突破是想清楚靠投资实现资产增值的投资逻辑,搭建好投资体系(详见本书第一篇)。第二个突破是认识自己,做好心态建设,达到知行合一。而第三个突破则是充分掌握与实战最为相关的投资理论知识,对拟投资资产的特点要有超过大众投资者的理解。本书的第三篇会逐一介绍经典的相关理论知识,并详细讲解一线地区核心区域房地产、私募类证券基金、公募基金、股票的基础知识。

本书第一篇对可投资资产进行了详述,但是由于此内容十分重要,此处对其结论进行简要复述。

## 1.1 适合大众投资者投资的几大品种

对于满足合格投资者条件的大众投资者而言,可接触到的投资品种约有以下几种:

1. 股票;
2. 未上市公司股权;
3. 公募基金;
4. 私募证券基金;
5. 私募股权基金;

6. 商品期货及股指期货；

7. 期权等其他衍生品；

8. 债券及现金理财类产品；

9. 信托、证券公司资管、公募专户等其他金融产品；

10. 其他。

上述品种并非全都适合投资。本书认为，股票、公募基金、私募证券类基金、商品期货比较适合大众投资者投资。

## 1.2 可投资产的投资思路和逻辑

虽然可以对同一种资产采取不同的投资策略，但是有一种策略相对而言是较优的。对可投资的四种资产可按以下几个方面进行投资操作。投资的四大逻辑包括套利、投机、价值投资和利用通货膨胀。投资的两大策略包括大资金押赚钱概率大、收益率稳定的产品，小资金押概率小但能赚大钱的品种。四大投资品种包括股票、私募证券基金、公募基金、一线地区核心区域房地产。四大逻辑、两大策略和四大投资品种之间的匹配关系如表 3-1 所示。

表 3-1 本书的投资结论

| 投资逻辑 | 投资策略 | 投资品种 |
| --- | --- | --- |
| 套利 | 大资金押赚钱概率大、收益率稳定的产品 | 一线地区核心区域房地产 |
| 投机 | 小资金押概率小但能赚大钱的品种 | 小市值股票（可通过衍生品和期货加杠杆） |
| 价值投资 | 大资金押赚钱概率大、收益率稳定的产品 | 公募、私募证券基金 |
| 利用通货膨胀 | 大资金押赚钱概率大、收益率稳定的产品 | 北上广深核心地区房地产、分红稳定的蓝筹股部分商品具备长期投资属性 |

## 1.3　可投资资产排序

值得注意的是，大众投资者在资源有限的情况下进行投资是有投资顺序的，笔者建议的顺序是一线地区核心区域房地产、私募证券基金、公募基金、股票，如果资金不够，可以先买一些现金理财类产品。

本书建议的顺序可能和投资者的常识相悖，一般投资者的投资顺序往往是先投股票，赔得严重了，再去买公募基金，买公募基金继续赔，再去买私募基金。之所以会出现这种情况，是因为人出于本性都愿意先做看起来容易的事，投资股票的门槛最低，其次是公募基金，投资私募基金就有一定的门槛了，需要至少100万元资金和具备合格投资者身份。

大众投资者在做投资时，混淆了一个逻辑，那就是以为投资门槛低等于投资容易成功，实则不然，投资门槛低只是"去购买"这个行为比较容易，并不是投资容易成功。实际上，要想投资成功，从易到难的投资顺序就是私募证券基金、公募基金、股票。

投资私募证券基金的相对容易之处在于私募基金投资范围限制小，在市场暴跌时可以通过多种手段对冲风险，且由于业绩报酬的存在，私募基金管理人的利益和投资者直接绑定，如果所选择的私募基金比较可靠，对择时要求较低，主要考验择资产的能力。

公募基金的一个基金组合会包含很多股票，可以分散单个股票的风险，但是很多公募基金都是被动投资或者半主动投资，基金经理投资风格比较固定，往往集中在几个行业内做投资，基金内部股票相关性高，无法分散行业风险，因此投资公募基金时择时能力非常重要。

在股票方面，直接投资股票既非常考验投资者的择时能力，又非常考验投资者的择资产能力。投资界普遍认为，择时的难度要大于择资产的难度。

秉承先易后难的原则，在投资顺序上，应首先选择是私募基金（对择资产要求高），其次是公募基金（对择时要求高），再次是股票（对择时和择资产要求都很高）。

## 1.4　实用理论及模型

一名成功的投资者绝不可能是一帆风顺的，"踩坑"是必经之路。

但是问题就在于"踩坑"这个过程不一定要自己去经历，精心钻研已有模型和理论的细节，可以大幅降低试错成本。

笔者认为要实现资产增值，可以分为两个阶段，不同阶段关注的理论和模型并不一样。

实现资产增值第一阶段的任务是尽可能以低成本完成初始资本积累。这一阶段主要是通过几种底层逻辑（套利、投机、价值投资）来投资几种资产（一线地区核心区域房地产、公募基金、私募证券基金、股票），承担一定的风险，实现资产的快速扩张。在第一阶段，投资者需要了解或者掌握的理论和模型主要用于研究资产如何定价和资产价格如何波动，主要包括 CAPM（资本资产定价模型）、Fama-French 三因子模型、Carhart 四因素模型、周期理论等。

实现资产增值第二阶段的任务是降低风险，实现资产稳健增长。投资者在第一阶段已经完成了一定资产的积累，在第二阶段，主要是通过资产配置实现已有资产的增值保值，努力让现有资产跑赢通货膨胀，实现最大化夏普比率。在第二阶段，投资者需要掌握的理论主要用于研究如何实现风险收益比最大化，要熟悉投资组合及资产配置的相关模型，主要包括固定配置比例理论、均值 – 方差（Mean-Variance）模型、股债轮动策略模型等。

投资者可以不精通以下理论模型的细节，但是弄清楚这些理论及模型对提升投资成功率是极为有益的。

### 1.4.1 实现资产增值之路第一阶段应掌握的理论及模型

**(1) 威廉·夏普（William Sharpe）CAPM 资本资产定价模型**

哈里·马科维茨（H.M.Markowitz）的均值-方差理论和威廉·夏普（William Sharpe）的 CAPM 模型是现代金融理论的两大基石。

马科维茨的均值-方差理论回答了"风险收益如何权衡"的投资元问题。1964 年，威廉·夏普在 CAPM 模型中则回答了"股票收益由什么组成""风险如何被拆分"的问题。CAPM 的公式如下：

$$E(r_i)=r_f+\beta((E(r_m-r_f))$$

该模型表明单个股票的收益主要是由贝塔（β）驱动，CAPM 本质上是建立了一个股票收益决定因素的单因子模型。

**(2) Fama-French 三因子模型**

威廉·夏普建立 CAPM 后，在后来的一段时间内，市场发现了一系列无法通过 CAPM 模型解释的投资异象，比如小市值的股票或者低估值公司的股票通常收益率较高。

针对这些市场异象，1993 年，尤金·法马（Eugene F.Fama）和肯尼斯·弗伦奇（Kenneth R. French）将规模因子和价值因子作为新的风险补偿引入 CAPM 模型，从而建立了 Fama-French 三因子模型，公式如下：

$$E(r_i) = r_f + \beta((E(r_m-r_f)))+s_m^E(SMB)+h_i^E(HML)$$

**(3) Carhart 四因素模型**

继 Fama-French 三因子模型后，Carhart 发现市场中常出现"趋势"效应，即涨得好的股票会持续涨得好，将动量因子引入 CAPM 模型，公式如下。

$$E(ri) = rf + \beta((E(rm-rf))) + sEi(SMB) + hEi(HML) + \mu Ei(WML)$$

### （4）因子分析法

随着市场越来越有效，Fama-French三因子模型也无法有效地解释市场，金融从业者前赴后继地对市场进行挖掘，得到大量因子。目前市场上常见的解释因子有**成长因子、价值因子、规模因子、红利因子、动量因子、质量因子、波动因子**七类，简要介绍如表3-2所列。

表3-2 常见市场解释因子

| 因子名称 | 因子描述 |
| --- | --- |
| 成长因子 | 成长股通常有很好的业绩表现、高于同行业的利润增长率和高市盈率（P/E） |
| 价值因子 | 价值股通常为收入及现金流稳定的大型公司所发行的股票，有较低的市盈率（P/E）、市净率（P/B）倍数和较高的分红比例 |
| 规模因子 | 规模因子更倾向于捕捉在低流通市场环境下的小市值股票 |
| 红利因子 | 红利因子是指在低利率环境下，高收益股票会提供超额收益 |
| 动量因子 | 动量因子更倾向于捕捉在过去一段时间内涨幅高于平均市场的股票 |
| 质量因子 | 质量股通常是指收入及分红比例可持续增长、现金流入比较高、负债比较低的公司所发行的股票 |
| 波动率因子 | 风险厌恶的投资人更倾向于低波动股票 |

### （5）周期理论

历史总会重演。金融行业尤其如此。金融业最经典的周期理论往往将一个周期分为五个大阶段，即**复苏阶段、早期繁荣阶段、晚期繁荣阶段、衰退阶段、萧条阶段**（表3-3）。

表3-3 周期理论中五大阶段的特点及资本市场表现

| 阶　段 | 特　点 | 资本市场表现 |
| --- | --- | --- |
| 复苏阶段 | ①商业信心开始提振；<br>②刺激性政策仍在持续；<br>③通货膨胀正在消退；<br>④房地产及耐用消耗品消费开始提振 | ①短期利率及国债率仍在低位；<br>②股票市场呈向上波动；<br>③周期资产，如小盘股、高收益公司债券表现较好 |

续表

| 阶 段 | 特 点 | 资本市场表现 |
|---|---|---|
| 早期繁荣阶段 | ①失业率开始下降；<br>②上市公司利润快速增长；<br>③房地产及耐用消费商品需求变强 | ①央行不再进行短期刺激，短期利率大幅上升，而长期利率保持稳定或者小幅上升，收益率曲线保持平稳<br>②股票价格大幅上涨 |
| 晚期繁荣阶段 | ①经济出现过热；<br>②失业率维持较低水平，上市公司利润强劲，工资和通货膨胀率上升；<br>③上市公司负债率出现恶化 | ①货币政策趋严，短期利率上浮，收益率曲线变得更加平坦；<br>②大宗商品价格大幅上涨；<br>③信用市场承压；<br>④股票价格继续上涨，但是波动加剧，周期资产表现较弱 |
| 衰退阶段 | ①利率上升，经济增速变缓；<br>②商业信心出现摇摆；<br>③上市公司负债率出现恶化 | ①短期利率继续维持高位，长期利率下行，利率曲线可能出现倒挂；<br>②信用利差继续扩大；<br>③股票价格下跌，利率敏感型股票或者高质量股票表现较好 |
| 萧条阶段 | ①通常会维持12—18个月；<br>②利润和产值均大幅下降；<br>③央行会放松货币政策；<br>④市场信用收紧，破产加剧 | ①短期利率和债券收益率下降，收益率曲线陡峭；<br>②股票价格先跌再涨；<br>③信用利差扩大 |

值得注意的是，周期的时间跨度是极大的，长的周期如康德拉季耶夫周期跨度可达50—60年，短的周期如基钦周期跨度约为2年，简要介绍见表3-4。

表3-4 主要周期理论简要介绍

| 主要周期理论 | 时间跨度 | 内 容 |
|---|---|---|
| 康德拉季耶夫周期 | 50—60年 | 康德拉季耶夫周期由3个库兹涅茨周期组成，长度约54年；每个周期都伴随一次主要的技术革命并为社会经济带来大的发展 |
| 库兹涅茨周期 | 平均长度18年 | 房地产周期，典型的衰退期会持续3—5年，振幅比较大；主要驱动是房地产建造活动以及房地产价格 |

续表

| 主要周期理论 | 时间跨度 | 内容 |
|---|---|---|
| 朱格拉周期 | 8—10 年 | 由 2—3 个基钦周期组成，以国民收入、失业率和大多数经济部门的生产、利润和价格的波动为标志加以划分。一般参考设备投资占 GDP 的比例 |
| 基钦周期 | 平均长度 43.2 个月 | 库存周期视角，或与天文周期有关 |

由于不同周期理论考察时间跨度极大，投资者在套用模型时一定要做好长短匹配。若投资者研究的是 3 年内价格的波动，而套用的是康德拉季耶夫周期理论，是很难预测准的，因为康德拉季耶夫周期理论是以约 60 年为周期进行预测的，这就好比用高射炮打蚊子，想命中是很难的。

表 3-5 对 1782 年后的康德拉季耶夫周期进行了详解。

表 3-5　1782—2011 年康德拉季耶夫周期详解

| 康德拉季耶夫周期 | 技术创新驱动 | 繁荣 | 衰退 | 萧条 | 复苏 |
|---|---|---|---|---|---|
| 第一轮 | 纺织工业及蒸汽机（63 年） | 1782—1802 年 | 1815—1825 年 | 1835—1836 年 | 1836—1845 年 |
| 第二轮 | 钢铁和铁路（47 年） | 1845—1866 年 | 1866—1873 年 | 1873—1883 年 | 1883—1892 年 |
| 第三轮 | 电气和重化工业（56 年） | 1892—1913 年 | 1920—1929 年 | 1929—1937 年 | 1937—1948 年 |
| 第四轮 | 汽车和电子计算机（43 年） | 1948—1966 年 | 1966—1973 年 | 1973—1982 年 | 1982—1991 年 |
| 第五轮 | 信息技术 | 1991—2011 年 | | | |

## 1.4.2　实现资产增值之路第二阶段应掌握的理论及模型

实现资产增值之路第一阶段的主要任务是承担较大风险，寻找定价偏差（价格偏离价值较多的产品），通过投资或投机，快速完成原始资本积累,因此,第一阶段关注的理论和模型主要是关于资产如何定价、如何寻找资产价格变动规律的。

实现资产增值之路第二阶段的主要任务则是提高收益风险比,使资产组合的收益最大化(即承担最小的波动,获取最大的收益),因此,第二阶段关注的理论和模型则是关于如何降低波动、提升资产配置效率的。

### (1) 固定配置比例理论(20世纪30年代)

资产配置的探索最早开始于20世纪30年代,根据对股票、债券、房地产传统资产配置经验的研究,总结出固定配置比例理论,主要包括等权重配置、60/40配置、生命周期理论、"100-年龄"理论。

①等权重配置。等权重配置是最为简单的固定配置模型,其定义是保持每种资产的权重均为1/N。等权重策略本质上是一种反转策略,当某种资产超常上涨时,将其持有数量下调;当某种资产超常下跌时,将其持有数量调高。该策略的优势在于当各类资产均衡发展时,整体组合收益表现较好,如果出现单边行情,该策略可能失效。

②60/40配置。20世纪30年代,美国出现了60/40配置模型,其最初的含义是将资产的60%配置于标普500指数,40%配置于10年期美国国债;后来演变成资产的60%配置成股票资产,40%配置成债券资产。

这一模型的前提要求是,股票和债券的相关性较低,这在20世纪30年代是基本成立的,但随着时代和市场的发展,股债的相关性大幅提升,导致该策略的夏普比率下降。尽管如此,从实用性方面来看,60/40配置模型是一种简单且长期有效的策略,至今仍被大量机构广泛使用。

③生命周期理论。生命周期理论将人生每一阶段在对流动性的需求、对风险的偏好方面的差异纳入考量。

生命周期理论将人的一生分为了三个阶段,即财富积累期(20—35

岁)、财富巩固期(35—60岁)、财富消耗期(60岁至终老)。年轻的投资者对流动性和资金要求较低,投资目标以资本增值为主,随着年龄的增长,投资者的投资目标逐步转向资金保值。

表3-6概括了生命周期理论所划分的人生三个阶段的特征。

表3-6 生命周期理论中人生三个阶段的特征

| 投资者类型 | 年龄区间 | 资金需求 | 流动性需求 | 风险承担能力 |
|---|---|---|---|---|
| 积累期投资者 | 20—34岁 | 低 | 高 | 高 |
| 巩固期投资者 | 35—60岁 | 中等 | 中等 | 中等 |
| 消耗期投资者 | 60岁以上 | 高 | 低 | 低 |

表3-7展示了投资者在不同年龄阶段的股债比组合情况。

表3-7 投资者在不同年龄阶段股债比组合情况

| 年龄区间 | 固定收益投资比例 | 股票投资比例 |
|---|---|---|
| 20—34岁 | 20%—34% | 66%—80% |
| 35—60岁 | 35%—59% | 41%—65% |
| 60岁以上 | 60%—100% | 0—40% |

④ "100-年龄"理论

"100-年龄"理论是通过用100减去年龄的方法确定股票在投资者投资组合中的配置比例,比如一个30岁的人配置在股票中的资产比例约为70%(100岁减去30岁),30%的资产配置于固定收益。该方法的优点在于简单易行,缺点在于既没有考虑个体寿命的差异,也没有考虑各地市场的股债市场之间表现的差异。

### (2)均值-方差(Mean-Variance)模型(1952年)

固定配置比例理论简单粗暴地给出了投资者在不同年龄阶段大体配置的投资品种比例,直到1952年,哈里·马科维茨(H.M.Markowitz)在《资产组合选择:投资的有效分散》中提出现代投资组合理论——

"均值 – 方差（Mean-Variance）模型"系统地从量化的角度回答资产配置最优比例。

均值 – 方差模型的最终目标是，在给定投资组合的目标收益率下，最小化投资组合方差，将一个经典的投资问题转化为一个带有约束的最优化问题。

具体如何求最优解呢？

大体分为两步：第一步，收集整理出资产预期收益率（历史均值）、各类资产收益率的相关性、各资产的方差；第二步，运用拉格朗日方程求导，算出各类资产的最优配置比例。

尽管均值 – 方差模型给出了科学、客观、量化的资产配置比例，但是也有局限性：

**其一，过去不代表未来**。该策略用资产过去的长期均值来预测未来，但过去并不完全代表未来，过去的最优化模式在未来不一定适用。

**其二，只考虑了静态单期模型的最优化**。单期投资的最优化比例实际上并不等于长期最优化的结果。该模型只考虑了单期投资资产配置最优化的问题，不考虑下一个投资期会出现什么变化，也不会考虑投资机会随着时间发生的变化。

**其三，该模型对收益过于敏感，输出结果具有不稳定性且过于集中**。若改变资产组合中个别资产的预期收益率，整个组合权重就会发生大幅改变。

针对均值 – 方差模型的种种问题，后人提出了很多解决方案。针对"过去不代表未来"的问题，1990 年，高盛开发了 Black-Litterman 模型；针对只考虑了静态单期模型的问题，1998 年，Michuad 提出了 Resample 模型，具体操作是通过蒙特卡洛模拟收益率矩阵，计算均值和方差矩阵，对一次抽样产生的输入参数通过二次规划得出一条模拟有效边界，多次重复得到组合的有效边界；针对模型对收益过于敏感的问题，2004 年 Leodoit 和 Wolf 提出了 Shrink 收缩法，其解决方法是取等权重（极端被动）和最优化（极端主动）这两种极端配置方法的加权平均值，然后将得出的权重作为一个新的参数进行求解。

**（3）股债轮动策略**

股债轮动策略主要包括1991年提出的GERY股债比价模型。

资本市场最重要的投资工具就是股票和债券，因此，如何在这两者之间做出选择就成了重点研究对象。1991年，特伦斯·C.米尔斯（Terence C. Mills）发现股票收益率和债券收益存在密切的协整关系，将Government-bend-Equity-Yield-Ratio（GEYR）定义为长期国债收益率和股票收益率的比值，其公式为：

$$GEYR = Y_g / Y_s$$

米尔斯的实证结果表明GEYR值应该是长期稳定的，如果GEYR值高于长期均衡值，表明国债收益率过高。

**（4）通货膨胀与资产配置**

资产配置的选择和通货膨胀紧密相关，根据经验，在不同通货膨胀环境下，持有不同资产的收益相距甚远。例如，在超预期的通货膨胀下，长期持有现金资产一定是一个非常糟糕的策略，而持有房地产则是较好的选择。根据实践经验，在不同通货膨胀环境下，建议持有的资产类型如表3-8所列。

表3-8 不同通货膨胀环境下建议持有资产类型

| 投资者类型 | 现金及短期投资 | 债券 | 债券 | 房地产 |
|---|---|---|---|---|
| 轻微通货膨胀 | 中性 | 中性 | 利好 | 中性或利好 |
| 超预期通货膨胀 | 短期利好，长期利空 | 利空 | 中性或利空 | 利好 |
| 通货紧缩 | 利好 | 高评级债券利好，低评级债券利空 | 利空 | 利空 |

### （5）经济周期与资产配置

经济周期是影响资产配置的重要因素。

美林证券根据美国1973—2004年，整整30年的行业及资产回报率实证数据提出了投资时钟理论。该理论从宏观经济分析的角度，将经济周期与资产配置策略、行业配置之间的轮动联系在一起进行分析，有助于帮助投资者识别经济周期中的重要拐点，从周期变化中获利。如图3-1所示：

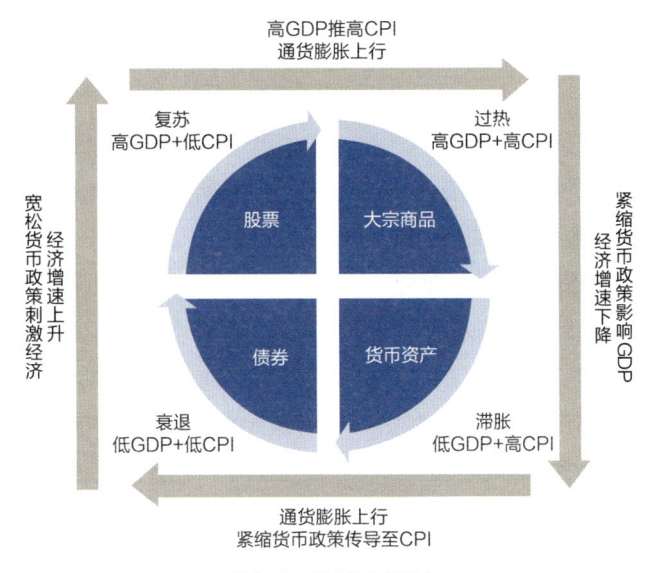

图3-1 投资时钟理论

①复苏阶段：经济上行，通货膨胀下行。由于股票对经济的弹性更大，相较于债券和现金，股票具备明显的超额收益。

②过热阶段：经济上行，通货膨胀上行。通货膨胀上行增加了持有现金的机会成本，可能出台的加息政策降低了债券的吸引力，股票的配置价值相对较强，商品明显走牛。

③滞胀阶段：经济下行，通货膨胀上行。在滞胀阶段，现金收益率

提高，持有现金最明智，经济下行对企业盈利的冲击将对股票构成负面影响，债券相对收益率提高。

④衰退阶段：经济下行，通货膨胀下行。在衰退阶段，通货膨胀压力下降，货币政策趋松，债券表现最突出，随着经济即将见底的预期逐步形成，股票的吸引力逐步增大。

美林证券的投资时钟理论通过用通货膨胀和经济增长两个指标划分经济周期，能够合理解释1973—2004年的数据，但是也存在不少局限性，主要源于两方面因素：首先，美林证券投资时钟理论模型的开发数据主要出自美国，各国经济所处阶段、开放程度以及外在的约束条件不尽相同。其次，更重要的是，后金融危机时代，宏观周期和金融资产周期错误搭配越来越普遍，全球央行不断改变货币政策使得经济脱离周期运行，货币政策（金融周期）的解释力度远大于经济周期，美林证券投资时钟理论模型的有效性减弱。

# 2 房地产

## 2.1 房地产的特点

### 2.1.1 金融属性与居住属性

随着社会的发展和进步，房地产的属性在新的社会形态下也更为丰富和完善，社会大众所关注房地产属性的侧重点也有了相应的改变。在房地产市场最初起步发展的时期，人们主要关注的是房地产功能属性中的居住功能属性。

随着社会经济水平飞速提升，房价增长不少，房地产金融属性凸显出来。但现在这个属性不明显了，"房住不炒"就是要回归居住属性。

### 2.1.2 耐用性

房地产具有土地使用权年限长的特点——我国规定商品房（住宅用地）的产权为70年，这个特

图 3-2 居住商品房

点决定了房产不同于别的商品。相较于易损耗和寿命短的商品，人们购买和选择房产的周期肯定远小于房产。同时，人们在购买房产时，往往不仅考虑房产的时下价值，而且还会根据地理位置、周围配套设施以及开发商的信用等因素考虑其未来价值——在未来有升值的空间和效用。而且，很多购房者往往不能以现有的收入购买房产，而是需要用一定的时间储蓄收入、积累资金，同时还要超前消费——通过借贷来实现购房，这就意味着预算约束也是跨期的。以上诸多因素组合在一起，决定了房地产具有耐用性。

### 2.1.3 异质性

不同的房地产其面积、地理位置、环境、设计理念及设计本身的性质都不可能是完全一样的；同时，不同购房者对房产的偏好也不同。诸多因素组合在一起，使得房地产相较于一般商品具有明显的异质性，"一房一价"在很大程度上也是因为房地产具有异质性。

### 2.1.4 位置固定性

房地产具有不可移动性——其位置是固定的，购房者无法移动房屋。因此，在购买房产时，购房者所付出的搜索成本一般都会高于其他商品：购房者在购买房产时，需要花费大量的时间、精力等搜索、考察自己理想中的房产。

### 2.1.5 折旧

房地产会因为被使用而产生折旧。

值得注意的是，我国居民住宅是有最高70年使用年限的，这会导致折旧，不能按照无限使用来计算折旧。即便假设70年后可以免费续约继续使用，但是房子的质量是否真的可以坚持到70年后，目前也未得到时间的检验。

### 2.1.6 流动性匮乏

与股票和基金相比，房地产的流动性较为匮乏。当遇到行业冰点时，可能会遭遇房地产大幅降价也卖不出去的风险，因此买房子时除了要考虑地段、品质等关键因素，也要考虑到总体价格的因素。2022年年中，一线城市的核心地段出现了"豪宅热"的情况，但是在价格上涨的同时，我们也要考虑到流动性因素，真实地去看看流动性到底怎么样。

## 2.2 房地产的分类

按照使用目的及特征的不同，房地产可分为两大类型，即住宅型房地产和非住宅型房地产。

### 2.2.1 住宅型

住宅型房地产包含含小区的板楼、含小区的塔楼、不含小区的塔楼、不含小区的板楼、商住混用公寓、独栋别墅、连排别墅、叠拼别墅等。

### 2.2.2 非住宅型

非住宅型房地产包括商业不动产（商铺）、办公楼、工业地产、仓库、零售物业、酒店物业、耕地、林地等。本书主要讨论的房地产种类为住宅型。

## 2.3 房地产价值的分类

房地产具有可居住、易抵押等特点。因此，房地产不仅拥有市场价值，还具有使用价值和抵押价值。

### 2.3.1 市场价值

市场价值指的是最有可能销售的价格，市场价值不一定等于内在价值。

### 2.3.2 使用价值

使用价值是对于特定使用者的价值，可能高于或者低于市场价值，取决于特定使用者的个人偏好。

### 2.3.3 抵押贷款价值

抵押贷款价值是指买入不动产后，再将不动产抵押出去的价值。本书主要讨论的是市场价值。

## 2.4 房地产的估值方法

### 2.4.1 商业地产的估值方法

商业地产的估值具备成熟的模型，通常可用收入法、成本法和可比销售法这三种方法估值。

#### （1）收入法

收入法即预估不动产未来可产生的现金流，对现金流折现获得不动产的折现值的方法。

房地现金流折现方法与股票估值折现原理类似，其公式如下。

房地产价值 = 第一年 NOI / cap rate

式中，NOI（net operating income）是指净运营收入：

NOI = 全租条件下的租金收入 + 其他收入（如停车费收入） – 闲置损失费用 – 运营费用（如物业费、供暖费等）

cap rate = 房地产折旧率 – 房价增长率。

### （2）成本法

成本法是指估计重新购买土地并在其上建造有相同功能的建筑物所需要的总成本，对目标不动产和重建建筑之间的成本差异进行调整的方法。

### （3）可比销售法

可比销售法是指获取当前市场中交易的相似不动产的价格，对目标不动产和相似不动产的价格差异进行调整的方法。

## 2.4.2 住宅的估值方法

相较于商业地产，住宅的估值方法目前并不成熟。如果套用商用地产的估值体系对住宅进行估值，会明显发现，成本法很难适用于对住宅的估值，尤其是一线城市核心区域的房地产估值，最主要的原因在于我国住宅成本最主要的部分是土地价格，而一线城市核心区域可用于建造住房的新增土地有限，以北京为例，在西城区完全找不到在售的新房。

收入法的适用条件也有限，主要原因在于，在过去的20多年，M2始终处于高位，导致房价相对于租金增幅过快，在这种情况下，无论投资者采取怎样的折现率，估算出来的折现值和实际成交价相差甚远。

但是值得注意的是，任何资产的价值最终都要回归到现金流价值，如果现实房价长期领先于现金流折现的价值，要么房价会下跌，向价值靠拢，要么租金会提升，导致房地产价值上升，向房价靠拢。

对于住宅，尤其是一线城市核心区域住宅最适用的方法是可比销售法。可比销售法的商业逻辑是获取当前市场中交易的相似不动产的价格，对目标不动产和相似不动产的差异进行调整。

那么可比销售法到底比的是什么呢？主要比较的是以下五个方面。

**（1）地理位置**

住宅所在的地理位置直接决定住宅拥有什么样的教育配套、医疗配套、生活配套，可以说是购买住宅需要考虑的第一要素。

值得注意的是，随着人口数量整体减少，且城市间虹吸效应明显，地理位置的重要性越来越突出，如果住宅所处的地段不好，容易出现流动性枯竭的情况，到时候想卖也卖不掉。因此，在购置住宅时，如果预算充足，尽可能在核心区域购买。

千万不要相信某些开发商宣传的某某偏远区域的房子规划得如何好，未来房价会如何升值等。一个区域从开始兴建，到走向成熟，少说也要五年时间，中间存在太多不确定性。而且，在人口整体减少且都向核心区域流动的趋势下，一个新区域崛起又有多少胜算？

**（2）房屋状况及小区环境**

房屋状况是需要考虑的重要因素。很多房屋地理位置很好，但是由于是"老破小"，业主在进行转让时也会遇上各种问题，要么流动性不好，房子不好卖，要么价格会比同地段好品质小区的房价低30%。

小区环境也是非常关键的因素，与其他很多国家不同，中国人对小区的环境可谓情有独钟。外国人对独栋公寓的接受程度很高，但是中国人对此则态度平平。笔者有过亲身经历，我有一套高层公寓，视野、风景都很好，但是在出售时，看房客总会觉得没有小区，缺少了一种安全感，在经历一番波折后才成功转手。

**（3）房龄**

房龄是一个容易被忽略但又非常重要的因素。之所以容易被忽略，是因为人们在买房时，首先考虑的是价格，其次是房屋状况和小区环境，大家潜意识里认为房子是可以使用很久的固定资产，再加上有些小区维护得好，房子看上去比较新，很多人便会忽略房龄的因素。

但实际上房龄是非常重要的因素。首先，我国的房地产是有70年

图 3-3　北京老胡同

产权的，70 年后产权到底如何确定，这是个未知数。其次，房龄不可避免地会影响到房屋状况，比如老房子往往没有电梯、户型设计不合理，房屋老化等。最后，即便房屋维护得很好，房屋状况看上去也不错，但是在对房子进行房贷抵押时，楼龄会直接影响抵押贷款金额。

### （4）物业

物业是影响住宅价值的重要因素之一。一方面，物业管理得好不好、维护工作做得好不好，会直接影响居住体验；另一方面，物业好不好，也会直接影响房屋品质和小区风貌，这不可避免地会影响房屋价值。当投资者对住宅进行二次出售时，如果潜在客户看到的是一个管理规范的小区，自然而然地愿意出高价，反之则不愿意购买。

### （5）面积

面积会影响房地产的相对价值。房屋面积过大或者过小，对住宅的相对价值影响都较大。

如果房屋面积过大，会导致房产总价过高，须知有钱人总是少数，且越有钱的人越精明，导致出售时缺乏接盘方。如果房屋面积过小，随着我国居民生活水平不断提高，追求改善住房的居民越来越多，房子过小也不容易出售。一线城市核心区域最好出售的房产可能是总面积在120—140平方米的三居。

## 2.5 房地产市场之我见

### 2.5.1 "黄金二十年"成因及发展新模式

深度了解过去房地产价格为什么能涨起来很重要。

#### （1）四大成因

我认为，房地产"黄金二十年"主要有四大成因。

①城镇化。城镇化是人口由乡村不断向城市转移，也就是由传统的乡村社会发展到城市社会的过程。纵观国内外，城镇化是社会经济发展的必然趋势。改革开放以来，随着我国经济的发展，人口城镇化率在逐步提高。根据国家统计局2024年1月17日发布的《2023年国民经济回升向好高质量发展扎实推进》显示，2023年，城镇人口占全国人口的比重（城镇比率）为66.16%。

城镇化对我国房地产市场的发展有着正向拉动作用。

在房地产投资方面，城镇化对房地产市场的发展起到促进作用。居民对房地产的需求给房地产开发商带来了投资动力。城镇化能够通过刺激房地产市场投资来影响房地产开发规模，同时，城镇化的过程是劳动力和生产要素向城镇地区不断集聚的过程，这必然会对房地产开发规模的扩大产生影响，从而带动房地产投资。具体地说，城镇化对房地产市场的影响体现在三个方面。

其一，城镇化发展使得一些郊区用地转为建设用地，新城建设需要商业用房、产业园等商业综合体建设，以及各级教育、文化配套设施建设等，还包括新区医院、养老院等公共设施向新区转移。城镇发展给新区带来机遇的同时，不免对老区造成了压力，这便需要对旧区进行相应的结构规划调整，以改善居民生活环境，适时更新基础设施，提供完善的设施资源。这些机遇必然会吸引房地产企业的关注和投资开发建设，会让开发商保持良好期待以扩大对城镇的投资开发。

其二，城镇化会带动人口向城市集聚，而人口在社会发展中发挥着重要作用——是"创造需求"的潜力资源；人口在迁移到城镇的过程中，会对住房产生最基本的需求，当居住条件得以满足后，人们对休闲、娱乐等方面的消费增加，不仅带动对房地产市场住宅方面的投资，还会带动对旅游度假村、智能化场所等消费型非住宅的投资。

其三，城镇化水平提高会使居民生活水平有所提高，人们需求的多元化促使房地产企业适时调整多元化供给产品，在供需作用机制作用下，房地产市场不断发展，其投资规模也在发展中不断扩大。

在房地产需求方面，人口在向城镇迁移的过程中，不免为了居有定所而对住房市场产生基本需求。一些消费者在购房需求上表现出较强的目的性，会考虑房屋结构、周边环境以及配套公共设施等，极大地促进房地产产品的消费型需求。城镇化的不断发展促使产业结构发生优化升级的转变，与此同时，与城镇基础设施配套的其他房地产产品将是房地产市场后续发展的动力。另外，日益成熟的城镇化发展会吸引各行业企业的聚集，这些行业为了生存发展，会加大对仓库用房、办公楼的需求，从而加大房地产市场对此类产品的新的生产需求。

②人口增长。实际上，2000年以后房地产价格的快速增长也是有人口增长作为支撑的。1970—1990年，我国出生人口一直维持在高位。到2000年时，"70后"人群正值30岁左右，房屋是其生活的刚需，于是，"70后"成了购房的主力军；到2010年时，"80后"人群接过"70后"的接力棒，成为新的购房主力军。

表 3-9　1949—2021 年中国出生人数统计表

| 年　份 | 出生人数（万人） | 年　份 | 出生人数（万人） |
| --- | --- | --- | --- |
| 1949 | 1,950 | 1986 | 2,411 |
| 1950 | 2,042 | 1987 | 2,550 |
| 1951 | 2,128 | 1988 | 2,307 |
| 1952 | 2,127 | 1989 | 2,432 |
| 1953 | 2,175 | 1990 | 2,391 |
| 1954 | 2,288 | 1991 | 2,258 |
| 1955 | 2,004 | 1992 | 2,119 |
| 1956 | 2,004 | 1993 | 2,126 |
| 1957 | 2,200 | 1994 | 2,104 |
| 1958 | 1,928 | 1995 | 2,063 |
| 1959 | 1,665 | 1996 | 2,067 |
| 1960 | 1,381 | 1997 | 2,038 |
| 1961 | 1,187 | 1998 | 1,991 |
| 1962 | 2,491 | 1999 | 1,909 |
| 1963 | 3,000 | 2000 | 1,771 |
| 1964 | 2,759 | 2001 | 1,702 |
| 1965 | 2,748 | 2002 | 1,647 |
| 1966 | 2,795 | 2003 | 1,599 |
| 1967 | 2,593 | 2004 | 1,593 |
| 1968 | 2,795 | 2005 | 1,617 |
| 1969 | 2,752 | 2006 | 1,584 |
| 1970 | 2,774 | 2007 | 1,594 |
| 1971 | 2,612 | 2008 | 1,608 |
| 1972 | 2,595 | 2009 | 1,615 |
| 1973 | 2,491 | 2010 | 1,588 |
| 1974 | 2,255 | 2011 | 1,604 |

续表

| 年　份 | 出生人数（万人） | 年　份 | 出生人数（万人） |
| --- | --- | --- | --- |
| 1975 | 2,126 | 2012 | 1,635 |
| 1976 | 1,866 | 2013 | 1,640 |
| 1977 | 1,798 | 2014 | 1,687 |
| 1978 | 1,757 | 2015 | 1,655 |
| 1979 | 1,738 | 2016 | 1,786 |
| 1980 | 1,797 | 2017 | 1,723 |
| 1981 | 2,092 | 2018 | 1,523 |
| 1982 | 2,265 | 2019 | 1,465 |
| 1983 | 2,080 | 2020 | 1,200 |
| 1984 | 2,077 | 2021 | 1,062 |

③财富效应。房地产的财富效应也是助推房价快速上涨的因素。在投资领域有句俗话说得好——买涨不买跌。过去20年，正是由于房地产价格的连年上涨，促使房地产的财富效应显著，于是，越来越多的人开始购买房产或购买更多的房产，甚至疯狂加杠杆购买房产。

④流动性支持。除了消费意愿，房地产价格的大幅上涨离不开资金支持。2002—2016年，我国M2增速维持在10%以上。

**（2）发展新模式**

构建房地产发展新模式，是破解房地产发展难题、促进房地产市场平稳健康发展的治本之策。在体制机制上，将建立"人、房、地、钱"要素联动的新机制，从要素资源科学配置入手，防止市场大起大落。

中共中央政治局2024年4月30日召开会议强调，要持续防范化解重点领域风险。会议要求，继续坚持因城施策，压实地方政府、房地产企业、金融机构各方责任，切实做好保交房工作，保障购房人合法权益。要结合房地产市场供求关系的新变化、人民群众对优质住房的新期待，统筹研究消化存量房产和优化增量住房的政策措施，抓紧构建房地产发展新模式，促进房地产高质量发展[①]。

随着房地产市场的发展，现有的两种房产税已经不能适应房地产健康发展的需要，于是，政府开启了房产税的改革试点政策，并以上海、重庆为试点地区。

上海的房产税试点范围为上海全市行政区域，作为参照的"新房成交均价"是指上海市上一年度新建商品住宅成交均价。重庆的房产税试点范围为重庆市主城九个区，作为参照的"新房成交均价"是指上两个年度主城新建商品住房建筑面积成交均价的算术平均。

上海房产税的征收对象是本市居民家庭在本市新购且属于该居民家庭第二套及以上的住房（包括新购的二手存量住房和新建商品住房）和非本市居民家庭在本市新购的住房。

重庆房产税的征收对象为个人拥有的独栋商品住宅，个人新购的高档住房，在重庆市同时无户籍、无企业、无工作的个人新购的首套及以上的普通住房。未列入征税范围的个人高档住房、多套普通住房，将适时纳入征税范围。

在存量房方面，上海一律不征，重庆存量独栋商品住宅要征收房产税。在免税面积（起征点）方面，上海按"人均面积"算，人均60平方米（含）为起征点；重庆则按"户面积"算，一个家庭只能对一套应税住房扣除免税面积，分每户100平方米和180平方米两种起征点。适用税率方面，上海分两档——0.4%和0.6%；重庆分三档——0.5%、1%和1.2%。可以看出，税率方面重庆是高于上海的。

上海模式以多套房为主要征收对象，对"炒房"行为起到了抑制的作用。而重庆模式以高端豪宅为重点征收对象，较为符合重庆市"低端有保障、中端有市场、高端有约束"的房地产调控理念，对高档住宅成交形成有效制约。

---

[①] 亢舒.消化存量房间优化增量房[N].经济日报.2024-05-08（06）.

### 2.5.3 配置一线城市核心地段优质非豪宅房地产的理由

一线城市、核心地段、优质、非豪宅还是具备一定的保值增值价值，主要是由于一线城市、核心地段、优质、非豪宅具备以下特点。

①流动性相对较好

房地产的保值增值首要考虑的因素应该是流动性。从整体来看，一线城市核心区域房地产的流动性是最好的，即便出售困难，但用于抵押经营贷也是非常容易获得流动性的。

②抗通胀稳收益

根据经济周期理论，当通货膨胀来临时，房地产的抗通胀属性强，一线城市核心区域的房地产抗通胀属性更强。

**（1）详解：一线城市**

本书所指一线城市是北京、上海、深圳。

只有在人口增长的区域，房价才有可能实现保值增值。尽管中国人口呈下降趋势，产业和人口向优势区域集中是客观规律，可能存在局部人口增长的情况。北京、上海、深圳则是首选地区。

从20世纪80年代后，北上深的常住人口呈大幅增长趋势，根据国家统计局数据，截至2021年末，北京常住人口2189万人，上海常住人口2489万人，深圳常住人口1768万人（图3-4）。

**（2）详解：核心地段**

中国房地产的特点之一就是马太效应太明显——好的区域往往有产业、有教育、有医疗、有景观。

以北京金融街核心区为例，住宅区五千米以内，产业、教育、医疗、景观资源全部配齐；在产业方面，有各大金融机构总部、部委等；在教育方面，有北京四中、北京八中等；在医疗方面，有北京儿童医院、人民医院、积水潭医院等；在景观方面，有故宫、后海、北海公

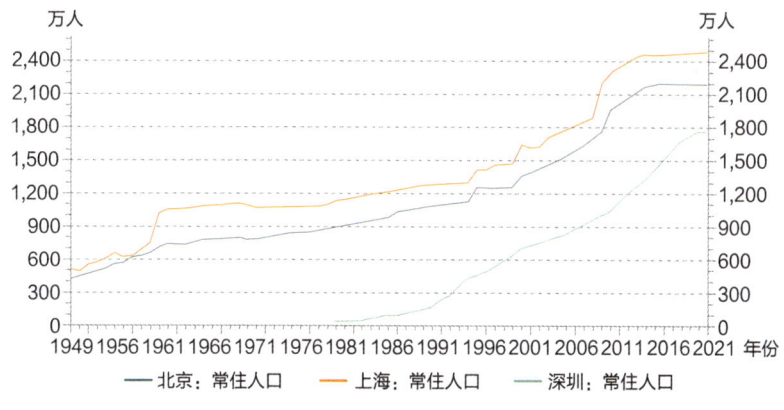

图 3-4　1949—2021 年北上深常住人口统计情况

数据来源：国家统计局

园、恭王府、月坛公园等。

### （3）详解：优质

购买房地产，流动性是首要考虑因素，而房地产是否优质直接决定流动性的好坏。

本书此处向读者介绍一个排除法，有以下特点的房子在大众看来一般都不会是优质的：

①房子太老或者太旧；

②户型不够方正，户型奇怪；

③楼层高但没有电梯；

④没有燃气；

⑤顶层或者底层。

### （4）详解：非豪宅

从购买角度来说，豪宅有以下问题。

**其一，缺乏流动性**。一线城市的豪宅总价值高，容易出现有价无市的情况——看似标价高，但是实际出手很困难。

**其二，豪宅的养护成本高**。豪宅一般在物业费和水、电、燃气费方面，费用都会高于普通住宅，这也会拉低豪宅的投资收益。

**（5）详解：警惕学区房**

学区房指的是所处区域具有稀缺性学校的房产——在一个城市，由于教育资源分配得非常不均衡，于是，出现了一些"好"的中小学，而与那些中小学"绑定"在一起的房子——也就是户口地址是那些房子所在地址的学生可以上那些中小学——便为学区房。

因为与"好"的中小学"绑定"在一起，所以，相对于普通商品住宅而言，学区房的单价较高、升值空间较大，于是，购买学区房成为一种颇为理想的投资行为，因为只要重点小学、名牌小学不搬走，学区房的升值空间将十分可观，在自己的子女毕业之后，完全可以把升值多倍的房子再卖出去，获得不菲的收益。也正因为如此，房地产市场出现了"学区房热"——无论是商品房市场还是二手房市场，即使是在楼市的低迷期，学区房的成交量与租赁量仍旧保持比较稳定的状态，部分地区的学区房甚至被炒出天价。

天价学区房的出现不可避免地带来了一些负面影响：其一，导致出现新的教育不公平现象——家里经济条件好一些的孩子可以就近读重点学校，否则就只能去一般的学校；其二，扰乱了房地产市场——学区房的出现，让大致一样的房子在价格上出现天壤之别；其三，扰乱人们的正常生活——许多家长为了能让孩子读一个"好"的小学，不惜放弃大房子、选择小房子，或者放弃新房子、选择旧房子，或者放弃就近上班。

因此，2021年以来，北京、上海、广州、深圳、重庆、西安、厦门、成都、大连、南京、合肥、太原、温州等城市开始采取措施整治学区房——或多校划片，如北京通过名额分配，如上海通过学位限定，如小学"六年一学位"、初中"三年一学位"，减少单套房的学位供应。这些措施虽然没有完全遏制或减少学区房的出现所带来的全部负面影响，但也切实遏制或减缓了学区房价格上涨的趋势或幅度。

随着我国城镇化进程的推进，2023年我国常住人口城镇化率为66.2%，但户籍人口城镇化率还不到50%，仍有1.8亿外出农民工在城市中没有完全市民化，在这些进城农民工中购房比例不高。且现有存量住房中，90平方米以下中小户型住房仍占绝大多数。随着人们生活水平提高、城镇化深入推进，我国房地产市场改善性、刚性需求仍较多，依然有广阔的发展空间[①]。

---

① 亢舒.房地产市场仍有发展空间[N].经济日报，2024-04-24（06）.

# 3 私募证券投资基金[1]

## 3.1 中国私募基金发展概况

本书参考清华大学国家金融研究院民生财富管理研究中心出版的《2020年中国私募基金研究报告》，结合笔者私募行业多年从业经验，认为我国私募基金发展可分为五个阶段：早期萌芽阶段（20世纪90年代初至2003年）、信托（阳光私募）发展阶段（2004—2012年）、井喷发展阶段（2013—2015年）、规范发展阶段（2016—2019年）和有序发展阶段（2020年至今）。

### 3.1.1 第一阶段：早期萌芽阶段（20世纪90年代初至2003年）[2]

20世纪90年代初期，随着改革开放的不断深入，中国出现了一批富有的个人和拥有闲置资金的企业，民间资本充裕。此时我国资本市场初步建立，市场制度建设相对落后，存在制度套利和股价操纵的空间，企业从一级市场进入二级市场，企业估值将获得巨大提升。由于制度建设落后，很多投资者都想参与两个市场间套利，但当时通过公募基金

---

[1] 根据中国证券投资基金业协会《私募投资基金募集行为管理办法》的规定，只能向特定合格投资者宣传推介私募投资基金产品。本书引用的私募基金仅作研究例证，不作为任何产品推荐的依据。
[2] 节引用自清华大学国家金融研究院民生财富管理研究中心出版的《2020年中国私募基金研究报告》。

无法获取这部分收益，市场急需一种代客理财新模式，私募基金应运而生。

1996—2000年，股市的赚钱效应、证券公司委托理财的示范效应以及市场上旺盛的投资需求，促使投资公司大热，大量证券公司精英"跳槽"到私募行业，私募行业的人才队伍得到发展。2001—2003年，政府层面陆续出台了相关政策，孕育私募基金行业的制度条件逐渐形成。2001年4月，全国人民代表大会常务委员会通过《中华人民共和国信托法》，对规范信托基本关系和信托机构经营活动起到推动作用。2003年8月，云南国际信托有限公司发行"中国龙资本市场集合资金信托计划"，标志着我国首只投资于二级市场的以信托模式发行的私募基金诞生。2003年10月，全国人民代表大会常委会表决通过《证券投资基金法》，明确了公募基金的法律地位，同时在立法中为基金融资、私募监管等问题预留了一定口径。2003年12月，中国证券监督管理委员会发布《证券公司客户资产管理业务试行办法》，在"业务范围和业务资格"中准许证券公司从事集合资产管理业务并提出具体规定，此后证券公司可以通过资管计划、证券公司理财为私募基金公司提供私募产品。这一系列法律及政策层面的变化，使我国私募基金行业迎来了新的契机。

### 3.1.2 第二阶段：信托（阳光私募）发展阶段（2004—2012年）

2004年2月20日，私募投资人赵丹阳与深国投信托合作，成立"深国投-赤子之心（中国）集合资金信托计划"，被业内视为国内首只阳光私募产品，以"投资顾问"的形式开启了私募基金阳光化的模式，其业务模式是以信托公司作为发行方，银行充当资金托管方，私募机构受聘于信托公司负责资金的管理。该基金对我国私募基金行业意义深远，以致后来以信托方式投资于股市的私募基金都被称为阳光私募基金。

2007年10月，股市行情火热，再加上公募基金行业缺乏股权激励机制，相较而言，私募基金的浮动管理费制和薪酬激励制度更能够吸引人才，促使许多优秀的公募基金管理人加入私募基金的行业，带来新的投资理念和方法。2009年1月23日，银监会印发《信托公司证券投资信托业务操作指引》，成为第一个规范证券类信托产品的文件，意味着存在多年的阳光私募模式得到监管认可。2009年，第二波"公奔私"热潮风起云涌，又有一批公募基金经理在这一年转投私募，私募行业不断发展壮大。

### 3.1.3 第三阶段：井喷发展阶段（2013—2015年）

从2013年开始，随着中国证券投资基金业协会（以下简称"中基协"）的成立，私募基金行业开启了在监管下规范发展的新阶段。在私募基金的监管体系中，中国证券监督管理委员会对私募基金施行统一监管，中基协履行行业自律监管职能，负责私募基金的登记备案。

2012年12月28日，全国人民代表大会常委会修订通过后的《中华人民共和国证券投资基金法》公布，自2013年6月1日起施行，首次将非公开募集资金纳入法律监管范围，明确了私募基金的法律地位，我国私募基金从此走上了合法化发展道路。2014年5月，国务院发布《关于进一步促进资本市场健康发展的若干意见》，以专门篇幅提出要"培育私募市场"，将私募基金的发展提高到了一定战略高度。2014年6月，为落实新"国九条"中关于基金行业的战略布局，中国证券监督管理委员会（以下简称"证监会"）出台《关于大力推进证券投资基金行业创新发展的意见》，继续为私募基金行业"松绑"。2014年8月，证监会发布并施行《私募投资基金监督管理暂行办法》（以下简称《暂行办法》），这是首个专门监管私募基金的部门规章。

在政策的支持下，私募基金迎来了快速发展阶段。截至2022年底，我国共有私募证券投资基金 92,604 只（表 3-10）。

表 3-10　2015—2022 年中国私募证券投资基金产品数量及规模

| 截止日期 | 只　数 | 截止日资产净值（亿元） |
| --- | --- | --- |
| 2015 年 12 月 31 日 | 14,553 | 17,892.00 |
| 2016 年 12 月 31 日 | 27,015 | 27,661.00 |
| 2017 年 12 月 31 日 | 32,216 | 22,858.00 |
| 2018 年 12 月 31 日 | 35,688 | 22,391.00 |
| 2019 年 12 月 31 日 | 41,399 | 24,503.00 |
| 2020 年 12 月 31 日 | 54,355 | 37,662.30 |
| 2021 年 12 月 31 日 | 76,839 | 61,247.38 |
| 2022 年 12 月 31 日 | 92,604 | 55,622.85 |

### 3.1.4　第四阶段：规范发展阶段（2016—2019 年）

随着私募基金蓬勃发展，监管层意识到不规范运作的私募基金存在巨大风险。

在 2016—2019 年，私募基金行业一直处于"严监管"状态，史上各种"最严"监管文件频频出台。2016 年可以称为私募基金的严监管元年，是行业规范化发展的重要节点。中基协在 2016 年颁布的监管文件颇多，涉及私募基金内部控制、登记管理、信息披露、风险揭示等各个方面。2017 年，监管持续加码，证监会、国务院、中基协纷纷出台相关办法和条例。2018 年，私募基金行业经历寒冬，监管却不曾放缓，严监管持续加强。2018 年 4 月，《关于规范金融机构资产管理业务的指导意见》（以下简称"资管新规"）正式施行，为资管行业统一监管时代拉开序幕，私募基金的监管格局、产品募资与业务模式等诸多方面都受到一定程度的影响。资管新规强调资产管理业务要将功能监管与机构监管相结合，对合格投资者新增了家庭资产情况、投资经历方面的要求，限制通道和嵌套产品。此外，私募基金也获得一定利好，在细则中明确规定私募基金能以投资顾问的角色与银行子公司理财产品展开合作。2019年，全国人民代表大会常委会通过修订版《中华人民共和国证券法》，将资管产品纳入证券法的监管范围，明确资管产品的证券属性，完善我国财富管理的法律框架，构建资本市场的顶层设计，对我国资本市场的市场化改革与金融供给侧改革起到推动作用，同时为未来"大资管"行业健全的法律框架夯实基础。

### 3.1.5 第五阶段：有序发展阶段（2020年至今）

进入2020年，私募基金迎来新的爆发性增长时期，一方面得益于高涨的股市行情吸引了许多场外投资者借"基"入市，另一方面受到银行理财产品和货币基金收益率下跌的影响，权益类产品对投资者的吸引力大幅提高，在多重因素影响下，私募基金管理规模激增。在行业急速发展之时，监管的脚步并未停歇。2020年9月，证监会出台《关于加强私募投资基金监管的若干规定（征求意见稿）》，这是自《暂行办法》施行以来第二部行业内的部门规章。规范性文件的不断出台，配合行业自查等监管措施，促进了行业长期健康发展，私募基金管理更加规范，投资者权益也得到了有效保护。

随着监管机构扶优限劣，规范行业有序发展，大浪淘沙，新增私募基金牌照呈整体下降趋势，有业绩、有品牌的私募基金越来越得到投资人的认可。在2019—2021年结构性牛市的加持下，大量资金涌入私募基金市场。

截至2022年12月底，中基协会已登记私募基金管理人23,667家，2021年同期为24,610家；存续已备案私募基金145,048只，较2021年同期的124,117只增加16.86%，管理基金规模20.03万亿元（运作中产品），较2021年同期的19.76万亿元增加1.37%。从管理人家数、管理产品数量看，即便2022年是熊市，私募基金行业依然稳步发展。

表3-11 2015—2022年中国私募基金产品数量及规模

| 截止日期 | 全部 总数 | 全部 截止日资产净值（亿元） | 私募证券投资基金 只数 | 私募证券投资基金 截止日资产净值（亿元） | 私募股权、创业基金 只数 | 私募股权、创业基金 截止日资产净值（亿元） | 私募资产配置基金 只数 | 私募资产配置基金 截止日资产净值（亿元） | 其他 只数 | 其他 截止日资产净值（亿元） |
|---|---|---|---|---|---|---|---|---|---|---|
| 2015年12月31日 | 24,054 | 50,724.00 | 14,553 | 17,892.00 | 8,585 | 30,655.00 | — | — | 916 | 2,177.00 |
| 2016年12月31日 | 46,505 | 78,911.00 | 27,015 | 27,661.00 | 17,932 | 46,897.00 | — | — | 1,558 | 4,353.00 |
| 2017年12月31日 | 66,418 | 111,003.00 | 32,216 | 22,858.00 | 28,465 | 70,913.00 | — | — | 5,737 | 17,232.00 |
| 2018年12月31日 | 74,642 | 127,783.00 | 35,688 | 22,391.00 | 33,684 | 86,026.00 | — | — | 5,270 | 19,366.00 |
| 2019年12月31日 | 81,739 | 137,386.00 | 41,399 | 24,503.00 | 36,468 | 97,426.00 | 5 | 5.00 | 3,867 | 15,452.00 |
| 2020年12月31日 | 96,852 | 159,749.62 | 54,355 | 37,662.30 | 39,802 | 110,610.01 | 10 | 9.96 | 2,685 | 11,467.35 |
| 2021年12月31日 | 124,117 | 197,639.37 | 76,839 | 61,247.38 | 45,311 | 127,820.41 | 24 | 46.48 | 1,943 | 8,525.10 |
| 2022年12月31日 | 145,048 | 200,295.20 | 92,604 | 55,622.85 | 50,878 | 137,705.93 | 28 | 52.81 | 1,538 | 6,913.61 |

单就私募证券投资基金而言，截至 2022 年 12 月底，中基协已备案私募证券投资基金管理人 9,023 家，已备案私募证券投资基金 92,604 只，管理基金规模 55,622.85 亿元，较 2021 年同期的 61,247.38 亿元下降了 9.18%。平均而言，每家私募证券投资基金管理人管理产品 10.26 只，管理规模 6.16 亿元。2022 年私募证券行业管理规模有所下降，这主要源于权益市场大跌所致。

图 3-5 2015—2021 年私募证券投资基金产品数量及规模

2022 年后，二线省会城市不断出现烂尾楼现象，这标志着房地产行业不可避免地走向衰弱，我国居民必然有大量资金从房地产撤离，二级权益市场是为数不多的可选择投资对象，私募基金的春天才刚刚开始。

## 3.2 私募证券投资基金的特点

### 3.2.1 优势

**（1）优势一：优秀基金经理集中**

私募基金行业存在激励充分、投资限制少等优势，私募基金可谓汇聚了全市场最顶尖的基金经理。

**第一，金融机构中优秀投资经理"奔私"。**

对优秀的基金经理而言，在公募基金工作的个人回报往往比不上自己创业成立私募基金公司，或者在私募基金公司工作。自2014年以来，每年都有大批优秀公募基金经理涌入私募基金行业。

**第二，国内外数理精英"奔私"。**

由于监管原因，公募基金、券商资管、信托等传统的金融机构或对持仓比例或对冲工具的应用或对交易频率有种种限制，这导致量化策略在中国基金市场未能发展起来。

自2014年私募基金阳光化后，迅速吸引了大批国内外数理精英加入基金行业，短短数年时间，我国涌现了幻方、九坤、灵均、明泓等一系列百亿私募基金公司。

这些优秀的私募基金经理基本都毕业于北大、清华、复旦、浙大、哈佛、麻省理工等国内外顶尖高校的数学、物理专业。私募基金的量化领域汇聚了国内外顶尖的数理人才。

**第三，民间股神"奔私"。**

投资是科学和艺术的结合体。

基金经理的业绩表现固然和基金经理的学历和从业经历有关，但是也不完全呈现强正相关关系。不能说学历好、履历强的基金经理业绩一定好，更不能说学历一般的投资人成不了好的基金经理。

实际上，民间"股神"大有人在，比如著名的民间派私募基金经理冯柳[1]，且民间"股神"的投资逻辑与金融机构的投资逻辑之间差别很大，民间派的私募基金经理与公募基金经理相关性低，在分散化上具备优势。

### （2）优势二：策略丰富，投资者的选择多

私募基金可以称得上是全市场投资策略最丰富的金融产品。由于私募基金行业从全市场吸引了各个方面的人才，这就使私募基金产品的投资策略非常丰富，包括主观股票、量化股票、期货CTA、期权衍生品、固定收益类等各种策略。

丰富的投资策略会给投资者带来种种便利，一方面，投资者仅购买私募基金这一类产品就可以满足其对所有投资策略的需求；另一方面，不同策略的私募产品之间相关性较低，投资者通过购买不同类型的私募产品，相对地降低了风险。

### （3）优势三：投资限制少

与其他金融产品相比，私募基金的投资限制最少。公募基金会对股票持仓和集中度有明确要求，比如：一只基金持有同一只股票不得超过10%的基金资产；基金公司同一基金管理人管理的所有基金，持同一股票不得超过该股票市值的10%以上；基金持有的买入股指期货合约价值不得超过基金净资产的10%；基金持有的卖出期货合约价值不得超过基金持有的股票总市值的20%。

而私募基金在持仓和集中度方面则灵活得多，在法规层面，私募基金理论上可以集中买单票、加杠杆、空仓，使私募基金投资在风格上非

---

[1] 冯柳现任高毅资产董事总经理。他是国内最早在互联网上为人所知的价值投资者之一，对市场及投资方法有较多独到见解和创造性认识。加入高毅资产后，冯柳凭借优异投资业绩获得《中国证券报》"金牛奖"2016年度和2018年度股票策略金牛私募投资经理、《中国基金报》"英华奖"三年期最佳私募投资经理（2015年6月—2018年6月）、《证券时报》"金长江奖"绝对回报私募基金产品（三年期）（2016—2018年）等奖项。

常灵活。

### （4）优势四：优质私募代理人风险低

由于私募基金通常会对获益部分收取 10%—20% 的业绩报酬——这也是私募基金公司的主要收益来源——使得私募基金公司的利益和投资人的利益在某种层面上保持了一致。一般而言，优质的私募基金公司往往会比较注重自己的声誉，从而努力把业绩做好。

## 3.2.2 劣势

### （1）劣势一：费用高

私募基金通常会收取 1% 的管理费和 20% 的业绩报酬，其费用之高往往是投资者最为诟病之处。特别是当大盘上涨较快时，很多私募基金的收益率并没有跑过沪深 300 指数，产生阿尔法（α），但是依然收取 20% 的业绩报酬。

### （2）劣势二：业绩离散大

私募基金投资策略广、持仓限制少、杠杆上限高，这是一把双刃剑。如果行业看得对，股票挑得准，私募基金的业绩自然会很好；但是如果行业和公司看得不准，甚至把方向看反了，基金净值的跌幅也会远高于公募基金。

某年业绩最好的私募基金净值可能会翻 3—5 倍，但是业绩不好的私募基金其净值可能会跌 90%，甚至跌到 0（如果私募全部投资于期货或者期权等保证金交易的品种，其净值可能会为 0）。

### （3）劣势三：透明度低

出于策略的保密性，私募基金的持仓往往处于保密状态，不对外披露。一般的投资者既不知道私募基金为什么会赚钱，也不知道私募基金为什么会赔钱，处于黑箱运作中。

这样会导致投资者对私募基金的反应滞后。当私募基金投资出现问题时，投资者只能被动地接受糟糕的基金业绩这一结果，而且也很难从糟糕的净值表现中分析得出是否继续持有的结论。

## 3.3 私募证券投资基金的分类

私募基金投资范围广，运作灵活，可谓百花齐放，百家争鸣，如果将私募基金按照策略逐一列举，篇幅则过长。本书将按照私募基金所投的主要资产品种进行分类，分为股票、固定收益、期货 CTA、混合策略四大类私募证券投资基金。

### 3.3.1 股票类私募基金

股票类私募基金主要是以股票为投资标的的私募基金，股票类私募基金占据私募基金市场的大半壁江山，具备最多的策略类型。

按照投资运作模式，股票类私募基金可以分为主观类股票私募基金和量化类股票私募基金。

**（1）主观类股票私募基金**

主观类股票私募基金是以基金经理的主观判断为主要投资依据的私募基金。

主观类股票私募基金的运作过程为基金经理基于对某些股票的看好从而在低价买进，待上涨至某一价位时卖出以获取差额收益。该策略的投资盈利主要通过持有股票来实现，所持有股票组合的涨跌幅决定了基金的业绩。为了平滑收益，部分基金会采取期权、期货、融券等手段进行对冲，平滑收益。

主观类股票私募基金按照投资风格又可以分为价值投资风格、成长投资风格、趋势投资风格等。

①价值投资风格

价值投资是指基金经理偏爱持有价值股，即持有一些价值可能被低估的股票，这类股票通常具有低市盈率、低市净率、高股息的特征。

②成长投资风格

成长投资是指基金经理偏向选择成长型的股票,即那些具有高度成长潜力公司的股票。基金经理在选购股票时更看好公司在行业内的发展与盈利能力,通常对估值的要求不如价值投资者严格,即使股票价格已经很贵,只要上市公司具有匹配其高市盈率的增速,便会增持。

③趋势投资风格

趋势投资是指基金经理相信股价的运行具有一定的惯性,当股票价格出现向上趋势时,随着惯性会继续向上运行,反之亦然。基金经理在操作上往往通过技术分析对股票和市场运动方向进行研判,在股价上涨时加仓,在股价下降时减仓。不过,值得注意的是,趋势投资者中有一些是做超短期趋势(如日内趋势)投资的。

**(2)量化类股票私募基金**

量化类股票私募基金是以计算机算法为主要投资依据的私募基金。量化投资是指借助现代统计学、数学的方法,从海量历史数据中寻找能够带来超额收益的多种大概率策略,并通过计算机程序化发出买卖指令,以获取稳定收益为目的的交易方式。

与主观类股票私募基金相比,量化类股票私募基金有持股数量多、持股分散、交易量大、交易程序化等特点,相比之下,量化类股票私募基金的业绩和个股表现和行业表现相关性较小,和市场流动性、活跃度、波动率、基差等因素相关性较大。目前我国的量化管理人大体可以分为两大门派——海归派和本土派。

海归派的特点在于其创始人普遍拥有海外求学经历和海外大厂工作经历,他们将国外的技术带回国内;而本土派的团队普遍由毕业于国内顶尖名校的管理人组成。

①量化类股票私募基金运行的三大逻辑

当前量化类股票私募基金的运行逻辑可以分为三大类。

**多因子选股逻辑**:多因子选股的本质在于寻找与股票收益率最为相

关的影响因素，使用这些因素（因子或指标）来刻画股票收益并进行选股。该策略有较强的投资逻辑，以基本面因子为主，是线性投资组合的思路，以中低频交易为主。

**统计套利逻辑**：统计套利的本质在于基于某投资品种历史价格数据，寻找价格规律，从而在一定概率上获取套利机会。该策略不看重投资逻辑，以量价因子为主，是非线性组合思路，常出现日内高频策略。

**机器学习逻辑**：利用人工智能、大数据、机器学习等新型工具直接进行投资或者辅助投资。虽然难以评估机器学习在策略创新中起了多大的作用，但在大多数数据分析场景中，机器学习提供了一种更有效率、更强大的工具。

②环境对量化私募的影响

**通常对量化私募较为友好的环境**：两市成交额上升，各大指数换手率上升通常是对量化私募友好的环境，小盘股走势优于大盘股，各大指数波动水平上升，个股收益率离散度继续扩大，基差收敛。

**通常对量化私募较为不友好的环境**：两市成交额下降，各大指数换手率上升通常是对量化私募不友好的环境，小盘股走势优于大盘股，各大指数波动水平上升，个股收益率离散度继续扩大，基差收敛。

③量化策略分类

截至2022年，我国量化类股票私募基金按照策略主要可以分为指数增强、量化多头、量化中性（对冲或套利）三类。

其一，指数增强基金通常是指在一定偏离度和跟踪误差的约束内，追求相对基准指数超额收益的基金产品。指数增强基金持有人在收获指数收益的同时，还能够享受到基金管理人提供的较为稳定的超额收益增厚。指数增强基金投资更加着眼于在控制、跟踪误差的前提下，获取跑赢指数超额收益。评价指数增强策略的一个重要分析维度就是超额收益。在绩效评价方面，衡量一个指数增强基金业绩是否过关的核心在于其超额收益是否丰厚且稳定，而不是看绝对收益。

其二，与指数增强相比，量化多头将不再有选股或比较基准限制，投资风格会更加自由。

举个例子，500指数增强产品，其对标的是中证500指数。为了避免与中证500指数产生较大偏差，指数增强产品选股标的往往为中证500的成分股（部分指数增强私募基金甚至会在合同中写明投资范围）。由于有投资范围的限制，指数增强产品会出现无法将最合适的股票纳入基金的情况，影响投资收益，例如，根据量化模型计算出A股票是非常优质的投资标的，但是由于A股票并不是中证500的成分股，导致A股票最终不能纳入基金池。由于没有选股及比较基准的限制，量化多头也称空气指数增强。

其三，量化中性策略是一种使投资组合的收益率曲线独立于市场走势的策略，其相对大盘的独立走势是中性的。严格意义上来说，这种策略通过运用多空仓位、金融衍生品或者统计模型等手段，来对冲投资组合因大盘波动产生的系统性风险（贝塔系数），以追求独立于大盘走势的绝对收益（阿尔法系数）为目标。

所谓"中性"，是指基金业绩表现与大盘市场无关或者相关性低的状态，比如，有一个很多私募基金都想达成的业绩曲线，无论本月沪深300指数是上涨10%，还是下跌10%，基金都上涨1%。要实现"中性"这种效果，往往有对冲或套利两种方法。

**方法一：对冲**。对冲实际指的是通过做空指数来剥离掉市场风险后的中心。量化类私募基金管理人会在指数增强策略的基础上通过做空指数，对冲掉市场风险，市场中性策略的业绩曲线往往比较平稳。

选股阿尔法（α）[（a）多因子模型；（b）统计套利模型] - 对冲成本（股指、融券、期权）+ 辅助策略（多头敞口、T0、打新、期权、CTA）= 对冲后收益。

举个投资股票的例子，当我们买入一只股票时，其价格走势由两方面组成：一个是整个市场的走势（贝塔），另一个是股票剥离市场涨跌之外的走势（阿尔法）。量化中性策略的目的就是消除市场涨跌对股价的影响，只赚股票自身小趋势的收益。具体的做法是：多买一个股票组合，同时卖空相同市值的股指期货（如沪深300股指期货、中证500股指期货等），这样，整个投资组合中既包含了一篮子的股票多头，又包含了相应的股指期货空头，进而对冲了市场波动。

常见的对冲策略操作分为两步：第一步，通过量化模型找到那些表现相对于基准指数有显著超额收益的股票；第二步，做空基准指数对应的股指期货，对冲掉市场风险，获取阿尔法（α）收益。

构建中性策略的具体操作及相应的盈利模式如下：假设买入100元股票组合，卖空100元股指期货，多头与空头组合价值相等，并假设能完全无成本地对冲。值得注意的是，在实际操作中，往往既不能做到"完全"（主要原因在于对冲工具有限，不能完全对冲掉持有的头寸），也不能做到"无成本"（如果是融券对冲，则会有融券成本；如果用期货对冲，则会有基差成本）。会有如下几组情况：

a.市场上涨：股票组合多头收益+指数空头收益=16%+（-10%）=6%。

b.市场下跌：股票组合多头收益+指数空头收益=（-4%）+10%=6%。

c.市场震荡：股票组合多头收益+指数空头收益=6%+0%=6%。

量化中性策略中的对冲方法有两大优点。

优点一：风险暴露机会小，有准绝对收益——利用股指期货对冲系统性风险，组合收益率为风险调整后的股票组合收益率，与股指的相关性低，减小风险暴露可能，较好地满足稳健收益的需求，具有风险中性的特点。

优点二：专注于构建优质的股票组合。投资机构精力更加集中，只需要关注于寻找优质股票和对冲风险即可。

同时，量化收益也有两大缺点。

缺点一：由于卖空指数，对冲掉市场风险，当市场价格上涨时，也无法享受到上涨的收益。

缺点二：中性策略产品有较高的对冲成本。尽管很多私募基金中性策略本质上就是在其指数增强策略上做空股指期货或者融券对冲，但是由于对冲本身是有成本的，这会导致其中性产品收益往往会低于同期的指数增强的超额收益。

**方法二：套利**。量化中性策略中的套利方法是指通过利用自身的各种技术优势捕捉市场套利机会来实现盈利，其核心是利用证券资产的错误定价，也就是买入相对低估的品种、卖出相对高估的品种来获取无风险的收益。套利策略主要有期现套利、跨市场套利、跨品种套利、ETF套利等。套利机会主要包括以下三种。

一是对市场非有效性的套利。例如，市场利好消息出现以后，投资者往往反应过度，股价涨幅远远超过理性的范围，可以适时选择做空进行套利。

二是对市场交易行为的套利。例如，某些机构或者游资下单有明显的规律，可以利用量化中性策略从中获利。

三是信息传导的速度套利。例如，新的信息进入市场以后，会对市场产生冲击。某些信息对市场的影响方向是确定的，这时候，谁反应更快，抢在别人之前下单，谁就能赚到更多的钱。

与量化对冲策略相比，套利策略的优势在于，对冲成本小，收益上限高；劣势在于，当市场品种出现波动时，套利策略容易出现失灵的情况，大概率导致基金亏损。

## 3.3.2 期货 CTA

笔者个人十分看好期货，期货不仅可以以对冲工具的形式辅助股票类基金，也可以作为主力投资资产单独成为策略。期货交易在 17 世纪便已出现，1949年，美国出现了最早的期货顾问产品。商品交易顾问的英文全称是 *Commodity Trading Advisor*，缩写为CTA。因此，在中国，管理期货策略也会被称为"CTA策略"。最早的CTA产品专指投资于商品期货的资管产品，但后期随着市场发展，越来越多的CTA产品开始投资于股指期货、期权、国债期货及其他利率衍生品。因此，CTA即投资各类期货及衍生品的资产管理产品。CTA的投资目标为追求绝对收益。

CTA策略的产品具备两项独特的优势。

其一，相关性低。在策略相关性方面，由于CTA策略投资标的为特定的期货品种，在品种上与其他策略有一定区别，从而使CTA策略与以股票、债券为主要投资标的的其他策略天然形成较低的相关性。因此，在产品中加入CTA策略可以有效降低资产配置的波动，提高资产的配置效率。

其二，危机阿尔法（$\alpha$）。对于买入持有类型的策略，当市场因为某些内外部因素的影响出现系统性下跌时，可能会因无法及时调仓而面临净值的大幅回调，例如在1973年，由于第一次石油危机，著名的价值投资大师查理·芒格管理的基金净值下跌了31.9%，1974年又下跌了31.5%。

表3-12统计了在历史上几次由于内外部环境影响致使标普指数表现糟糕的年份里，CTA策略指数的表现。从表3-12中可以发现，在股票市场表现糟糕的年份里，CTA策略表现仍旧优异，除了在2001年表现不尽如人意外，但在其他年份里均获得了正向收益，其相较于标普指数的平均超额收益高达25.81%。CTA策略中主流的趋势跟踪策略具备规避下行风险，甚至以此盈利的能力，所以在市场出现单边下跌时，CTA策略不但不会出现较大回撤，而且还能够获取"危机阿尔法（$\alpha$）"。

表3-12  危机期间标普指数与CTA指数对比

| 年 份 | 危机情况 | 标普指数 | CTA策略 |
|---|---|---|---|
| 2001 | 互联网泡沫破裂 | −13.04% | −8.12% |
| 2002 | 互联网泡沫破裂 | −23.37% | 2.84% |
| 2008 | 美国金融危机 | −38.49 | 14.72% |
| 2019年至2020年3月 | 新冠疫情 | −20% | 8.72% |

### （1）主观CTA及量化CTA

从CTA产品的策略类型来看，根据投资决策是基于主观判断还是基于策略生成，CTA产品可分为主观CTA和量化CTA。前者主要由基金管理人根据自身掌握的信息和知识来主观判断市场变化，进而做出投资决策以及进行交易；后者则是通过构建量化模型，并根据模型产生的信号进行交易。

### （2）趋势型CTA及套利型CTA

根据产品投资决策的主要逻辑又可将CTA产品分为趋势型CTA及套利型CTA。在实际交易中，无论是趋势型CTA还是套利型CTA，既可以通过主观模式实现，也可以通过量化策略实现。

趋势型CTA又可分为趋势跟踪型CTA和趋势反转型CTA，而趋势跟踪型CTA为趋势型CTA的主流。趋势跟踪型CTA基于趋势跟踪型策略，其典型特征是偏右侧交易，"亏小赚大"。这类策略的底层逻辑是当经济体中出现某些变化导致标的物的价值发生提升或者下降时，其价格变化落后于价值变化，即市场并非足够有效，此时该标的物可能会出现趋势型的上涨或者下跌，从而使得标的在时间序列上具有自相关性，趋势跟踪策略就是通过历史数据统计分析找到这个相关性，顺势交易以获取较高的收益。相反，趋势反转型CTA则是当某些标的物的价格变化超过其对应的价值变化时，标的物的价格可能会出现向价值回归的过程，此时可以在其价值回归之前提前买入或者卖空，待价值回归后赚取相应收益。

套利型 CTA 主要基于一种均值回归策略，主要包括跨周期、跨品种、跨市场的配对交易策略，其主要特点是"赚确定性高的小钱"。这类策略主要依赖于不同品种之间相对稳定的价格关系进行交易。

### 3.3.3 固定收益

固定收益策略是指主要投资于债券、银行定期存款、协议存款等固定收益或类固定收益资产的投资策略。

固定收益策略大体可分为纯债策略、强债策略、类固收益策略、可转换债券策略四个子策略。

**（1）纯债策略**

纯债策略是指基金专门投资于债券的策略。

**（2）强债策略**

强债策略以投资债券为主（一般债券头寸占比30%），也会加一些股票仓位——或者打新，或者进行衍生品交易——以增厚收益。

**（3）类固定收益策略**

类固定收益策略主要投资于除债券以外的固定收益或类固定收益证券和金融工具，如银行定期存款、资产质押、协议存款、互换合约、商业票据、货币市场工具等。

**（4）可转换债券策略**

可转换债券基金是指基金的主要投向为可转换债券[1]。由于固定收

---

[1] 可转换债券是债券持有人可按照发行时约定的价格将债券转换成公司的普通股票的债券。如果债券持有人不想转换，则可以继续持有债券，直到偿还期满时收取本金和利息，或者在流通市场出售变现。如果持有人看好发债公司股票增值潜力，在宽限期之后可以行使转换权，按照预定转换价格将债券转换成股票，发债公司不得拒绝。该债券利率一般低于普通公司的债券利率，企业发行可转换债券可以降低筹资成本。可转换债券持有人还享有在一定条件下将债券回售给发行人的权利，发行人在一定条件下拥有强制赎回债券的权利。（陆雄文. 管理学大辞典 [M]. 上海：上海辞书出版社，2013.）

益证券的收益普遍偏低，不是私募基金的主流产品类型，但是可转换债券不同，可转换债券既具备股性也具备债性，具有高收益的特点，时机成熟时，很多私募基金愿意将其列为主打策略。

可转换债券既具备股性，也具备债性，类似于期权在收益表现上"可攻可守"，是一种很好的投资工具。相比于纯债券，巴菲特曾明确表示过："我更喜欢大量买入可转换债券。因为它最能满足我的投资原则—第一，不要赔钱；第二，永远记住第一点。"事实上，尽管美股可转换债券远没 A 股可转换债券的条款优厚，巴菲特还是会在股市低迷的阶段大量买入可转换债券。

①可转换债券的债性和股性

**债性**：债性是可转换债券的基础特性。可转换债券形式上是债，债性体现在还本付息上。与一般债券类似，可转换债券既有票息，也有到期日，还有专门机构给出的信用评级，还本付息显然是最基础的属性，因此，可转换债券是可以计算出纯债价值（实践中也常被称作"债底"）的。纯债价值就是将未来票息和到期赎回价，用相同评级、相应期限的信用债券市场利率作为折现率折现，计算公式为：

$$可转换债券纯债价值 = \sum_{i}^{T} \frac{CF_i}{(1+r)^i}$$

$$可转换债券当前市价或特定价格 P = \sum_{i}^{T} \frac{CF_i}{(1+YTM)^i}$$

**股性**：可转换债券的股性来自转股期权。衡量可转换债券股性的基础指标一般包含转股价值和平价溢价率两项。

转股价值，或称为平价（Parity）、转换价值（Conversion Value）。转股期之后可转换债券就可以转为股票了。转股价用于测算转股比例，也就是一张可转换债券可以转换为多少张股票（按面值 100 元计算）。而转股价值就是一张可转换债券转股以后的价值。例如，转股价 5 元，一张可转换债券可以转换为 20 张股票；如果现在正股股价涨到 6 元，那么转股价值就是 120 元。

再来看平价溢价率。一般可转换债券价格高于转股价值，因为如果低于转股价值，就将出现套利机会。假设当前可转换债券价格是 110 元，而转股价值是 120 元，那么投资者买入可转换债券再转股就可以获得 10 元收益。套利操作最终推动可转换债券价格高于转股价值。而可转换债券价格超出转股价值的程度，就是平价溢价率。

超过转股价值的部分，可以理解为时间期权。通俗来讲，投资者未必在当前转股，可以等未来正股表现更好时再转，可转换债券把持在手中还有债底保护，而转股以后债底保护就会消失。因此，投资者为了持有这份时间期权，就要付出相应的溢价，最终表现为可转换债券的平价溢价率。可转换债券的股性表现即类似于期权产品，正股上涨，可转换债券跟涨，呈现进攻性，而正股上涨至高位时，溢价将会快速收敛。这背后的逻辑就是，随着可转换债券价格提升，债底支撑越来越微弱，而转股期权的时间价值也急剧收敛，此时可转换债券已经与正股无异。

②常见可转换债券投资策略

其一，套利策略，即利用可转换债券价格和其股票的价格进行套利。

举个例子：投资者王先生研究了 XR 上市公司的股票价格、可转换债券价格（表3-13），以及其行业市净率（P/B）、市盈率（P/E）和市现率（P/CF）的相关信息（表3-14）。

表3-13　XR 上市公司可转换债券相关信息

| 指　标 | 数　据 |
| --- | --- |
| 价格（% of par） | 180 元 |
| 票息 | 7.5 |
| 期限 | 1.00 |
| 转换比例 | 75 |
| 评级 | BBB |

表3-14　XR上市公司及其行业股票相关信息

| 指　标 | XR上市公司 | 行业平均 |
|---|---|---|
| 股价 | 30元 | — |
| P/B | 6 | 4 |
| P/E | 40 | 27 |
| P/CF | 18 | 10 |

王先生观察XR上市公司的股价和可转换债券相关信息后，发现存在以下套利机会。

XR上市公司的可转换债券价值：1000×180÷100=1800（元）。

执行价格：1800÷75=24（元）

而当前XR上市公司的股价是30元，此时可以买入XR上市公司的可转换债券，并融券卖空股票。在此套利策略下，如果不考虑融券成本、股息和可转换债券利息的情况下，无论股价下跌到24元还是上涨到36元，锁定盈利空间6元（表3-15）。

表3-15　XR上市公司投资情况

| XR上市公司股价（元） | 买入可转换债券盈利/亏损（元） | 卖空股票盈利/亏损（元） | 整体盈利（元） |
|---|---|---|---|
| 24 | 0 | 6 | 6 |
| 36 | 12 | -6 | 6 |
| 30 | 6 | 6 | 6 |

如果考虑到融券成本（假设2元/年）、股息（假设1元/每年）、票息（1000×7.5%=75元），则总盈利降到4元。具体计算如下：

现金支出：2+1=3（元）；

现金流入：将票息除以转化价格，折合每股票息收益=75÷75=1（元）；

净现金流出：1-3=-2（元）；

整体盈利：6-2=4（元）。

### 3.3.4 混合策略

混合策略是指主要投资标的不再是股票、期货、债券等，不再依赖于单一资产，而是通过投资相关性低的大类资产来构建低波动、稳定超额业绩的组合策略。

常见的混合策略包括**混合FOF策略、MOM策略和宏观对冲策略**。

#### （1）混合FOF策略

FOF（Fund of Funds）即"基金中基金"。混合私募FOF基金不再直接投向股票、期货或者债券，而是投向股票策略、期货策略或者债券策略的基金。

FOF基金理论上可以在全市场筛选出业绩最优秀的私募基金管理人，将专业的事情交给最优秀的人，由于底层所投基金在策略上相关性低，可以使得投资组合的收益率曲线变得平滑。

① FOF基金的三个优势

**优势一，理论上单策略最优秀。**

根据法规，私募FOF基金的投资范围最广，不仅可以投向各种策略的私募基金，还可以投向证券公司资管、期货资管、公募基金、公募基金专户等。理论上，混合类私募FOF基金可以在各类策略以及各类产品中筛选出最优投资标的进行投资。

**优势二，低相关性使收益率曲线平滑。**

混合私募FOF基金的底层策略包括股票策略、期货策略、债券策略，这些产品本身相关性低，可以直接起到使收益率曲线平滑的效果。

**优势三，长周期大类资产的择时相对容易。**

笔者预测长周期大类资产的走势会比预测短周期具体资产容易。随着中国人口负增长态势加剧，预计二三十年后，中国房地产整体走向衰弱的概率很高,但是,如果要预测短期内具体哪一年、哪个城市最先出现拐点,这是很难的。与房地产类似,从长周期的角度来看,预测股票、期货、债券也相对容易。因此,FOF 基金在大类资产的择时上具备优势,可以随着资产周期的变化主动进行增减仓。

② FOF 基金的两个缺点

**缺点一,双重收费。**

FOF 基金在本基金层面会收取管理费和业绩报酬,而在其子基金层面也会有管理费和业绩报酬,这会导致产生双重收费的情况。但是如果 FOF 基金管理人愿意主动让利,双重收费这一缺点也可以克服。举个例子,一般私募基金会收取 1% 的管理费和 20% 的业绩报酬。FOF 基金投向的子基金会收取 0.5% 的管理费和 16% 的业绩报酬,FOF 基金在母基金层面则会收起 0.5% 的管理费和 4% 的业绩报酬。

**缺点二,底层资产的申赎并不灵活。**

如果混合 FOF 私募基金的下层投资标的全部都是私募基金,但由于私募基金往往不是每天都开放,这会导致 FOF 私募基金在申赎时可能出现流动性障碍,影响投资收益。

## (2) MOM 策略

MOM(Manager of Managers,管理人中管理人/管理人的管理人基金)是在 FOF 的基础上发展衍生出的新型组合基金投资策略,FOF 是直接投向现有的基金产品,MOM 则可以理解成是把资金交给几位优秀的基金经理分仓管理,更具灵活性。

MOM 有两种形式,即自建 MOM 和委托管理 MOM。

①私募基金层面自建 MOM

自建 MOM 就是一个私募基金公司同时聘请多个基金经理共同管理一个产品。将 FOF 和 MOM 比较一下,就能很好地理解 MOM 基金。

A 私募基金是 FOF,为了分散投资,A 拟将三分之一的仓位投向股票策略、三分之一的仓位投向债券策略、三分之一的仓位投向期货策略，A 私募基金从整个市场上选取前一年业绩表现最好的 B 股票基金、C 债券基金、D 期货 CTA 基金，各投三分之一。

E 私募基金是 MOM，为了分散投资，E 拟将三分之一的仓位投向股票策略、三分之一的仓位投向债券策略、三分之一的仓位投向期货策略。与 A 从市场上选取基金进行投资的策略不同，E 基金则是自主培养或者招聘了 E1、E2、E3 三位基金经理，分别管理三分之一的股票、三分之一债券和三分之一期货策略。

与 FOF 基金相比，自建 MOM 基金有两点优势。

其一，单层收费。自建 MOM 只有一层运作，因此不存在双重收费的情况。其二，投资风格更加灵活。自建 MOM 的基金经理都在同一家私募机构直接做投资，不存在子基金层面的申赎问题，遇到极端行情可以直接更改仓位。

当然，自建 MOM 也存在一个巨大的缺点——优秀的投资经理是可遇而不可求的，无论是公司自己培养，还是从市场上招聘，都非常困难。而投资经理的投资能力是决定基金业绩的根本要素，如果投资经理业绩不理想，单层收费和更加灵活的投资风格也无法成为优势。

②顾问型委托账户 MOM

自建 MOM 是指基金公司自主培养或者招聘基金经理；顾问型委托账户 MOM 则是在全市场挑选出优秀的投资管理人，并将子账户委托给多个管理人进行投资管理的一类产品。

与 FOF 相比，顾问型委托账户 MOM 解决了双重收费和子基金申赎或买卖时的流动性问题；与自建 MOM 相比，顾问型委托账户 MOM 理论上解决了培养优质投资经理方面的问题。

但是在我国，投资顾问方需要具备"3+3"的资格，且不是所有的私募基金管理人都愿意给其他的私募基金做投资顾问，因此，在实际操作中，顾问型委托账户 MOM 较少。

### （3）宏观对冲策略

宏观对冲策略主要是通过对国内以及全球宏观经济情况进行研究，当发现一国的宏观经济变量偏离均衡值时，基金经理便集中资金对相关品种按照预判趋势进行操作。宏观对冲策略是所有策略中涉及投资品种最多的策略之一，其中包括股票、债券、股指期货、国债期货、商品期货、利率衍生品等。在操作方面，宏观对冲策略为多空仓结合，并在确定的时机使用一定的杠杆增强收益。目前因受制于国内外汇管制以及利率市场尚不完善等因素，宏观对冲基金参与外汇品种较少，但随着国内金融市场不断完善，宏观对冲策略将迎来快速发展的时期。

## 3.4 私募证券投资基金评价与基金选择的关系

### 3.4.1 先知和后验

"基金评价"和"基金选择"是典型的后验与先知的关系。

基金评价是对基金的过往表现进行分析，是一种"后验"行为；而基金选择是对基金未来的净值进行预判，进行买入操作，是一种"先知"行为。在对这种关系的理解上，投资者容易犯两个错误。

其一，"后验"是方法，是过程；"先知"是目的，是结果。"后验（基金评价）"是为了"先知（基金选择）"。而很多投资人虽做了分析，但是在做选择的时候，还是把分析的结果放在一边，反而靠感觉做选择。

其二，投资人迷信于后验的结果，不会因时而变，看一只基金上一年业绩好，来年就不顾一切地疯狂加仓，却不知道决定这只基金能在上一年表现好的外在环境已经发生了变化。

切记，历史会重演，但绝不会重复。

### 3.4.2 与其他资产相比，私募基金后验（基金评价）的重要性

后验（基金评价）是非常重要的，与股票不同，私募基金的"先知"和"后验"存在更加明显的联系，通常来讲，在市场风格延续，私募基金业绩不漂移的情况下，过往表现好的私募基金未来的表现也会不错。这主要出于以下两个原因。

**（1）决定私募基金业绩表现的因素要远少于决定股票市价的因素**

决定股票市价的因素多种多样，包括股票价值、业绩表现、市场情绪等多方面因素，具体是哪一个因素起决定性作用，至今也没有定论。但是决定私募基金净值表现的最主要因素就是私募基金经理创造阿尔法（α）的能力，这一点是非常明确的。

**（2）优秀基金经理创造阿尔法（α）的能力相对稳定**

相较于价值、业绩表现、市场情绪等因素，在市场风格不发生巨大变化的前提下，基金经理持续创造阿尔法（α）的能力也会相对稳定。因为要具备创造阿尔法的能力，主要依靠基金公司的信息优势、投研优势、算法优势、管理优势等，这些优势不会无缘无故地消失或减弱，即便发生，也很容易被观察到，比如基金公司的重要人员离职，或者主要的基金经理出现花边新闻等。但是创造阿尔法（α）的能力相对稳定并不等同于业绩好，须有一个大前提，即市场环境不发生大的变化。因为盈亏同源，在一个环境下创造阿尔法（α）的能力，在另外一个环境下可能就是造成巨额亏损的根源。

## 3.5 私募证券投资基金评价（后验）

由于对于私募基金而言，后验对先知有较大的影响，所以，弄清楚"后验"（基金评价）结果是非常关键的。当一只私募基金有优异的超额收益时，为什么会产生这样的超额收益？这个超额收益到底是来自运气，还是来自投资技巧？这样的超额收益是否可持续？是否应该继续增持这只基金？这些就是基金评价要回答的问题。

站在专业的角度，基金评价是相当复杂的活动，不仅需要丰富的金融知识和数据处理能力，很多时候还需要有详尽的基金底仓数据，而大众投资者是不可能得到这些数据的。

在此，我主要介绍基金评价的主体思路以及实操中的注意要点。基金评价大体可以分为两大维度，即**直接投资能力**和**非直接投资能力**。直接投资能力评价主要可以通过分析基金历史业绩得出结论，如果有持仓数据，效果会更好。非直接投资能力评价则需要对基金公司、基金经理在定性方面做出判断。

## 3.5.1 直接投资能力评价

当我们对基金的历史业绩进行分析时，主要考虑两个问题。

第一，基金过往表现到底怎么样？这要通过从风险控制能力、收益风险能力、进攻防守能力、资产配置能力四个维度对历史业绩进行评价，从而做出判断。第二，好的业绩表现是否可以延续？回答这个问题需要两个步骤：步骤一，找出业绩表现好的原因（业绩归因）；步骤二，判断这些因素是否可以稳定存在。

图 3-6 大体展示了直接投资能力评价所涉及的内容。

图 3-6 直接投资能力评价

### （1）历史业绩评价

①风险控制能力评价

**年化波动率**：在评判金融产品时，一般使用年化波动率作为衡量指标之一。波动率指的是一段时期内基金净值（或收益率）的波动程度，是对基金收益不确定性进行衡量，用于反映基金收益的稳定性水平，一般来说，基金收益率的不确定性越强，风险就越大，其计算公式如下：

$$\sigma = \sqrt{\frac{\sum_{i}^{n}(x_i - \bar{x})^2 - r_f}{n}}$$

当基金市场运作不足一年时，需要将波动率年化。

假设 $\sigma_y$ 为年化波动率，$\sigma_d$ 为日收益率的标准差，基金年化波动率的计算公式如下：

$$\sigma_y = \sigma_d \times \sqrt{\text{年实际交易天数}}$$

**下行波动率**：波动率除了包含基金净值向下的波动，也包含了基金净值向上的波动。损失厌恶型投资者通常更关注基金净值向下波动的风险。因此，Roy 在 1952 年提出可使用下行波动率来度量下行风险，其计算公式如下：

$$\sigma_{down} = \sqrt{\frac{1}{n}\sum_{r_i<c}^{n}(r_i - c)^2}$$

式中，$r_i$ 为日期 $i$ 的收益率；$c$ 为设定的目标收益率。值得注意的是，$c$ 除了可以是 0 外，也可以是对应的比较基准，比如沪深 300 指数、中证 500 指数，甚至可以是一个投资预期的最小收益率，比如 3%。通常下行偏差越小，基金下跌的风险也就越小。

**最大回撤**：最大回撤是指基金在选定的周期内，历史净值从一个局部的最高点到其之后的局部最低点的最大亏损。最大回撤反映的是历史上如果在一个时间点进入，然后在之后退出，对于投资者来说能够造成的最大亏损，其计算公式如下：

$$MD = \max\left[\frac{D_i - D_j}{D_i}\right]$$

式中，$D_i$ 为所计算时间段内的最高基金净值；$D_j$ 为 $i$ 日之后某一日的最低基金净值。

②收益风险能力评价

考虑到大部分投资者都是风险厌恶型投资者，如果仅是从收益方面评价基金的业绩可能会有失公允。因此，在考虑收益时，一定还要考虑风险因子，主要的收益风险指标包括夏普比率、卡玛比率、索提诺比率等。

**超额收益**：超额收益在英文中表示为 excess return，也被称为 active return，是指投资组合与比较基准之间的差距，可以是正数，也可以是负数，其计算方式如下：

$$\text{Excess Return}(R_A) = R_p - R_B = \sum_{i=1}^{N} \Delta w_i \times R_i$$

式中，$\Delta w_i$ 在英文中也被称为 active weight，是指资产组合中各资产的权重占比与基准的差距；$R_i$ 是指实际投资组合中具体资产的收益率。

$\Delta w_i$ 按照大小区别可分为战略层面的不同和战术层面的不同。超额收益的产生主要源于投资组合的标的配置权重与业绩基准配置权重的差异，即 $\Delta w_i$。

对超额收益进行归因拆解，其计算公式如下：

$$\text{Excess Return}(R_A) = \sum (\beta_{P,k} - \beta_{B,k}) \times F_k + (\alpha + \varepsilon)$$

式中，$\beta_{P,k}$ 为投资组合对敞口因子 $K$ 的敏感系数；$\beta_{B,k}$ 为业绩基准对敞口因子 $K$ 的敏感系数；$F_k$ 为敞口因子的回报率；$\alpha$ 为能被归因为基金经理投资策略或者投资能力的因素；$\varepsilon$ 为归因残差项，往往也可以被解释为噪声或者运气。而预计一个投资组合或者基金经理的超额收益（即预测超额收益）则可被划分为四个部分，其计算公式如下：

$$\text{Excess Return } (R_A) = IC \times \sqrt{BR} \times \sigma_{R_A} \times TC$$

**跟踪误差（tracking error）**：跟踪误差又被称为主动风险（active risk），是指投资组合与比较基准的标准差。

tracking error(active risk) = $\sigma(R_P - R_B)$，也就是 $\sigma_{R_A}$。

对 tracking error(active risk) 进行归因分析，可得到：

$$\sigma_{R_A} = \sqrt{\sigma^2_{(\sum \beta_{P,k} - \beta_{B,k})} + \sigma^2_{(\alpha+\varepsilon)}}$$

**夏普比率**：威廉·夏普（William F. Sharpe）于1990年提出了夏普比率（Sharpe Ratio），这是国际上流行的进行投资绩效评价的标准化指标之一。夏普比率的计算公式如下：

$$\text{Sharpe ratio} = \frac{E(r_p) - r_f}{\sigma_p}$$

式中，$E(r_P)$ 为投资组合的期间平均收益率；$r_f$ 为无风险利率；$\sigma_p$ 为投资组合的期间收益率标准差。夏普比率反映了单位风险投资组合净值增长率超过无风险收益率的程度；描述了投资人每多承担一分风险，可以拿到几分超额收益。若夏普比率为正值，表示投资组合回报率高过波动风险。夏普比率有个较明显的缺点，即用 $\sigma_p$ 衡量风险，但是投资者对上涨"风险"或"下跌"风险的反应是有天壤之别的。

**特雷纳指数（Treynor ratio）**：特雷纳指数是由美国经济学家杰克·特雷纳（Jack Treynor）提出用于测算投资组合业绩的一种方法，其理论基础是基于CAPM模型，衡量基金每承担一单位系统性风险产生的风险补偿，其计算公式如下：

$$\text{Treynor ratio} = \frac{E(r_p) - r_f}{\beta_p}$$

式中，$E(r_P)$ 为投资组合期望收益率；$r_f$ 为无风险收益率；$\beta_p$ 为投资组合的系统性风险，一般采用某一市场基准指数，如沪深300指数的期间收益率标准差。对于充分分散的投资组合而言,特雷纳指数尤为适用,主要原因在于充分分散的组合已经分散掉非系统性风险,主要剩下系统性风险。

**信息比率**(information ratio):信息比率描述了每单位跟踪误差产生的超额收益,其计算公式如下:

$$\text{Information ratio} = \frac{E(r_p) - E(r_B)}{\sigma(r_p - r_B)}$$

**卡玛比率**(Calmar ratio):卡玛比率描述了产品的收益与最大回撤的关系,其核心思想与夏普比率类似,同样属于风险调整收益指标。卡玛比率反映了投资者每承担一单位净值回撤风险能够获得的年化超额收益率,卡玛比率越大,基金的业绩表现越好,反之亦然,计算公式如下:

$$\text{Calmal ratio} = \frac{E(r_p) - r_f}{MD}$$

**索提诺比率**(Sotino ratio):索提诺比率描述了产品的收益与下行波动率的关系,反映了投资者每承担一单位下行风险能够获得的年化超额收益率,索提诺比率越大,基金的业绩表现越好,反之亦然。索提诺比率的计算公式如下:

$$\text{Sortino ratio} = \frac{E(r_p) - r_f}{\sigma_{down}}$$

③进攻防守能力评价

**捕获比率**(Capture ratio):一组捕获比率反映了基金经理在上行市场或者下行市场时的投资能力,其计算公式如下:

**上行比例** $UC$:  $UC(m, B, t) = \dfrac{R(m, t)}{R(B, t)}$, if $R(B, t) \geq 0$

如果 $UC > 1$,表明在基准(往往也是大盘)上涨时,基金上涨超过基准;

下行比例 $DC$：$DC(m,B,t) = \dfrac{R(m,t)}{R(B,t)}$，if $R(B,t) < 0$

如果 DC > 1，表明在基准（往往也是大盘）下跌时，基金下跌小于基准；

Capture ratio $= \dfrac{UC(m,B,t)}{UC(m,B,t)}$，if $R(B,t) < 0$

如果 **Capture ratio** > 1，则表明该基金表现优于比较基准。

### （2）投资风格分析

基金是由一揽子股票池组成的，股票的表现决定了基金净值的走势；每一只股票又有自己的风格属性（比如是大盘股还是小盘股，是价值股还是成长股），将每只股票的风格属性进行汇总，最终形成基金的风格。

长期以来，A股市场都是一个由散户主导的市场，羊群效应、跟风效应显著，极容易出现"爆炒"某个主题的股票或者集体抛售某个主题股票的现象。除了少数整体大牛市下各个板块和主题集体暴涨的情况，大多数情况下，A股市场的投资风格呈现明显的轮动或者跷跷板趋势。

2022年，万得大盘、中盘、小盘指数相关性统计如表3-16所列。

表3-16  2022年万得大盘、中盘、小盘指数相关性统计表

|  | 万得大盘股指数 | 万得中盘股指数 | 万得小盘股指数 |
|---|---|---|---|
| 万得大盘股指数 | 1.0000 | 0.2900 | 0.2950 |
| 万得中盘股指数 | 0.2900 | 1.0000 | 0.9780 |
| 万得小盘股指数 | 0.2950 | 0.9780 | 1.0000 |

整体来看，2022年万得大盘指数和中、小盘指数的相关性不足0.3。

①确定投资风格

与公募基金不同，大多数主观多头的私募基金都是从全行业选股，

很少有行业型私募基金或是主题型私募基金。除此之外，相较于公募基金，私募基金监管较少，更容易出现私募基金实际操作策略和基金名字完全不符的情况。因此，在判断私募基金（尤其是主观类私募基金）的真实投资风格时，需要借助一定的模型工具来实现。

**模型一：Barra 模型。**

Barra 模型基于持仓数据从因子角度对收益进行拆解。Barra 模型最早由巴尔·罗森伯格（Barra Rosenberg）于 1976 年提出，之后经 MSCI（明晟）公司开发，被广泛应用于基金业绩归因中。利用 Barra 模型，通过持仓数据来拆解组合收益，目的是将组合收益分解，看各个公共因子带来的具体收益，从而分析出该组合的收益来源分布情况。

所谓公共因子，是指某些具有相似特征的证券收益可能会受到相同因素的影响，包括宏观层面、市场基本层面以及统计层面的因素等，这些因素即为公共因子。图 3-7 给出了一些比较常见的因子。

图 3-7　Barra 模型中的常见公共因子

**模型二：Fama 模型。**

Fama 模型基于净值数据对基金收益做多因子回归分析。尤金·法马（Eugene F. Fama）是最早对基金绩效归因进行研究的学者，法马与肯尼斯·弗伦奇（Kenneth R. French）提出构建一个三因子（市场、规模、价值因子）模型来解释股票基金收益率，并为提升模型的解释力度于 2013 年再度改进该模型，五因子模型由此诞生了，具体公式如下：

$$R=a+b\times RM+s\times SMB+h\times HML+r\times RMW+c\times CMA+\varepsilon$$

式中，$R$ 是基金相对于无风险的超额收益；为市场相对于无风险的超额收益即市场因子；*SMB* 是小市值股票相对于大市值股票的收益即市值因子；*HML* 是账面价值比即价值因子；*RMW* 为盈利水平因子；*CMA* 为投资水平（股票所在企业的生产再投资水平）因子；α 为常数项，也就是主动管理中所追求的 α；ε 为残差项，这部分不能由公共因子所解释。

②投资稳定性分析

对基金投资风格的判断只是第一步，对基金投资风格稳定性的判断也至关重要。基于威廉·夏普风格模型构建 SDS 指标测量基金投资风格稳定程度的，判断基金投资风格是否漂移。基金投资风格漂移是指基金在运作过程中的实际投资风格与基金招募说明书中所阐述的投资风格不吻合的现象，这一现象会对投资者和监管层的决策产生重大的影响，因此有必要对其进行研究。一般将整个研究期间划分为两个或多个子区间，当各区间实际投资风格均与事前基金招募说明书宣称的投资风格一致时，就认为该基金在整个研究期间未发生风格漂移；否则只要有一期的实际投资风格与宣称投资风格产生偏离，就认为该基金在整个研究期间发生了风格漂移。利用上文提到的风格判断方法得出实际投资风格后对比基金招募说明书宣称的投资风格，即可对研究期间是否发生风格漂移作出初步判断。为了更精确地描述基金风格的稳定程度，可进一步对基金风格进行持续性的量化研究。在众多的量化方法中，比较成熟的是由托马斯·M. 伊佐雷克（Thomas M. Idzorek）等提出的 SDS 指标法，该方法基于前文介绍的威廉·夏普风格模型构建 SDS 指标，测量的是基金在某一时期内投资组合结构变化的整体波动率，计算公式如下：

$$SDS_i = \sqrt{\mathrm{Var}(\beta_{i1}^1, \beta_{i1}^2, \cdots, \beta_{i1}^m) + \mathrm{Var}(\beta_{i2}^1, \beta_{i2}^2, \cdots, \beta_{i2}^m) + \cdots + \mathrm{Var}(\beta_{in}^1, \beta_{in}^2, \cdots, \beta_{in}^m)}$$

式中，表示第（*tt*=1,2,⋯,*m*）个子区间威廉·夏普模型中股票基金 i 相对于风格指数 *j*（*j*=1,2,⋯,*n*）暴露的随机变量；*SDSi* 表示股票基金

i 在研究时期内的风格波动。SDS 指标能有效地反应基金投资风格的稳定程度，对比各基金的 SDS 指数，该值越大，说明在相同的市场环境下，该股票基金风格稳定性越低，则发生风格漂移的概率也越高，投资者在选择此类股票基金时需要更加谨慎。

### 3.5.2 非直接投资能力评价

基金定性评价可从基金公司、基金经理两方面进行。基金公司方面的定性评价包含对公司管理团队、公司治理水平、基金公司规模、投研能力、风险控制能力等的判断；基金经理方面的定性评价包含对个人素质、历史业绩、职业道德水平、投资风格、从业经验等的判断。基金的定性评价是全方位的，既包括重要的个人，如基金经理，也包括整个基金公司的情况。

**（1）基金公司方面**

①管理团队

包括基金公司管理团队的稳定性、教育背景、从业经验、投资风格、历史业绩、业内评价、道德素质。

②公司治理

包括公司章程、规章制度、运行效率、激励约束机制。

③公司规模

包括员工数量、管理资产规模。

④投研能力

包括研究部门人员素质、历史研究成果、对市场的预测是否准确。

⑤风险控制能力

包括风控部门、内部监督制约体制。

**（2）基金经理方面**

①个人素质

考查基金经理的教育背景、相关专业背景、相关证书、业界评价。

②历史业绩

评价基金经理的收益稳定、风险控制能力。

③职业道德

对基金经理是否以最大化基金投资者的利益为目的进行评价。

④投资风格

对基金经理激进或保守、对行业的偏好、对大类资产配置的偏好进行评价。

⑤从业经验

考查基金经理担任基金经理的时间长度、金融行业从业经验。

## 3.6　私募证券投资基金选择（先知）

### 3.6.1　私募基金的业绩表现特征

综观私募基金的业绩表现，整体呈现出以下四大特点。

**（1）收益跨度大**

整体而言，私募基金的业绩表现跨度极大。首先说净值表现好的方面。根据私募排排网的数据，即便是在 2018 年、2022 年的极端熊市行情下，仍有私募基金翻倍，如果遇上 2019 年、2020 年的结构性牛市行情，翻个几倍也不是问题。

再说净值表现差的方面。由于私募基金不是强制披露净值，一般而言，私募基金倾向披露其业绩表现好的净值。即便如此，根据万得和私募排排网的数据来看，也有相当一部分私募基金净值低于 0.5。

根据笔者多年的行业从业经验得出，由于部分私募基金的高杠杆率，每年都有私募基金净值直接归零。

**（2）波动、回撤跨度大**

与收益方面相似，私募基金回撤跨度也极大。由于私募基金可以更宽泛地使用衍生工具对冲风险，使得一些私募基金的波动率和最大回撤都很小，甚至都可以控制在1%以内。同时，由于私募基金可以更加宽松地加杠杆，当私募基金经理看反了市场走势或者看反方向时，其净值波动和回撤都会非常大，甚至净值会归零。

### （3）业绩报酬的双刃剑

值得注意的是，私募基金公布的净值往往是不扣除业绩报酬的。业绩报酬一般为10%—20%，投资者到手的收益率会低于管理人公布的净值。如果管理人频繁地提取业绩报酬，甚至会出现业绩报酬高于投资收益所得的情况。尽管私募基金的业绩报酬会拉低投资到手收益率，但这也使得私募基金管理人的利益与投资人利益高度一致，因此，看重自己声誉的私募基金管理人也会尽力做好自己的工作。

### （4）投资逻辑

通过投资私募基金实现资产增值，大体可以分为以下两种逻辑。私募基金整体呈现的上限高、收益及风险跨度都极大的特点，决定了私募基金可以通过以下两种逻辑助力投资人实现资产增值。

逻辑一，由于私募基金业绩表现的上限极高，投资人可以通过购买基金产品的阿尔法（α）实现资产快速积累。

逻辑二，由于私募基金业绩表现跨度大，可以利用不同种类产品相关性弱的特点构建稳定的投资组合，实现资产的保值增值。

## 3.6.2 投资策略一：追求基金经理及基金公司的阿尔法

### （1）底层逻辑

追求基金经理及基金公司的阿尔法（α）的本质就是把投资股票这样一件专业的事交给优秀的私募基金经理，他为投资者创造出高额阿尔法（α），投资者则需要支付业绩报酬和管理费。那么什么叫作优秀的基金经理呢？我觉得有两大类私募基金可以称为"优秀"。

①波动大但是进攻性极好的私募基金

举个例子，某些私募基金会对其看好且有把握的股票加杠杆持有，如果选得对，基金净值可以涨300%以上。

但是这种暴涨往往都是短期行为。

②收益能持续跑赢大盘的私募基金

根据2014年以来的数据，有部分私募基金能在相对较长的一段时间内跑赢指数。但是值得注意的是"一段时间内"，任何一只私募基金都不可能跑赢市场。

### （2）关注要点

在选择私募基金时，要注意以下三个要点。

①阿尔法（α）的真实来源

当我们购买私募基金时，本质上购买的是私募基金的主动管理能力创造出来的超额收益（也被称作阿尔法）。因此，当我们看到一只私募基金的净值表现很好，有较高的阿尔法（α），想去购买时，就要弄清楚一个问题，即这只私募基金超额收益的来源，是源于基金经理投资水平出众，还是仅仅因为运气好。

有的投资者可能觉得了解超额收益的来源并不重要，只要基金能有超额收益就行。但了解超额收益的来源是非常重要的。在"内卷"日益严重、套利空间转瞬即逝的时代，投资者大概率是无法在短时间内通过几次投资就实现资产增值的。投资一定是一个长时间（甚至是终生）、多频次（与终生相比，再"长期"的投资也会有换手）的过程。任何投资天才也不可能每一次都投对，但是从长期看来，的确存在优秀的基金经理，其投资成功概率远高于一般的基金经理。因此，对私募基金超额收益的来源进行分析，判断基金经理的超额收益是否稳定，这是非常重要的。

如果私募基金的超额收益仅仅依靠运气，是非常不可靠的做法，甚至可以认为这种超额收益不是真实存在的。因为投资经理的运气不可能永远好下去，而且也没有必要将自己的钱交给投资经理去赌运气，还要支付给私募基金20%的业绩报酬。

就主观多头的私募基金而言，超额收益来源于认知和交易最可靠。如果主观多头基金的收益来源于基金经理对宏观经济、行业发展和上市公司的认知，相对而言是最稳定的，因为基金经理的认知在一段时间内处于稳态状态，很难快速提升或降低；而交易水平是基金产品执行力的具体体现，能直接影响净值，相对而言也最为稳定。

就量化私募基金而言，超额收益来源于算法、算力和策略最可靠。量化交易很多时候是拼交易速度的，这主要取决于程序的算法、算力和硬件设施，无论是主要由基金公司的基金经理或程序员决定的算法、算力，还是硬件设施，在短时间内都很难提升，是最为稳定的。此外，策略是影响量化基金收益最重要的因素，一个好的策略会在一段时间内实现极高的超额收益，但是由策略产生的超额收益往往非常不稳定，常会受到策略容量上限、风格等因素的影响，导致策略失灵。

②阿尔法（$\alpha$）是否可持续

购买主动管理型的私募基金就是购买私募基金的超额收益（阿尔法），投资者在仔细研究私募基金数据之后发现一只私募基金的过往业绩表现良好，其超额收益高且稳定，当投资者要购买这只私募基金时，一定会问一个重要问题——这只私募基金的阿尔法（$\alpha$）是否可以持续？一只私募基金的阿尔法（$\alpha$）是否可持续需要从两个方面考虑。

第一，私募基金过往业绩中的超额收益是否真实存在且稳定？如何判断参照上一条关注要点。

第二，当下的市场环境与过往相比是否发生了较大变化？比如2016—2018年的市场行情是以中小盘股为主导，A基金经理恰好非常擅长操作中小盘股票，因此此阶段A基金经理的超额收益（阿尔法）非常好，但是2019—2021年，市场又变成了由大盘股主导的行情，如果投资者对此不进行甄别，仍然大量购买A基金经理的产品，投资收益差是不可避免的。

③阿尔法（α）的成本

投资私募基金的成本主要分为两个方面，一是直接费用成本，二是机会成本。

第一方面，直接费用成本——与直接购买股票相比，私募基金会多收取以下直接费用成本。

**管理费**：私募基金一般会收取1%和2%的管理费。

**业绩报酬**：私募基金一般会收取20%左右的业绩报酬。

**托管外包费**：私募基金往往会收取0.01%—0.05%的托管费，如果是2021年以前的产品，托管费会更高。

**3%的增值税**：私募基金会代扣投资者投资收益部分3%的增值税。

当对私募基金对外披露的收益率进行评估时，一定要仔细考虑，因为有没有直接费用，差别会非常大，因此，一定要把业绩报酬的因素考虑进去。

比如某私募基金披露其过往五年年化收益率为8%，粗略一看还可以接受，跑赢了通货膨胀。但是如果扣除1%的管理费后，实际收益率就是7%；再扣除20%的业绩报酬，只剩下5.6%了，这就比五年期定存高出得不多了，而到这一步还没有将基金的托管外包费考虑在内。

第二方面，机会成本——由于购买私募基金后，通常会有半年的锁定期，且大多数私募基金不会频繁地开放，基金产品也不做抵质押，这就导致持有私募基金会产生很高的机会成本。

一方面，当投资者急着用钱的时候，无法及时退出；另一方面，投资者在投资时无法择时。比如投资者购买A私募基金，每年只在3月15日、6月15日、9月15日和12月15日开放。股市2022年7月经过反弹回到高点，购买了A私募基金的投资者也觉得此时是高点，想止盈离场，但是由于此时私募基金处于封闭期，投资者无法退出。等到

9月15日才可以。

投资者在衡量自己的基金业绩时，建议不要把权益类私募业绩的比较基准设为0，而是要设成300、500、1000这些指数。假设投资者购买一只私募基金，当年的年化收益率为25%，扣除完管理费、业绩报酬后，实际收益率只有20%，实际上当年沪深300、500、1000指数分别上涨了20%。看似基金的收益率等于指数收益率，但在考虑到流动性成本之后，基金的投资收益率其实赶不上指数收益。

## 3.6.3 投资策略二：资产配置（与其他资产组合或自建FOF）

由于私募基金本身投资策略非常丰富，投资限制少，私募基金的业绩表现存在收益及波动离散度极大的情况，且由于业绩报酬的存在，将比较注重声誉的私募基金与投资者的利益高度绑定。因此，私募基金可以作为资产配置的工具，一方面可以与房地产、固定收益类公募基金及股票构建投资组合，打造平滑的收益率曲线；另一方面则可以选择私募基金中相关性较低的私募基金组成一个自建FOF。

私募基金与其他资产组建投资组合比较简单，因此，本节主要介绍自建FOF的方法。

### （1）自建FOF的步骤

自建FOF大体可以分为四步：确定目标、大类资产选择与配置、基金评价与选择、动态组合管理。

### （2）步骤一：确定目标的原则

原则一：可实现。投资者在构建目标时，要确保这个目标存在实现的可能性。很多投资者对基金产品的收益和波动抱有不切实际的幻想。金融产品往往是高风险、高收益，而很多投资者却总期待着买一份回撤为零、收益率30%的产品；或者投资者对基金产品的收益率期待过高，希望买到一年翻一倍，甚至一年翻几倍的产品。但须知任何基金能够稳定地达到年化30%的收益率已经是非常了不起的成就了，这是非常少见的。

原则二：充分结合实际。设定目标须结合自身收益预期以及风险承担和流动性成本。在制定目标时，一定要把风险和流动性成本这两个重要因素考虑进去。高的收益往往意味着高风险，或者流动性的丧失。衡量风险最好用的指标就是最大回撤，在制定目标时，一定要对产品的最大回撤有心理准备。当购买高收益产品时，如果出现大幅回撤，且这个回撤超出了投资者的心理预期，投资者不仅会在投资决策方面作出极端行为，甚至在生活中也会出现极端的行为。

高收益也往往意味着流动性低，可能至少要有半年的锁定期，在此期间，如果投资者正好要用钱，或者基金净值在低点时投资者正好要用钱而被迫赎回时，会面临较大甚至是不可逆的损失。

### （3）步骤二：基金的策略选择与配置

制定好目标之后，下一步就是选择基金的策略。

如上文所述，私募基金策略大体可分为股票、固定收益、期货CTA、混合策略四大类私募证券投资基金，此外每一大策略下还会细分为几个小策略。

在选择基金策略时，以下三点是需要重点考虑的。

①基金策略的周期

值得注意的是，基金策略都是有周期的。以最常见的股票策略为例，股票策略表现的好与坏，从整体上来看，与股票市场的表现紧密相关。而股票的周期性很明显，如果在周期的高点买入股票策略的基金，不管基金的阿尔法（α）如何强，基金策略的表现往往也不会太好。

再举一个量化策略的例子，2019年，由于市场上量化策略的私募基金较少，头部量化基金的阿尔法（α）还是很不错的，但是2019年过后，随着量化市场的扩容，阿尔法（α）快速下降，甚至到负值。因此，在进行基金投资时，一定要考虑到股市的周期性、基金策略的有效性，切莫在高位站岗。

②不同基金策略的相关性

如果想通过配置不同的私募基金来降低风险，一定要考虑到相关性。比如王先生虽然买了两只管理人发行的私募基金，但是两只私募基金都是500指数增强，相关性极高，完全起不到分散的效果。

③投资当时的市场环境

就任何投资而言，择时都很重要，对于私募基金也不例外，在投资时一定要对当时的市场环境进行判断，选择一个位于低点的策略。

**（4）步骤三：具体私募基金的评价与选择**

当我们确定好基金策略的大类后，下一步就是要在确定的基金策略中选择出最好的基金管理人。

在选择基金管理人时，有以下三个原则需要注意。

原则一：在进行基金评价和比选时，必须在同一类策略中进行。当投资者进行基金评价和比选时，一定要确保同一性原则，比如不能拿固定收益策略的基金与多头类基金进行比较。

原则二：对私募基金的策略做出正确判断。相较于公募基金，私募基金的监管较少，可能会出现私募基金产品名称和产品实际操作策略不一致的情形，比如有的私募基金产品对外宣传是CTA策略，但是实际上有可能并不是CTA策略。所以投资者在此方面必须要有正确的判断。

原则三：对私募基金策略的一致性进行判断。一家私募基金管理人可以发行多只，甚至几百只基金产品。这些产品的一致性如何，是值得深入研究的。有的私募基金管理人会拿一只历史业绩很好的产品打榜，但是其他产品和这只产品的一致性如何，值得留意和进一步研究。

**（5）步骤四：投后动态组合管理**

购买基金只是投资的第一步，后续仍需要持续跟踪，实施投后动态组合管理。对于投后动态组合管理，投资者需要注意以下三点。

其一，王权没有永恒。切莫抱有购买完某基金后一劳永逸，坐等财富自由的想法。按照我国私募基金的过往表现，很难有私募基金的净值能连续五年位列市场前四分之一。

其二，要关注市场风格的切换。私募基金管理人的业绩表现和市场风格密切相关。风格轮动和切换是我国A股市场的重要特点之一，而且除了少数大牛市和熊市行情外，多呈跷跷板效应。

对于主观多头私募基金管理人而言，很多私募基金管理人都是公募基金经理"奔私"而来。"公奔私"的基金经理在公募基金公司管理产品时可能只是覆盖几个重点行业，并不是全行业覆盖。当市场切换到基金经理不擅长的行情时，基金净值表现会非常不好，要及时调整基金仓位。

对于量化私募基金管理人而言，尤其是在做指数增强策略时，市场风格的转变非常关键。首先，贝塔（$\beta$）部分贡献了指数增强策略的大部分收益，如果是从中小盘切换至大盘，无论1000指数增强的超额收益做得如何好，都很难跑赢50指数；其次，市场风格的切换也与市场成交量息息相关，这会直接影响到指数增强产品的贝塔（$\beta$）。

其三，要关注管理人人员变动。首先，要关注私募基金经理的变动。私募基金经理是私募基金管理人的灵魂，是私募基金产品业绩的保证。随着一些私募基金不断做大，私募基金经理"单飞"自己成立私募基金公司也是常见的事情。这些基金经理的离开会对基金公司存续产品的业绩产生重大影响。其次，要关注私募基金团队的大变化。基金经理的离职固然会对基金产品的净值产生重大影响，如果基金公司的研究、销售和运营人员有大规模的离职和变动，这也是值得注意的，需要深挖一下具体原因，因为可能会对基金产品的净值产生影响。

# 4 公募基金

## 4.1 中国十年公募基金发展概况

1998年3月3日,南方基金正式获批,同年,国泰、华夏、华安、博时和鹏华相继成立,公募基金时代正式拉开序幕。

经过20余年的沉淀,随着中国经济的腾飞以及利好政策的出台,我国公募基金的发展迎来了春天。根据万得数据(表3-17,图3-8)2013年底,我国公募基金总规模29,295亿元,2022年底,我国公募基金总规模268,203亿元,上涨了815.52%;2013年底,公募基金总数量1,552只,2022年底,公募基金总数量10,493只,上涨了576.10%。

表3-17 2013—2022年中国公募基金规模与数量统计

| 全部类型基金 |||
| --- | --- | --- |
| 年 份 | 规模(亿元) | 数量(只) |
| 2013 | 29,295 | 1,552 |
| 2014 | 44,499 | 1,891 |
| 2015 | 83,478 | 2,687 |
| 2016 | 91,116 | 3,821 |
| 2017 | 115,508 | 4,692 |
| 2018 | 129,254 | 5,153 |
| 2019 | 146,966 | 6,091 |
| 2020 | 200,546 | 7,403 |
| 2021 | 254,533 | 9,175 |
| 2022 | 268,203 | 10,493 |

图 3-8　2013—2022 年中国公募基金数量与规模情况

## 4.2　公募基金的特点

### 4.2.1　优　势

**（1）费率低**

公募基金是指以公开方式向社会公众投资者募集资金并以证券为主要投资对象的证券投资基金。公募基金是以大众传播手段招募，发起人集合公众资金设立投资基金。

由于是面向公众的基金产品，相较于私募基金，公募基金的各种费率会低很多。私募基金往往会对收益部分提取 20% 的业绩报酬，而公募基金产品（不含公募专户）则不会收取业绩报酬。此外，公募基金，尤其是工具型公募基金的管理费也会低于私募基金。以天弘中证 500 指数增强为例，在不考虑销售费用的情况下，其管理费率为 0.60%，不收取业绩报酬，这是要远低于量化私募基金的；以中金质量 ETF 为例，其管理费率为 0.30%，这也是远低于主观私募基金的。

### （2）被动投资工具——指数基金

与主打主动管理策略的私募基金不同，公募基金拥有指数基金（不含指数增强）等品种，可以帮助投资者进行被动投资。投资者如果直接购买股票，持仓往往会集中，风险比较大；而指数基金投资标的多，就会分散风险，毕竟一家上市公司出问题的概率要远低于几十家上市公司出问题加在一起的概率。当投资者对大盘非常有信心，却又不知道买哪只股票时，购买公募指数基金是最好的选择。如果投资者直接购买某只或某些股票，必然会有持仓过于集中的风险；如果直接购买私募基金，比如 500 指数增强，当 500 指数被动上涨时，投资者又会为被动上涨部分白白支付 20% 的业绩报酬。

举个例子，当投资者看好大盘股时，他可以购买上证 50ETF 基金；当投资者看好中小盘时，他可以购买中证 1000ETF 基金；当投资者看好新能源行业，他可以购买新能源 ETF 基金。这样操作既避免了持仓集中的风险，又不用为被动上涨部分付出 20% 的业绩报酬。

### （3）丰富的固定收益产品

私募基金公司的利润来源是业绩报酬，由于固定收益产品的收益弹性小，一般不会计提业绩报酬，因此，固定收益策略的私募基金管理人和产品都较少。客户想通过私募基金投资债券来完成资产配置的想法难以实现。

公募基金公司的盈利模式则主要是依靠收取管理费，而固定收益类产品规模容易做大，因此，公募基金固定收益的产品规模大，数量又多，可以为投资者提供多种选择。

### （4）强监管下的安全性

由于公募基金是直接面对散户投资者的产品，政府对公募基金的运作有着最严格的监管，因此，公募基金安全性较高。不过，值得注意的是，公募基金的安全性只保证公募基金运作的合规性，公募基金倒闭或者"跑路"的概率较小,并不保证基金产品一定赚钱。

### 4.2.2 劣势

**(1)投资受限制**

为了保证投资人的利益,政府对公募基金的监管在所有金融产品中是最严格的,这一方面保证了公募基金的合规性,另一方面也约束了基金经理的发挥。

例如,证监会在2014年8月8日起施行的《公开募集证券投资基金运作管理办法》第三十条中明确规定:"(一)百分之八十以上的基金资产投资于股票的,为股票基金。"这就约束了股票类基金的持仓比例不得低于80%。当大熊市来临时,由于公募基金不能够下降仓位,只能硬扛着下跌的风险。

**(2)优秀基金经理"奔私"**

在各类基金品种中,最能代表基金经理管理水平的就是股票类基金。对优秀的基金经理而言,在公募基金工作所得的个人回报往往赶不上自己创业开私募基金公司,或者在私募基金公司工作。因此,自2014年私募基金行业阳光化后,优秀的顶流公募基金经理"奔私"不在少数。特别是在市场行情向好之际,公募基金公司面临人才流失成了普通现象。主要原因在于无论是在对人才的吸引力方面,还是在管理产品的灵活性方面,私募产品都略胜一筹。

金融行业最宝贵的资源就是人才。随着公募基金经理大量"奔私",也意味着整个公募基金行业的人才流失,这必然会导致公募基金整体业绩的下降。

**(3)代理人风险高**

与私募基金相比,公募基金公司、基金经理的利益和投资者并不完全统一,存在较高的代理人风险,主要由两个原因导致。

其一,公募基金不收取业绩报酬,主要是按照管理规模收取管理费作为收益。不收取业绩报酬对投资者而言固然能节省成本，但是也会导致公募基金把净值做高的动力不如私募基金经理强。更有甚者，存在公募基金经理利用职务之便建"老鼠仓"、进行利益输送这些有损投资者利益的情况。

其二，私募基金的基金经理和基金公司的利益高度捆绑，而公募基金经理和公募基金的利益捆绑较为松散。私募基金公司的明星经理往往是基金公司的创始人或较重要的合伙人，在管理产品的过程中会更加看重自己的声誉。而公募基金的明星基金经理尽管收入奖金也很高，但仍是以"打工人"的角色为主。因此，公募基金公司的基金产品容易出现时常变更基金经理的情况，导致基金风格漂移。更有甚者，公募基金经理可能将自己对公司的不满情绪转移到产品管理工做中，业绩很难做好。

### （4）过多的基金公司、基金经理和基金产品

经过近三十年的发展，截至 2022 年底，公募基金总数量达 10,491 只，股票基金及混合基金有 6,331 只，远高于 A 股市场全部上市公司数量（5,065 家）。再加上公募基金人才流动性大，同一个基金产品频繁变更基金经理的情况时有发生，基金风格漂移、净值表现不稳定是常见现象，这也就加大了筛选公募基金的难度。如果仅从概率的角度看，从 10,000 只公募基金中筛选出 10 只优质基金，要比从 5,000 只上市公司股票中筛选出 10 只优质股票的难度大。

## 4.3 基金的分类

### 4.3.1 基金的分类标准（证监会）

基金的分类主要包含一级分类、二级分类，其中一级分类主要是以基金投资标的及其比例为划分依据，而二级分类是在一级分类的基础上

对投资标的从行业、发行地、比例等角度做进一步细分。

**（1）一级分类标准**

根据《证券投资基金评价业务管理暂行办法》第十二条规定，基金评价机构对基金的分类应当以相关法律、行政法规和中国证监会的规定为标准，可以在法律、行政法规和中国证监会对基金分类规定的基础上进行细分，即目前基金一级分类均以证监会为准，证监会的一级分类列示在2014年8月8日起施行的《公开募集证券投资基金运作管理办法》第三十条中：

（一）百分之八十以上的基金资产投资于股票的，为股票基金；

（二）百分之八十以上的基金资产投资于债券的，为债券基金；

（三）仅投资于货币市场工具的，为货币市场基金；

（四）百分之八十以上的基金资产投资于其他基金份额的，为基金中基金；

（五）投资于股票、债券、货币市场工具或其他基金份额，并且股票投资、债券投资、基金投资的比例不符合第（一）项、第（二）项、第（四）项规定的，为混合基金；

（六）中国证监会规定的其他基金类别。

因此，按照证监会的划分标准，公募基金按一级分类标准可划分为股票基金、债券基金、货币市场基金、基金中基金、混合基金和QDII基金六类。

**（2）二级分类标准**

除货币市场基金外，股票基金、债券基金、混合基金、基金中基金、QDII基金均可从行业、发行地、比例等角度做进一步细分。

①股票基金可细分为三个子类，分别是普通股票基金、指数增强基金、被动指数股票基金。

②债券基金可细分为五个子类，分别为短期纯债基金、中长期纯债基金、被动指数债券基金、混合债券一级基金和混合债券二级基金。

③混合基金可细分为四个子类，分别为平衡混合基金、灵活配置基金、偏股混合基金、偏债混合基金。

④另类投资基金可细分为两个子类，分别为股票多空基金和商品型基金。

⑤QDII基金可细分为四个子类，分别为QDII股票型基金、QDII混合型基金、QDII债券型基金、QDII另类型基金。

此外，市场普遍将股票基金下的被动指数基金和指数增强型基金称为"指数偏股基金"，将股票基金下的普通股票基金和混合基金下的平衡混合基金、灵活配置基金、偏股混合基金统称为"主动偏股基金"。

### 4.3.2 股票型基金

股票型基金是公募基金的重要组成部分，随着我国资本市场逐步完善，股票型公募基金也在蓬勃发展。截至2022年，股票型公募基金规模达22,505亿元，数量达1,995只，较2013年分别增长了112.49%和218.69%（表3-18，图3-9）。

表3-18　2013—2022年中国股票型公募基金规模和数量情况

| 年　份 | 规模（亿元） | 数量（只） |
| --- | --- | --- |
| 2013 | 10,591 | 626 |
| 2014 | 12,170 | 699 |
| 2015 | 7,017 | 568 |
| 2016 | 6,427 | 633 |
| 2017 | 6,716 | 755 |
| 2018 | 7,380 | 868 |
| 2019 | 11,365 | 1,079 |
| 2020 | 18,561 | 1,276 |
| 2021 | 23,515 | 1,752 |
| 2022 | 22,505 | 1,995 |

图 3-9　2013—2022 年中国股票型公募基金规模及数量情况

按照基金经理参与主动管理的程度，股票型基金可分为普通股票基金、指数增强型基金和被动基金这三大类。

**（1）普通股票基金**

根据投资标的不同，普通股票基金可分为全行业基金和主题型行业基金。

全行业基金是指公募基金的投资范围是全行业，不限行业、不限主题。

主题型行业基金是指公募基金在名称或者投资范围上有明显的限定，比如银华中证光伏产业联接、广发国证半导体芯片、易方达中证内地低碳经济主题、华宝中证科技龙头 ETF、银华中证 5G 通信主题 ETF、博时中证 5G 产业等。

**（2）指数增强型基金**

根据对标标的的不同，指数增强型基金主要包括对标具体指数的增强型股票基金和 Smart Beta 基金。

①对标具体指数的增强型股票基金

与私募基金类似，公募基金也有指数增强策略。与 3.3.1 节提到的私募指数增强基金相比，公募基金指数增强产品有以下三点不同之处。

第一，指数增强品种布局不同。不管是公募基金还是私募基金，发行的指数增强产品主要集中于沪深 300 指数和中证 500 指数，然而布局重点有所不同。公募基金中基本呈现均衡态势，对沪深 300 指数和中证 500 指数增强均有布局；而私募基金对于中证 500 指数增强布局更多，这也是因为中证 500 成分股的市值更小，股价波动更明显，对于以量价因子为主的私募基金来说更容易做出超额收益。公募基金独有的行业指数增强。

第二，盈利来源不同。对于公募指数增强基金，基本面因子贡献较大，同时高频交易受到限制，并且由于公募基金监管较为严格，因此指数增强基金有明确的合同要求，一般要求日均跟踪偏离度的绝对值不超过 0.35%—0.5%，年化跟踪误差不超过 7.5%—8%，成分内选股比例在 80% 以上。而私募指数增强基金普遍以高频的量价因子为主，当然也有基本面因子，叠加 T0 增强收益，策略多样性较强，对于跟踪误差和选股范围比例也没有明确的要求，灵活性较高。总体来看，公募指数增强基金跟踪误差较小，但是超额收益来源主要集中于基本面因子，收益来源较为单一，不过基本面因子使得策略的换手率较低，容量上限更高；而私募指数增强基金主要采用高频交易，策略较为丰富，灵活度也较高，但同时策略的换手率较高，容量一般会受到市场流动性的限制。

第三，偏离度不同。根据统计，从指数增强基金来看，在私募基金方面，最大行业偏离度的平均值为 5.35%，在公募基金方面，最大行业偏离度的平均值为 2.75%。可以看出，公募基金的行业偏离幅度较小，偏离幅度基本控制在 2% 左右，正负偏离的比例相差不大。

在私募指数增强基金中，有很多产品的名字叫作"×××500指数增强基金"，但是这并不意味着这个产品是从中证500指数中选股，而是以中证500指数为对标，是一种空气指数增强。

② Smart Beta 基金

Smart Beta 策略是近年来新兴的策略。指数增强基金的落脚点在指数上，Smart Beta 策略的落脚点在风格因子上。相较于笼统的指数，风格因子的表现更为具体，更好跟踪和评价。

**CAPM 模型**：因子分解法最早来源于 CAPM 模型，其公式如下：

$$E(ri)=rf+\beta(E(rm-rf))$$

该模型表明单个股票的收益主要是由贝塔（$\beta$，即 Beta）驱动，CAPM 模型本质上是建立了一个股票收益决定的单因子模型。

**Fama-French 三因子模型**：Fama-French 三因子模型是在 CAPM 模型的基础上逐步发展出来的，其公式如下：

$$E(ri)=rf+\beta(E(rm-rf))+sEi(SMB)+hEi(HML)$$

Fama-French 三因子模型在 CAPM 模型的基础上，增加了规模因子和质量因子。

随着量化基金的增加，越来越多因子的被挖掘，而后又在 Fama-French 三因子模型的基础上不断地叠加因子，逐步开发出四因子、五因子等多因子的模型。但是随着市场越来越有效，很多因子的表现时好时坏，甚至彻底失效。有一句话说得好——现在市场上公开的因子，都是赚不到钱的因子。

在当今市场上，公募基金发行最常见、最主流的因子是价值因子和成长因子，按照因子的个数分类，可以分为单因子和多因子。相较于多因子，单因子的表现会更加专注，但是也容易出现因子陷阱。单因子及多因子公募基金示例如表 3-19 所列。

表 3-19 单因子及多因子公募基金示例

| 类　型 | 证券代码 | 证券简称 | 基金成立日 |
|---|---|---|---|
| 单因子 | 562310.OF | 银华沪深 300 成长 ETF | 2022 年 9 月 1 日 |
|  | 562320.OF | 银华沪深 300 价值 ETF | 2022 年 12 月 29 日 |
| 多因子 | 159967.OF | 华夏创业板动量成长 ETF | 2019 年 6 月 21 日 |
|  | 159966.OF | 华夏创业板低波价值 ETF | 2019 年 6 月 14 日 |
|  | 007474.OF | 华夏创业板动量成长联接 A | 2019 年 6 月 26 日 |
|  | 007472.OF | 华夏创业板低波价值联接 A | 2019 年 6 月 26 日 |
|  | 159990.OF | 银华巨潮小盘价值 ETF | 2019 年 12 月 6 日 |

### 4.3.3　混合基金

混合基金的投资范围既包括波动性大的股票，又包括收益稳健的债券，具备分散风险的特质，深受投资者欢迎，十年来获得迅猛发展。截至 2022 年底，共有 4,318 只混合型基金，规模高达 48,896 亿元，较 2013 年的 291 只及 5,899 亿规模分别上涨了 138.38% 和 728.89%（表 3-20，图 3-10）。

表 3-20　2013—2022 年中国混合型基金规模及数量情况

| 年　份 | 规模（亿元） | 数量（只） |
|---|---|---|
| 2013 | 5,899 | 291 |
| 2014 | 6,454 | 395 |
| 2015 | 22,821 | 1,205 |
| 2016 | 20,962 | 1,771 |
| 2017 | 20,693 | 2,188 |
| 2018 | 14,763 | 2,282 |
| 2019 | 20,668 | 2,457 |
| 2020 | 48,458 | 3,060 |

续表

| 年 份 | 规模（亿元） | 数量（只） |
|---|---|---|
| 2021 | 61,891 | 3,906 |
| 2022 | 48,896 | 4,318 |

图 3-10　2013—2022 年中国混合型基金规模及数量情况

混合基金主要可分为以下四种。

**（1）灵活配置型基金**

灵活配置型基金是投资于股票、债券以及货币市场工具，且在各资产类别配置上比较灵活的基金，对股票和债券的比例无限制。

**（2）偏股混合型基金**

偏股混合型基金持有股票 50%—70%，持有债券 20%—40%。

**（3）偏债混合型基金**

偏债混合型基金持有债券 50%—70%，持有股票 20%—40%；

### （4）保守混合型基金

保守混合型基金是平衡混合型，持有股票、债券的比例均为40%—60%。

## 4.3.4 债券型基金

由于公募基金的募集对象主要为风险厌恶型的公众，且公募基金具备不收取业绩报酬、管理费低的特点，为债券型公募基金的发展提供了广阔的空间。

债券型基金是公募基金的重要组成部分，截至2022年底，共有3,124只债券型基金，规模高达85,948亿元，较2013年的399只及3,391亿元规模分别上涨了628.96%和243.46%（表3-21，图3-11）。

表3-21 2013—2022年中国债券型基金规模及数量情况

| 年 份 | 规模（亿元） | 数量（只） |
| --- | --- | --- |
| 2013 | 3,391 | 399 |
| 2014 | 3,482 | 469 |
| 2015 | 7,056 | 535 |
| 2016 | 17,870 | 943 |
| 2017 | 15,619 | 1,186 |
| 2018 | 24,478 | 1,428 |
| 2019 | 39,212 | 1,913 |
| 2020 | 50,009 | 2,370 |
| 2021 | 68,837 | 2,683 |
| 2022 | 80,107 | 2,977 |
| 2021 | 68,837 | 2,683 |
| 2022 | 85,948 | 3,124 |

债券型基金主要可细分为短期纯债基金、中长期纯债基金、被动指数债券基金、指数增强债券基金、增强指数债券基金、混合债券一级基金、混合债券二级基金。

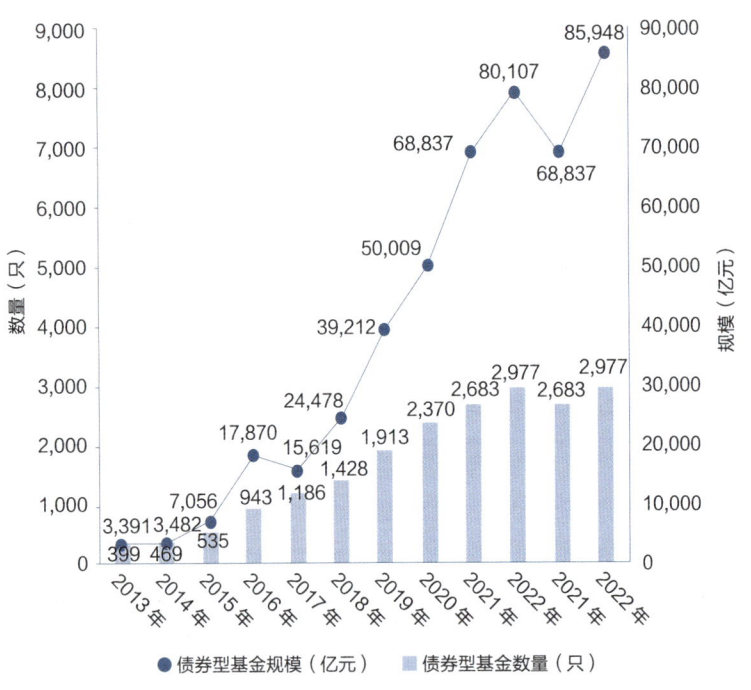

图 3-11　2013—2022 年中国债券型基金规模及数量情况

### 4.3.5　货币市场基金

货币市场基金是主要投资于货币市场工具的基金，货币市场工具包括短期债券、央行票据、回购、同业存款、大额存单、商业票据等。

表 3-22　2013—2022 年中国货币市场基金规模及数量情况

| 年　份 | 规模（亿元） | 数量（只） |
| --- | --- | --- |
| 2013 | 8,802 | 148 |
| 2014 | 21,874 | 229 |
| 2015 | 45,761 | 262 |
| 2016 | 44,687 | 327 |

续表

| 年　份 | 规模（亿元） | 数量（只） |
| --- | --- | --- |
| 2017 | 71,315 | 395 |
| 2018 | 81,629 | 383 |
| 2019 | 74,106 | 374 |
| 2020 | 80,536 | 333 |
| 2021 | 94,497 | 333 |
| 2022 | 106,471 | 371 |

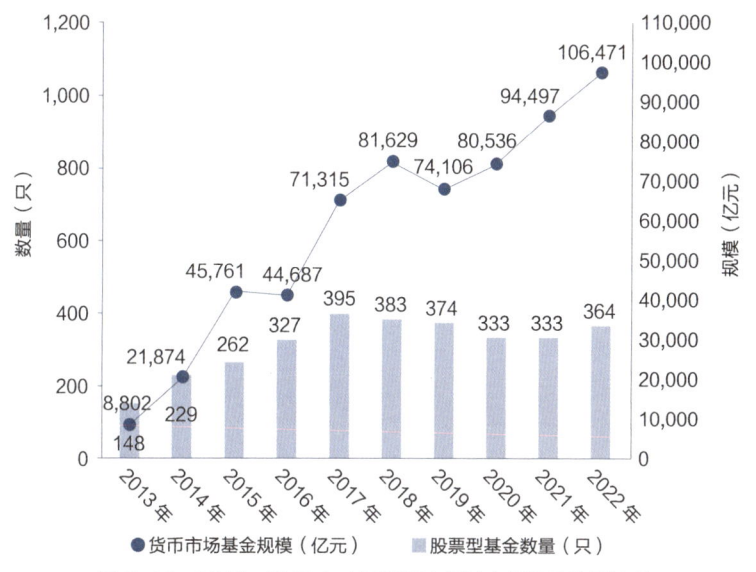

图 3-12　2013—2022 年中国货币市场基金规模及数量情况

### 4.3.6　另类投资基金

另类投资策略主要包括两大子策略，即股票多空策略和商品期货策略。截至 2022 年底，共有 60 只另类投资基金，规模高达 438 亿元，较 2013 年的 5 只及 26 亿元规模分别上涨了 110% 和 1584.62%（表 3-23，

图 3-13）。

表 3-23　2013—2022 年中国另类投资基金规模及数量情况

| 年　份 | 规模（亿元） | 数量（只） |
| --- | --- | --- |
| 2013 | 26 | 5 |
| 2014 | 47 | 11 |
| 2015 | 240 | 21 |
| 2016 | 229 | 27 |
| 2017 | 214 | 29 |
| 2018 | 214 | 27 |
| 2019 | 380 | 31 |
| 2020 | 872 | 55 |
| 2021 | 808 | 56 |
| 2022 | 438 | 60 |

图 3-13　2013—2022 年中国货币市场另类基金规模及数量情况

### （1）股票多空策略

股票多空策略主要投资于股票类资产，并利用空头头寸与多头头寸相匹配来减少系统性风险，一般相对沪深 300 指数的贝塔（β）绝对值较小，通常小于 0.3。

**（2）商品期货策略**

商品期货策略主要投资于挂钩大宗商品的衍生金融工具，主要包括能源、农业、工业用金属和贵金属。

## 4.4　公募基金公司评价与公募基金经理评价

### 4.4.1　公募基金公司评价与公募基金经理评价的关系

**（1）为什么公募基金需要区分公司和基金经理**

本书在讨论如何筛选私募基金产品时，主要讨论的是对基金经理的评价，对私募基金公司的分析评价很少。为什么要单独谈论公募基金公司呢？

**因为私募基金产品的业绩可以理解为由私募基金经理"单核"决定。**私募基金的运营模式相对简单，私募基金的基金经理往往是公司的创始人或者重要合伙人，在此情况下，私募基金经理的利益与私募基金公司的利益高度一致，且私募基金的运作是以私募基金经理为核心的，私募基金经理的个人投资水平就代表了基金公司的投资水平。

**而公募基金的产品业绩由公募基金经理和基金公司"双核"决定。**首先，大多数公募基金经理在基金公司中处于一种"打工人"的角色中，何时发布产品、在哪个渠道发布产品是由基金经理和基金公司共同决定的，双方的紧密配合是成功的关键。其次，公募基金主打产品类型为主观多头、债券基金，这些基金产品都是资源消耗性的产品，即基金经理管理好这些产品需要得到基金公司有力的资源支持才行。比如，主观多头的基金产品需要大量的证券公司研究资源支持，这就需要公募基金向证券公司支付佣金，如果公募基金公司太小，支付不了足够的佣金，则会影响其投资业绩。除此之外，由于公募基金经理存在频繁跳槽

的情况，公募基金产品也会频繁更换基金经理，因此，基金产品的业绩会随着基金经理的变更而变得不稳定。综上所述，在分析公募基金产品时，不宜只分析公募基金经理，而是要同时分析基金经理和基金公司。

### （2）挑选公募基金产品更看重基金公司还是基金经理

既然公募基金公司和基金经理都很重要，那么，在挑选基金产品时，是应该更看重基金公司还是基金经理呢？

我的建议是，购买公募基金时尽量选择一些知名品牌的基金公司和基金经理，但是对不同的产品应有所侧重。

其一，不同类型的产品侧重点不同。有些产品的业绩表现与基金经理相关性更大，比如主观多头基金；有些产品的业绩表现与基金公司的相关性相对更大。

其二，不同公募基金公司的主打产品和特色产品不一样。经过20年的发展，公募基金市场已经发展到"百花齐放，百家争鸣"的状态。每一家能够存活下来的公募基金公司都有"绝艺傍身"。当投资者筛选或者购买公募基金产品时，尽量购买有特色的主打产品。

## 4.4.2 公募基金公司评价方法

### （1）公募基金公司概况

截至2022年底，共有156家机构获得公募基金管理资格，较2001年上涨了940%（表3-24）。

表3-24　2001—2022年中国公募基金机构情况统计

| 年　份 | 公募基金机构数量（家） | 年　份 | 公募基金机构数量（家） |
| --- | --- | --- | --- |
| 2001 | 15 | 2012 | 76 |
| 2002 | 21 | 2013 | 90 |
| 2003 | 32 | 2014 | 99 |
| 2004 | 44 | 2015 | 109 |

续表

| 年 份 | 公募基金机构数量（家） | 年 份 | 公募基金机构数量（家） |
|---|---|---|---|
| 2005 | 53 | 2016 | 120 |
| 2006 | 57 | 2017 | 130 |
| 2007 | 58 | 2018 | 142 |
| 2008 | 60 | 2019 | 143 |
| 2009 | 60 | 2020 | 151 |
| 2010 | 63 | 2021 | 155 |
| 2011 | 69 | 2022 | 156 |

在这156家机构中（表3-25）：

①证券公司系最多，共计67家，占比43%；

②信托系、银行系和保险系多年来维持在21家、15家和7家；

③第一家个人系基金公司成立于2015年年初，目前个人系基金公司已有22家，超过了信托、银行系，成为第二大分类；

④私募系在近五年也有一定发展，达到了7家。

表3-25 2022年公募基金机构派系分布情况统计

| 所属派系 | 机构数量（家） | 占 比 |
|---|---|---|
| 证券公司系 | 67 | 43% |
| 个人系 | 22 | 14% |
| 信托系 | 21 | 13% |
| 银行系 | 15 | 10% |
| 其他派系 | 15 | 10% |
| 私募系 | 7 | 4% |
| 保险系 | 7 | 4% |
| 互联网系 | 1 | 1% |
| 地产系 | 1 | 1% |
| 合计 | 156 | 100% |

### （2）公募基金公司评价体系

针对基金公司的综合研究思路分为体系构建、量化分析和实际应用三个步骤，其中的重点是构建分析体系。由于对于不同类型的基金，分析方法不同，因此，将基金产品和基金经理划分为主动偏股、主动偏债、固收+、被动指数、货币、QDII、量化和FOF八个赛道。分析方法分为定量分析和定性分析，其中定量分析是从数据维度进行的结果分析，如规模、业绩、风险等；定性分析则从风格、策略、理念、流程等方面进行分析。公募基金公司评价体系大致情况如图3-14所示。

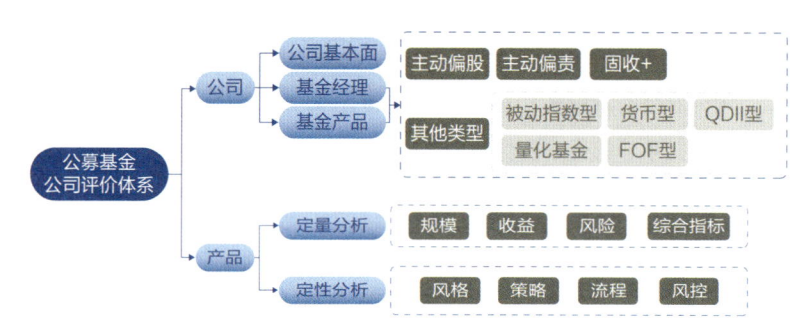

图 3-14 公募基金公司评价体系

### （3）公募基金公司基本面评价

公募基金公司的分析可以分为基本情况、公司治理和管理层三个方面。

## 4.4.3 公募基金经理评价方法

### （1）基金经理整体基本情况

根据万得统计，截至2022年底，公募基金经理共有3,283人（含指数基金经理、固收基金经理、货币基金经理）。

### （2）基金经理评价体系

基金经理评价体系如图3-15、图3-16所示。

第三篇 基础理论详解

## 基本面

**简历信息**
- 毕业学校
- 专业
- 学历
- 证书
- 年龄

**从业信息**
- 从业年限
- 管理年限
- 当前公司任职年限
- 跳槽次数
- 是否担任过分析师
- 其间的经历和报告
- 管理规模
- 持有人

## 业绩绩效

**业绩表现**
- 收益率
- 绝对收益
- 超额收益
- 年化收益

**业绩评价**
- 最大回撤
- 波动率
- 业绩持续性
- 业绩调整信息收益
- 选股能力
- 选券能力
- 选基能力
- 择时能力
- 跟踪误差

**业绩归因**
- 股票加减仓成功率
- 股票资产收益能力
- 久期
- 信用结构
- 信用利差
- 评级利差
- 可转债因子
- 转债加减仓成功率
- 可转债
- 偏离度

图 3-15 基金经理评价体系（1）

## 风格

**风格分析**
- 大中小盘
- 价值成长平衡度
- 持股集中度
- 持仓集中度
- 选股风格
- 牛熊市表现
- 换手率

**风格归因**
- 行业偏好
- 主题偏好
- 久期偏好
- 信用偏好
- 杠杆偏好
- Barra风险因子分析

## 投资逻辑

**资产配置**
- 弹性资产选择偏好
- 弹性资产仓位偏好
- 各类资产仓位调整策略
- 择股打新
- 定向增发

**行业/个股选择**
- 选择过程
- 偏好
- 能力范围
- 信息来源

**投资操作**
- 仓位控制
- 买入类出
- 风险控制

## 惩罚指标

**证券**
- 规模
- 机构投资者占比
- 是否踩雷脱销
- 是否持有违约债券
- 净值异常
- 偏离度
- 万份收益出现过负值

**公司/团队**
- 规模
- 业绩
- 团队人数
- 核心人员变动
- 负面新闻

图 3-16 基金经理评价体系（2）

169

### (3) 基金经理业绩绩效评价

在对基金经理进行分析的过程中,最重要的是看业绩评价。不同基金产品类型不一样,其关注点也不一样。针对基金经理管理产品的种类不同,在进行业绩评价时,关注点在于基金经理的业绩指数是业绩分解和归因的基础。基于业绩指数,基金经理所擅长的类型不同,其收益来源也不同,如表3-26所列。

表3-26 基金经理收益来源统计表

| 擅长基金类型 | 收益来源 |
| --- | --- |
| 偏股基金 | 市场收益、超额收益 |
| 偏债基金 | 票息收益、国债效应(久期管理、期限结构)、利差效应(券种配置、个券选择)、其他收益 |
| 固收+基金 | 固收收益、"+"收益(股票收益、转债收益)、其他收益 |
| FOF基金 | 市场择时收益、基金优选收益(股基优选收益、债基优选收益)、其他收益 |

建议投资者在投资前将拟投资的产品按照基金产品类型进行分解,并对这些收益来源相对值、稳定性以及风险承受比进行分析,选择最好的基金进行投资。

## 4.5 如何选择公募基金

### 4.5.1 投资策略1——行业轮动

#### (1)行业轮动的重要性

行业轮动和风格轮动是A股市场的重要风格特征,单一风格不太可能持续跑赢,不同的风格都出现过阶段性占优势的局面。公募基金行业主题型基金多,且公募基金管理费低,又没有业绩报酬,是用于行业轮动的好工具。

对 2012 年以来每年表现最佳和最差的行业进行统计（表 3-27），发现上榜的行业名单在相邻年份经常变换，几乎没有行业能常年保持最佳，也没有行业常年列位最差。

表 3-27　2012—2022 年表现最佳和表现最差行业统计

| 年　份 | 最佳行业 | 最佳行业收益率 | 最差行业 | 最差行业收益率 | 最佳与最差行业收益率之差 |
|---|---|---|---|---|---|
| 2012 | 电力设备 | 32.24% | 通信 | −24.83% | 57.07% |
| 2013 | 传媒 | 107.02% | 煤炭 | −42.66% | 149.68% |
| 2014 | 非银金融 | 121.16% | 美容护理 | −4.03% | 125.19% |
| 2015 | 计算机 | 100.29% | 非银金融 | −16.90% | 117.19% |
| 2016 | 食品饮料 | 7.43% | 传媒 | −32.39% | 39.82% |
| 2017 | 食品饮料 | 53.85% | 纺织服饰 | −23.85% | 77.70% |
| 2018 | 社会服务 | −10.61% | 环保 | −45.62% | 35.01% |
| 2019 | 电子 | 73.77% | 建筑装饰 | −2.12% | 75.89% |
| 2020 | 社会服务 | 99.38% | 房地产 | −10.85% | 110.23% |
| 2021 | 电力设备 | 47.86% | 家用电器 | −19.54% | 67.40% |
| 2022 | 煤炭 | 31.83% | 电子 | −24.95% | 56.78% |

公募基金，尤其是 ETF 基金，具备费用低、流动性好、可实现盘中交易等特点。如投资者能把握行业轮动的规律，用公募指数基金作为工具进行套利，收益将会颇丰。

按照申银万国行业类统计，2020—2022 年各板块涨跌幅如表 3-28 所列。

表 3-28　2020—2022 年公募基金各板块涨跌幅统计

| 板　块 | 2022 年区间涨跌幅（流通市值加权平均）(%) | 2022 年涨跌幅排名 | 2021 年区间涨跌幅（流通市值加权平均）(%) | 2021 年涨跌幅排名 | 2020 年区间涨跌幅（流通市值加权平均）(%) | 2020 年涨跌幅排名 |
|---|---|---|---|---|---|---|
| SW 煤炭 | 31.83 | 1 | 53.94 | 6 | 16.03 | 21 |
| SW 计算机 | 24.74 | 2 | 10.34 | 21 | 34.02 | 16 |

续表

| 板　块 | 2022年区间涨跌幅（流通市值加权平均）(%) | 2022年涨跌幅排名 | 2021年区间涨跌幅（流通市值加权平均）(%) | 2021年涨跌幅排名 | 2020年区间涨跌幅（流通市值加权平均）(%) | 2020年涨跌幅排名 |
|---|---|---|---|---|---|---|
| SW社会服务 | 17.84 | 3 | -3.47 | 29 | 134.11 | 2 |
| SW综合 | 9.91 | 4 | 25.13 | 12 | 27.39 | 18 |
| SW交通运输 | 4.59 | 5 | 16.40 | 16 | 24.71 | 20 |
| SW石油石化 | 1.33 | 6 | 21.81 | 13 | -20.77 | 31 |
| SW商贸零售 | 0.63 | 7 | 2.48 | 26 | 14.50 | 23 |
| SW房地产 | -0.12 | 8 | 9.88 | 23 | -6.87 | 30 |
| SW银行 | -1.15 | 9 | 0.05 | 28 | -1.96 | 29 |
| SW建筑装饰 | -3.28 | 10 | 39.95 | 7 | -1.59 | 27 |
| SW通信 | -4.91 | 11 | 10.20 | 22 | -1.91 | 28 |
| SW美容护理 | -5.82 | 12 | 9.35 | 25 | 69.47 | 9 |
| SW农林牧渔 | -8.02 | 13 | -8.26 | 30 | 56.25 | 12 |
| SW非银金融 | -8.05 | 14 | -8.69 | 31 | 26.77 | 19 |
| SW机械设备 | -10.09 | 15 | 29.46 | 10 | 76.13 | 7 |
| SW家用电器 | -10.12 | 16 | 9.47 | 24 | 45.75 | 15 |
| SW纺织服饰 | -10.99 | 17 | 16.10 | 17 | 10.89 | 24 |
| SW食品饮料 | -11.47 | 18 | 1.66 | 27 | 106.93 | 3 |
| SW基础化工 | -11.70 | 19 | 89.63 | 1 | 59.46 | 11 |
| SW医药生物 | -11.86 | 20 | 12.10 | 20 | 100.39 | 5 |
| SW公用事业 | -12.03 | 21 | 54.85 | 5 | 9.87 | 25 |
| SW有色金属 | -12.97 | 22 | 66.67 | 3 | 53.91 | 13 |
| SW传媒 | -13.18 | 23 | 15.96 | 18 | 15.01 | 22 |
| SW轻工制造 | -13.91 | 24 | 14.83 | 19 | 47.48 | 14 |
| SW电力设备 | -14.73 | 25 | 71.06 | 2 | 146.45 | 1 |
| SW汽车 | -14.78 | 26 | 35.94 | 9 | 101.02 | 4 |
| SW钢铁 | -17.46 | 27 | 55.10 | 4 | 28.76 | 17 |
| SW国防军工 | -17.72 | 28 | 20.05 | 14 | 93.04 | 6 |
| SW环保 | -18.36 | 29 | 38.48 | 8 | 3.85 | 26 |
| SW建筑材料 | -23.70 | 30 | 18.58 | 15 | 64.94 | 10 |
| SW电子 | -24.95 | 31 | 27.34 | 11 | 74.05 | 8 |

从统计数据来看，没有任何一个板块能够连续三年排名前三分之一，一年好、一年不好反而是常见现象。例如 2020 年，社会服务板块涨幅排名第二，2021 年，社会服务板块排名跌至第 29 位；2021 年，基础化工板块排名第一，2022 年，基础化工板块排名第 19。

### （2）行业基金识别

行业/主题基金可以用于套利，我对行业/主题基金的定义是：将基金资产主要投资于某个或某几个相关行业，满足投资者对特定行业板块投资需求的基金。行业基金分为主动型和被动型两种，近年来，无论是主动型基金，还是被动型基金，都是非常好的投资工具。

就被动型行业基金而言，在当前板块轮动趋势越发明显的环境下，投资者可以利用行业主题基金进行资产配置。行业 ETF 基金还可以实现日内买卖，有助于投资者实现日内择时。

就主动型行业基金而言，行业主题基金由于持仓更集中，相对于全市场投资的基金来说具有更高的业绩弹性，同时也更便于基金经理在其能力范围内进行更有深度和更加专业的投资研究。

那么，如何进行行业基金的识别呢？本书主要介绍两种方法，分别是基于基金合同主观分类和基于基金持仓客观分类。

方法一：基于基金合同的识别。

基于基金合同主观分类主要依照两条识别规则进行。识别规则一：基金合同中是否明确规定行业/主题最低仓位是主要定义条件，例如，基金合同中会含有"投资于 ×× 主题/行业相关的上市公司股票不低于股票资产/非现金资产/基金净资产的 ××%"这样的关键语句，则该基金可被认定为该主题/行业基金。识别规则二：基金业绩比较基准是否是行业/主题指数。

方法二：根据基金实际持仓进行识别。

基于合同对行业基金进行识别，优点在于简洁直观，基金简称往往就反映了投资范围；缺点在于基金合同对于基金经理的实际操作约束力不强，时常会有风格或行业漂移的问题出现。中国证监会机构部在2022年7月15日发布的"机构监管情况通报"中针对基金投资风格漂移、"风格漂移"个股入库审批不严、入库程序履行不到位、指数产品设计把关不严等现象进行了通报，涉及部分基金公司风格库内控管理缺失等问题。通过基金持仓对基金所处行业进行判断的方法更加客观。

### 4.5.2 投资策略2——风格轮动

#### （1）风格轮动的重要性

在众多基金持仓的风格划分方法中，比较著名的是晨星的投资风格箱，即根据基金投资股票的价值-成长属性，可将基金的风格划分为价值型、平衡型、成长型；根据基金投资股票的规模，可将基金的风格划分为大盘、中盘、小盘。其中，按照"价值-成长属性"和"规模属性"，又可以两两组合成大盘价值型、大盘成长型等。与行业轮动类似，A股市场也存在较明显的风格轮动现象（表3-29）。

表3-29 2020—2022年A股市场各证券涨跌幅统计

| 证券代码 | 证券简称 | 2020年1月1日至2020年12月31日区间涨跌幅（%） | 2020年排名 | 2021年1月1日至2021年12月31日区间涨跌幅（%） | 2021年排名 | 2022年1月1日至2022年12月31日区间涨跌幅（%） | 2022年排名 |
|---|---|---|---|---|---|---|---|
| 8841134.WI | 万得高价股指数 | 79.36 | 1 | 2.89 | 21 | （4.81） | 5 |
| 8841430.WI | 万得大盘股指数 | 53.34 | 2 | 7.49 | 20 | （8.50） | 9 |
| 8841655.WI | 万得中盘股指数 | 51.21 | 3 | 35.93 | 4 | 15.54 | 1 |
| 8841654.WI | 万得超大盘股指数 | 37.40 | 4 | 11.68 | 19 | （10.31） | 11 |
| 8841656.WI | 万得小盘股指数 | 33.21 | 5 | 43.02 | 2 | 10.26 | 2 |
| 8888707.WI | 万得高盈利风格 | 25.47 | 6 | 19.40 | 16 | （18.90） | 17 |

续表

| 证券代码 | 证券简称 | 2020年1月1日至2020年12月31日区间涨跌幅（%） | 2020年排名 | 2021年1月1日至2021年12月31日区间涨跌幅（%） | 2021年排名 | 2022年1月1日至2022年12月31日区间涨跌幅（%） | 2022年排名 |
|---|---|---|---|---|---|---|---|
| 8888709.WI | 万得高动量风格 | 25.09 | 7 | 27.56 | 9 | （22.40） | 20 |
| 8888706.WI | 万得激进投资风格 | 21.50 | 8 | 23.82 | 14 | （17.86） | 15 |
| 8888704.WI | 万得高估值风格 | 19.80 | 9 | 15.72 | 18 | （13.52） | 13 |
| 8841431.WI | 万得微盘股指数 | 17.56 | 10 | 39.93 | 3 | （20.10） | 18 |
| 8888711.WI | 万得均衡估值风格 | 17.41 | 11 | 26.73 | 11 | （20.34） | 19 |
| 8888702.WI | 万得大盘风格 | 16.84 | 12 | 19.84 | 15 | （11.09） | 12 |
| 8888712.WI | 万得均衡盈利风格 | 16.80 | 13 | 28.64 | 7 | （6.70） | 7 |
| 8888713.WI | 万得均衡投资风格 | 16.56 | 14 | 24.72 | 13 | （15.76） | 14 |
| 8888714.WI | 万得均衡动量风格 | 15.43 | 15 | 25.30 | 12 | （9.95） | 10 |
| 8888701.WI | 万得小盘风格 | 14.27 | 16 | 30.45 | 5 | 6.62 | 3 |
| 8888703.WI | 万得低估值风格 | 11.53 | 17 | 27.79 | 8 | （4.28） | 4 |
| 8888705.WI | 万得保守投资风格 | 9.29 | 18 | 29.41 | 6 | （7.07） | 8 |
| 8888710.WI | 万得低动量风格 | 6.29 | 19 | 15.83 | 17 | （18.45） | 16 |
| 8888708.WI | 万得低盈利风格 | 5.91 | 20 | 27.27 | 10 | （6.61） | 6 |
| 8841135.WI | 万得低价股指数 | （62.70） | 21 | 48.54 | 1 | （30.49） | 21 |

### （2）确定基金风格

除中、小盘风格外，鲜有风格能够连续三年收益率位于前三分之一。划分基金风格的方法通常有基于基金持仓的分析（HBSA）和基于基金净值的分析（RBSA）两种方法。

第一种 HBSA 方法，基于基金持仓的分析主要是根据基金定期报告中的持仓信息，将持仓个股在不同风格上的得分加权计算映射到基金的风格上。

第二种 RBSA 方法，基于基金净值的分析主要是用基金收益率对特定资产进行回归，通过回归系数的大小来判断基金的风格。RBSA 归因公式如下：

$$r_i = \alpha + \sum_{s=1}^{m} \beta^s R_t^s + \varepsilon_t$$

式中，$r_i$ 为基金在 $t$ 时段内的收益率；$R_t^s$ 为 $t$ 时段内 $S$ 因子（或风格）的收益率；$\alpha$ 为可以被持续解释的基金经理的超额收益；$\varepsilon_t$ 为残差项。这两种方法的优、缺点都非常明显：基于基金持仓的分析准确性高，但持仓信息披露滞后，且季报只披露前十大重仓股。

### 4.5.3　投资策略 3——熊市下的避险

A 股市场具备两个特点：特点 1——牛市时间短，熊市时间长。特点 2——如果不考虑指数编制的变换，金融危机至今，各大指数涨幅有限，甚至有较大跌幅。

比如，以 2008 年金融危机为起始点，2008 年 1 月 8 日至 2022 年 12 月 30 日，上证 50 指数从 4282.686 下跌到 2635.2484，14 年下跌了 38.47%（图 3-17）；沪深 300 指数从 5483.65 下跌到 3871.63，14 年下跌了 29.40%（图 3-18）；中证指数 500 从 5243.03 上涨到 5864.47，14 年涨幅 11.85%（图 3-19）；中证 1000 指数从 4778.03 上涨到 6281.62，14 年涨幅 31.47%（图 3-20）。

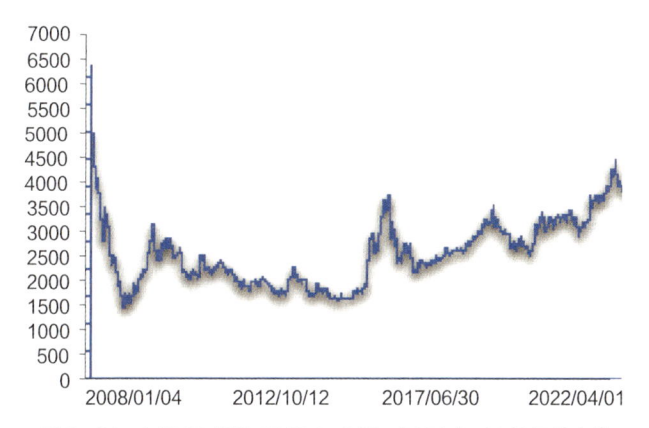

图 3-17 上证 50 指数 2008 年 1 月—2022 年 12 月行情走势

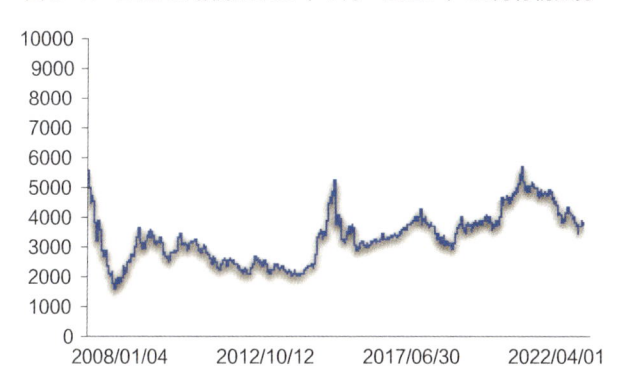

图 3-18 沪深 300 指数 2008 年 1 月—2022 年 12 月行情走势

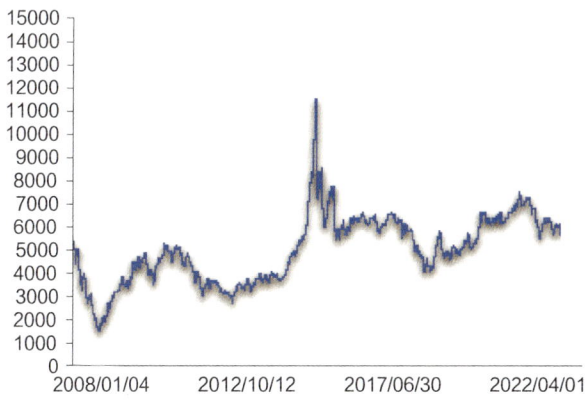

图 3-19 中证 500 指数 2008 年 1 月—2022 年 12 月行情走势

图 3-20　中证 1000 指数 2008 年 1 月—2022 年 12 月行情走势

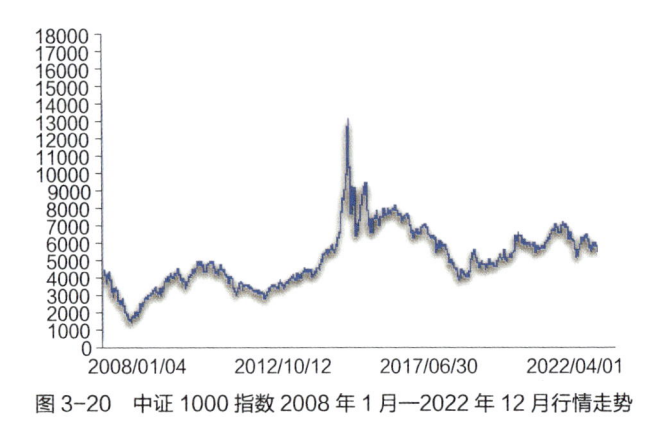

仅从贝塔（β）值来看，中国 A 股市场可以说是"牛短熊长"，而且极端熊市行情出现的频率较高。如果能在熊市期间实施空仓股票和基金，就能跑赢 90% 的基金。

空仓股票或者基金时应该如何操作呢？与权益类基金和股票相关性低的投资工具是最佳选择。

与权益类基金和股票相关性低的投资工具包括 CTA 策略、中性策略或者固定收益策略的私募基金产品，固定收益类策略信托、银行理财，固定收益策略或者另类策略的证券公司资管计划，或者债券基金、货币基金的公募基金。

### 4.5.4　投资策略 4——及时止盈

优秀基金经理的阿尔法（α）不可持续，要及时止盈。

很少有公募基金产品能长期持续跑出优秀的绝对收益。这主要是由四方面因素导致的。

其一，从历史数据来看，我国股票市场没有长期牛市行情，而公募基金仓位有最低持仓限制，当市场由牛市转为熊市时，基金经理难以通过空仓规避回撤，只能硬扛下跌。

其二，我国股票市场的行业轮动和风格轮动是很常见的现象，但公募基金经理一般是行业研究员出身，覆盖的行业有限，一旦市场切换到基金经理不熟悉的行业或者风格，很有可能影响收益。

其三，公募基金"冠军魔咒效应"明显，一只公募基金拿到冠军后，业绩表现容易发生变化。

其四，公募基金经理和基金公司、投资者之间的利益并不完全统一。

# 5 股票

## 5.1 中国股票发展概况

### 5.1.1 A 股市场 10 年的发展

**（1）A 股市场 10 年总市值的变化**

截至 2022 年底，A 股上市公司共有 4921 家，总市值 79.01 亿。

表 3-30

| 截止日期（年份） | 总市值（万亿元） | 市值变动（万亿元） |
| --- | --- | --- |
| 2012 | 23.04 | 1.56 |
| 2013 | 23.91 | 0.87 |
| 2014 | 37.25 | 13.35 |
| 2015 | 53.13 | 15.88 |
| 2016 | 50.77 | −2.36 |
| 2017 | 56.71 | 5.94 |
| 2018 | 43.49 | −13.22 |
| 2019 | 59.29 | 15.80 |
| 2020 | 79.81 | 20.52 |
| 2021 | 91.88 | 12.07 |
| 2022 | 79.01 | −12.87 |

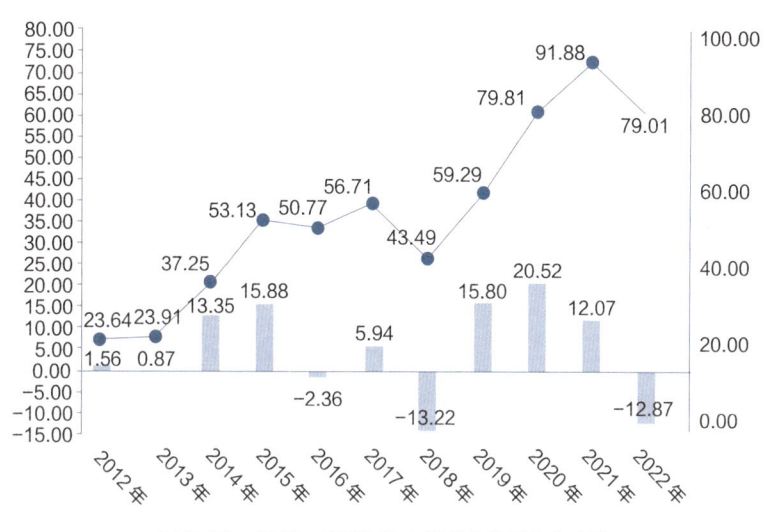

图 3-21　2012—2022 年 A 股总市值及市值变动

### （2）10 年来，上市公司家数的变化

截至 2022 年底，A 股共有上市公司 5079 家，较 2012 年上涨了 103.65%。

表 3-31

| 截止日期（年份） | 上市公司家数 | 新增上市公司家数 |
| --- | --- | --- |
| 2012 | 2,494 | 152 |
| 2013 | 2,489 | -5 |
| 2014 | 2,613 | 124 |
| 2015 | 2,827 | 214 |
| 2016 | 3,052 | 225 |
| 2017 | 3,485 | 433 |
| 2019 | 3,777 | 193 |
| 2018 | 3,584 | 99 |
| 2020 | 4,195 | 418 |
| 2021 | 4,697 | 502 |
| 2022 | 5,079 | 382 |

图 3-22 2012—2022 年上市公司数量及新增上市公司数量

### （3）10 年来总股本的变化

表 3-32

| 截止日期（年份） | 总股本（亿股） | 总股本变动（亿股） |
| --- | --- | --- |
| 2012 | 31,833.62 | 2,088.50 |
| 2013 | 33,822.04 | 1,988.43 |
| 2014 | 36,795.10 | 2,973.05 |
| 2015 | 43,014.82 | 6,219.72 |
| 2016 | 48,750.29 | 5,735.47 |
| 2017 | 53,746.67 | 4,996.38 |
| 2018 | 57,581.02 | 3,834.35 |
| 2019 | 61,719.92 | 4,138.90 |
| 2020 | 65,522.01 | 3,802.09 |
| 2021 | 70,817.07 | 5,295.06 |
| 2022 | 73,525.21 | 2,708.14 |

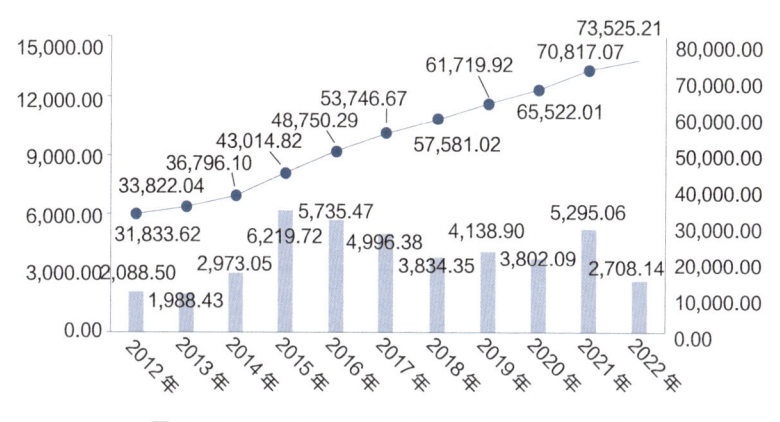

图 3-23　2012—2022 年上市公司总股本及总股本的变化

## 5.1.2　A 股市场板块及行业的分布

### （1）A 股市场总市值分布

表 3-33

| 时间（年份） | 上证主板 | 深证主板 | 科创板 | 创业板 | 北交所 |
|---|---|---|---|---|---|
| 2013 | 151,165.27 | 35,656.21 | — | 15,091.98 | — |
| 2012 | 158,698.44 | 34,123.95 | — | 8,731.20 | — |
| 2014 | 243,974.02 | 55,663.79 | — | 21,850.95 | — |
| 2018 | 269,515.02 | 54,827.43 | — | 40,459.59 | — |
| 2016 | 284,607.63 | 72,709.78 | — | 52,254.50 | — |
| 2015 | 295,194.20 | 76,243.27 | — | 55,916.25 | — |
| 2017 | 331,324.82 | 80,480.42 | — | 51,288.81 | — |
| 2019 | 346,882.06 | 77,385.93 | 8,637.64 | 61,347.62 | — |
| 2020 | 421,830.88 | 97,200.45 | 33,490.72 | 109,338.54 | 848.07 |
| 2021 | 463,392.78 | 256,149.54 | 56,305.56 | 140,240.30 | 2,722.75 |
| 2022 | 480,409.93 | 218,418.98 | 63,601.80 | 118,336.96 | 1,878.90 |

总市值（亿元）

### （2）A股市场家数分布

表 3-34

| 时间（年份） | 上证主板 | 深证主板 | 科创板 | 创业板 | 北交所 |
|---|---|---|---|---|---|
| 2013 | 944 | 480 | — | 355 | |
| 2012 | 944 | 484 | | 355 | |
| 2014 | 986 | 480 | — | 406 | |
| 2015 | 1,073 | 478 | — | 492 | |
| 2016 | 1,175 | 478 | | 570 | |
| 2017 | 1,389 | 476 | — | 710 | |
| 2018 | 1,443 | 473 | — | 739 | |
| 2019 | 1,495 | 471 | 70 | 791 | — |
| 2020 | 1,580 | 468 | 215 | 892 | 41 |
| 2021 | 1,655 | 1,488 | 377 | 1,090 | 82 |
| 2022 | 1,668 | 1,504 | 501 | 1,232 | 162 |

### （3）行业市值及家数分布

表 3-35

| 序号 | 行业名称 | 上市公司总数 | 总市值（亿元） | 流通A股市值（亿元） | 平均市盈率 | 平均市净率 |
|---|---|---|---|---|---|---|
| 1 | SW 银行 | 42 | 92,996.65 | 60,918.68 | 4.57 | 0.54 |
| 2 | SW 医药生物 | 475 | 72,987.81 | 54,295.45 | 33.54 | 3.42 |
| 3 | SW 电力设备 | 330 | 69,130.02 | 53,339.19 | 31.40 | 3.72 |
| 4 | SW 食品饮料 | 122 | 62,143.91 | 58,723.27 | 36.19 | 7.22 |
| 5 | SW 电子 | 429 | 58,898.32 | 42,184.38 | 36.92 | 2.89 |
| 6 | SW 非银金融 | 88 | 58,252.97 | 42,641.22 | 15.96 | 1.29 |
| 7 | SW 基础化工 | 385 | 36,349.16 | 29,323.65 | 16.27 | 2.36 |
| 8 | SW 机械设备 | 510 | 35,667.22 | 25,821.76 | 33.96 | 2.33 |
| 9 | SW 汽车 | 260 | 34,193.48 | 24,265.60 | 42.17 | 2.16 |
| 10 | SW 计算机 | 339 | 33,347.19 | 26,932.13 | 87.77 | 3.40 |
| 11 | SW 交通运输 | 126 | 31,235.25 | 24,678.76 | 21.31 | 1.51 |
| 12 | SW 石油石化 | 47 | 29,870.02 | 19,760.62 | 7.95 | 0.95 |

续表

| 序号 | 行业名称 | 上市公司总数 | 总市值（亿元） | 流通A股市值（亿元） | 平均市盈率 | 平均市净率 |
|---|---|---|---|---|---|---|
| 13 | SW 通信 | 125 | 28,879.66 | 9,530.41 | 16.60 | 1.33 |
| 14 | SW 公用事业 | 125 | 28,809.30 | 22,339.63 | 45.47 | 1.76 |
| 15 | SW 有色金属 | 135 | 26,468.65 | 22,120.16 | 14.86 | 2.42 |
| 16 | SW 国防军工 | 126 | 21,219.03 | 17,496.53 | 60.80 | 3.34 |
| 17 | SW 建筑装饰 | 163 | 17,611.36 | 14,129.07 | 10.44 | 0.91 |
| 18 | SW 煤炭 | 38 | 15,525.06 | 13,453.26 | 6.33 | 1.35 |
| 19 | SW 房地产 | 115 | 15,431.60 | 14,508.08 | −52.90 | 0.93 |
| 20 | SW 农林牧渔 | 107 | 15,267.30 | 10,769.77 | −69.49 | 3.08 |
| 21 | SW 家用电器 | 88 | 15,177.92 | 12,853.86 | 15.43 | 2.57 |
| 22 | SW 商贸零售 | 104 | 12,559.06 | 11,267.30 | −67.24 | 2.25 |
| 23 | SW 传媒 | 141 | 12,270.87 | 10,572.04 | 43.81 | 1.90 |
| 24 | SW 建筑材料 | 76 | 9,964.83 | 7,786.52 | 14.17 | 1.47 |
| 25 | SW 轻工制造 | 154 | 9,729.35 | 7,106.07 | 35.49 | 2.28 |
| 26 | SW 钢铁 | 45 | 8,753.06 | 7,726.01 | 22.60 | 0.96 |
| 27 | SW 环保 | 129 | 6,835.39 | 5,393.90 | 26.67 | 1.59 |
| 28 | SW 纺织服饰 | 114 | 6,321.62 | 4,459.62 | 31.95 | 1.86 |

## 5.2 股票的特点

### 5.2.1 股票投资的优势

**（1）灵活性**

与公募、私募相比，股票投资最大的优势在于灵活性。

其一，是申购和赎回的灵活性。在申购方面，私募基金一般需要提前1天打款，甚至是预约打款，公募基金（除了少数场内交易的公募外）虽然可以做到当日申购，但是以当日收盘价申购，并不能做到日内择时。在赎回方面，绝大多数私募基金不是每日开放，甚至有锁定期,导致非常不灵活;公募基金虽然可以做到当日赎回,但也是以当日收盘价赎回不能做到日内择时,且公募基金赎回后,资金到账需要T+3甚至T+4的时间周期,如果这3—4天有更好的投资机会,也只能遗憾错过。

相比较于公募私募,股票可以实现日内交易,且赎回后T+1日钱就可赎回到银行账户。

### (2) 低费用

相比较于公募私募基金,购买股票的费用成本要少得多。

对公募基金,要收托管费和基金管理费,如果通过代销渠道购买,还要交认购费或者销售服务费。

对私募基金,费用则会更多,除了托管费和基金管理费,还要交基金运营外包服务费和业绩报酬,此外私募基金的增值部分,需要额外缴纳3%的增值税,如果是通过代销渠道购买,还要交认购费或者销售服务费。

### (3) 财富效应

相比较于公募和私募,直接投资股票的财富效应要大得多。虽然数量极其少,但是市场上确实存在着依靠炒股实现资产增值的传说。这是因为,公募和私募一般都会有持仓限制等风控手段,且不能大规模加杠杆,所以在管控风险的同时,也基本断绝年内净值几倍增长的可能性。但当做股票时,既可以单票,又可以日内择时,还可以加杠杆。赚钱了也不用交管理费和业绩报酬,这样才能实现财富效应。

## 5.2.2 股票投资的劣势

### (1) 高风险性

股票的最大劣势在于高风险性,尤其对散户而言很难有效规避。可以看一下身边炒股的人,不要说赚大钱,就连不亏损都可以称得上屈指可数。

## （2）赚钱为什么这么难呢？

相较于公募和私募，直接炒股票对投资者的择股和择时能力要求都特别高。这既需要真正的高水平认知，又需要过硬的心态。

这可真是太难了。

## 5.3 常见的股票指数

### 5.3.1 上证 50

上证 50 指数由沪市 A 股中规模大、流动性好的最具代表性的 50 只股票组成，反映上海证券市场最具影响力的一批龙头公司的股票价格表现。截至 2022 年末，其行业及权重分布如下：

表 3-36

| 市值排名 | 行业名称 | 成分个数 | 总市值（亿元） | 自由流通市值（亿元） | 权重 | 近一年涨跌幅 |
|---|---|---|---|---|---|---|
| 1 | 钢铁 | 1 | 875.23 | 388.59 | 0.66% | −22.99% |
| 2 | 非银金融 | 7 | 29,232.33 | 9,029.61 | 14.66% | −21.28% |
| 3 | 银行 | 4 | 38,703.64 | 10,183.46 | 14.40% | −10.48% |
| 4 | 家用电器 | 1 | 2,311.39 | 901.20 | 1.39% | −20.78% |
| 5 | 建筑材料 | 1 | 1,450.95 | 566.99 | 0.98% | −25.47% |
| 6 | 石油石化 | 3 | 15,416.80 | 1,801.25 | 2.09% | −13.29% |
| 7 | 医药生物 | 4 | 7,537.84 | 4,195.85 | 7.04% | −19.51% |
| 8 | 机械设备 | 1 | 1,341.94 | 899.75 | 1.41% | −20.44% |
| 9 | 有色金属 | 3 | 4,427.43 | 2,640.50 | 4.04% | −19.28% |
| 10 | 基础化工 | 2 | 3,799.89 | 1,674.41 | 2.88% | −18.38% |
| 11 | 汽车 | 2 | 4,279.58 | 831.62 | 1.56% | −20.03% |
| 12 | 电力设备 | 4 | 7,957.48 | 4,798.09 | 7.66% | −24.31% |

续表

| 市值排名 | 行业名称 | 成分个数 | 总市值（亿元） | 自由流通市值（亿元） | 权重 | 近一年涨跌幅 |
|---|---|---|---|---|---|---|
| 13 | 食品饮料 | 4 | 30,843.95 | 13,323.20 | 22.95% | −15.73% |
| 14 | 公用事业 | 2 | 6,392.79 | 2,580.00 | 4.30% | −15.22% |
| 15 | 建筑装饰 | 2 | 3,349.38 | 1,374.61 | 2.51% | −10.05% |
| 16 | 国防军工 | 1 | 1,127.01 | 552.79 | 0.84% | −25.11% |
| 17 | 商贸零售 | 1 | 4,469.36 | 1,969.83 | 3.16% | −6.32% |
| 18 | 电子 | 3 | 2,251.81 | 1,562.74 | 2.43% | −36.63% |
| 19 | 房地产 | 1 | 1,811.13 | 1,077.78 | 1.63% | −9.70% |
| 20 | 煤炭 | 2 | 7,289.02 | 1,367.98 | 2.44% | 10.62% |
| 21 | 交通运输 | 1 | 1,656.14 | 639.65 | 0.98% | −3.34% |

图 3-24

### 5.3.2 沪深 300

沪深 300 指数由上海和深圳证券市场中市值大、流动性好的 300 只股票组成，综合反映中国 A 股市场上市股票价格的整体表现。截至 2022 年末，其行业及权重分布如下：

表 3-37

| 市值排名 | 行业名称 | 成分个数 | 总市值（亿元） | 自由流通市值（亿元） | 权重 | 近一年涨跌幅 |
|---|---|---|---|---|---|---|
| 1 | 银行 | 21 | 88,380.23 | 21,735.27 | 11.30% | −10.48% |
| 2 | 食品饮料 | 13 | 49,319.92 | 20,649.32 | 12.46% | −15.73% |
| 3 | 非银金融 | 25 | 46,575.04 | 16,160.86 | 9.34% | −21.28% |
| 4 | 电力设备 | 30 | 37,184.53 | 19,917.98 | 11.71% | −24.31% |
| 5 | 医药生物 | 25 | 25,835.66 | 12,724.76 | 7.48% | −19.51% |
| 6 | 电子 | 30 | 24,451.64 | 12,241.15 | 7.18% | −36.63% |
| 7 | 通信 | 5 | 21,486.26 | 2,551.87 | 1.56% | −15.16% |
| 8 | 石油石化 | 6 | 18,315.47 | 2,472.68 | 1.13% | −13.29% |
| 9 | 汽车 | 12 | 18,157.44 | 5,541.25 | 3.35% | −20.03% |
| 10 | 交通运输 | 12 | 16,270.10 | 5,927.88 | 3.35% | −3.34% |
| 11 | 公用事业 | 11 | 15,407.95 | 4,591.49 | 2.79% | −15.22% |
| 12 | 计算机 | 17 | 12,949.31 | 6,487.52 | 3.88% | −25.04% |
| 13 | 有色金属 | 11 | 11,101.47 | 5,697.06 | 3.18% | −19.28% |
| 14 | 煤炭 | 5 | 10,483.93 | 1,960.56 | 1.25% | 10.62% |
| 15 | 家用电器 | 8 | 10,359.47 | 5,698.24 | 3.26% | −20.78% |
| 16 | 建筑装饰 | 9 | 9,867.84 | 3,343.68 | 2.09% | −10.05% |
| 17 | 基础化工 | 11 | 9,038.09 | 4,208.06 | 2.67% | −18.38% |
| 18 | 农林牧渔 | 5 | 7,927.35 | 3,115.26 | 1.82% | −9.88% |
| 19 | 机械设备 | 8 | 7,594.29 | 3,773.51 | 2.21% | −20.44% |
| 20 | 国防军工 | 9 | 7,153.67 | 3,028.25 | 1.73% | −25.11% |
| 21 | 房地产 | 7 | 6,685.58 | 3,516.97 | 1.91% | −9.70% |
| 22 | 商贸零售 | 1 | 4,469.36 | 1,969.83 | 1.13% | −6.32% |
| 23 | 建筑材料 | 5 | 4,020.60 | 1,842.82 | 1.08% | −25.47% |
| 24 | 钢铁 | 3 | 2,986.11 | 980.99 | 0.60% | −22.99% |
| 25 | 美容护理 | 3 | 2,508.35 | 884.91 | 0.50% | −6.94% |
| 26 | 传媒 | 4 | 2,211.71 | 1,256.08 | 0.72% | −25.13% |
| 27 | 轻工制造 | 3 | 2,111.03 | 472.12 | 0.29% | −19.49% |
| 28 | 纺织服饰 | 1 | 666.47 | 83.43 | 0.05% | −13.70% |

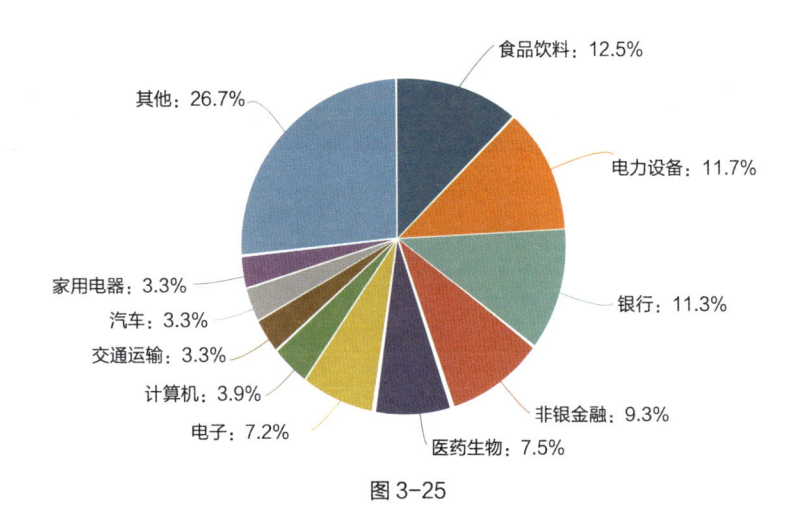

食品饮料：12.5%
其他：26.7%
电力设备：11.7%
银行：11.3%
家用电器：3.3%
汽车：3.3%
交通运输：3.3%
计算机：3.9%
电子：7.2%
医药生物：7.5%
非银金融：9.3%

图 3-25

### 5.3.3 中证 500

中证 500 指数由全部 A 股中剔除沪深 300 指数成分股及总市值排名前 300 名的股票后，总市值排名靠前的 500 只股票组成，综合反映中国 A 股市场中一批中小市值公司的股票价格表现。截至 2022 年末，其行业及权重分布如下：

表 3-38

| 市值排名 | 行业名称 | 成分个数 | 总市值（亿元） | 自由流通市值（亿元） | 权重 | 近一年涨跌幅 |
| --- | --- | --- | --- | --- | --- | --- |
| 1 | 医药生物 | 56 | 14,571.10 | 6,796.66 | 11.84% | -19.51% |
| 2 | 电力设备 | 31 | 8,380.15 | 4,767.31 | 8.15% | -24.31% |
| 3 | 非银金融 | 32 | 7,890.39 | 3,678.20 | 6.37% | -21.28% |
| 4 | 电子 | 33 | 7,750.58 | 4,112.43 | 7.20% | -36.63% |
| 5 | 基础化工 | 29 | 7,023.03 | 3,728.94 | 6.24% | -18.38% |
| 6 | 有色金属 | 26 | 6,973.85 | 4,210.22 | 7.06% | -19.28% |
| 7 | 交通运输 | 23 | 6,377.91 | 1,862.92 | 3.26% | -3.34% |
| 8 | 国防军工 | 23 | 5,944.03 | 3,279.96 | 5.56% | -25.11% |
| 9 | 机械设备 | 20 | 4,980.25 | 2,130.44 | 3.70% | -20.44% |
| 10 | 公用事业 | 18 | 4,971.81 | 1,502.21 | 2.65% | -15.22% |

续表

| 市值排名 | 行业名称 | 成分个数 | 总市值（亿元） | 自由流通市值（亿元） | 权重 | 近一年涨跌幅 |
|---|---|---|---|---|---|---|
| 11 | 计算机 | 25 | 4,593.04 | 2,757.92 | 4.54% | −25.04% |
| 12 | 食品饮料 | 15 | 4,347.78 | 2,203.13 | 3.55% | −15.73% |
| 13 | 钢铁 | 20 | 4,105.96 | 1,772.66 | 3.09% | −22.99% |
| 14 | 汽车 | 15 | 3,020.13 | 1,657.59 | 2.71% | −20.03% |
| 15 | 传媒 | 16 | 2,896.76 | 1,521.81 | 2.64% | −25.13% |
| 16 | 房地产 | 16 | 2,818.13 | 1,218.93 | 2.01% | −9.70% |
| 17 | 银行 | 12 | 2,629.47 | 1,397.21 | 2.42% | −10.48% |
| 18 | 煤炭 | 8 | 2,503.66 | 1,149.13 | 2.04% | 10.62% |
| 19 | 建筑材料 | 8 | 2,440.27 | 969.67 | 1.61% | −25.47% |
| 20 | 商贸零售 | 9 | 2,267.75 | 1,132.31 | 1.91% | −6.32% |
| 21 | 农林牧渔 | 11 | 2,107.66 | 1,177.39 | 2.07% | −9.88% |
| 22 | 石油石化 | 7 | 1,761.56 | 673.19 | 1.23% | −13.29% |
| 23 | 环保 | 8 | 1,542.12 | 589.11 | 1.05% | −22.17% |
| 24 | 轻工制造 | 7 | 1,497.18 | 831.43 | 1.38% | −19.49% |
| 25 | 家用电器 | 8 | 1,438.72 | 522.06 | 0.92% | −20.78% |
| 26 | 通信 | 6 | 1,212.72 | 679.70 | 1.16% | −15.16% |
| 27 | 美容护理 | 4 | 1,176.64 | 504.13 | 0.86% | −6.94% |
| 28 | 社会服务 | 3 | 1,034.33 | 656.69 | 1.21% | −1.02% |
| 28 | 建筑装饰 | 6 | 1,028.96 | 497.35 | 0.89% | — |
| 29 | 纺织服饰 | 5 | 944.67 | 392.38 | 0.70% | −13.70% |

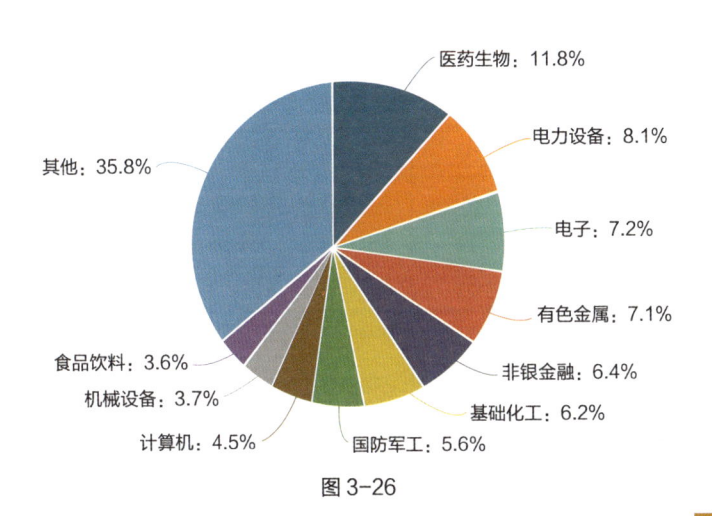

图 3-26

### 5.3.4 中证 1000

中证 1000 指数由全部 A 股中剔除中证 800 指数成分股后，规模偏小且流动性好的 1000 只股票组成，综合反映中国 A 股市场中一批小市值公司的股票价格表现。截至 2022 年末，其行业及权重分布如下：

表 3-39

| 市值排名 | 行业名称 | 成分个数 | 总市值（亿元） | 自由流通市值（亿元） | 权重 | 近一年涨跌幅 |
|---|---|---|---|---|---|---|
| 1 | 非银金融 | 14 | 1,742.51 | 791.41 | 1.44% | −21.28% |
| 2 | 农林牧渔 | 21 | 2,119.40 | 998.23 | 1.73% | −9.88% |
| 3 | 纺织服饰 | 12 | 1,556.20 | 548.97 | 0.99% | −13.70% |
| 4 | 房地产 | 26 | 2,756.46 | 1,180.53 | 2.13% | −9.70% |
| 5 | 家用电器 | 11 | 1,159.05 | 464.79 | 0.87% | −20.78% |
| 6 | 医药生物 | 127 | 14,240.37 | 7,146.60 | 12.57% | −19.51% |
| 7 | 汽车 | 44 | 5,336.69 | 2,441.17 | 4.35% | −20.03% |
| 8 | 环保 | 20 | 1,971.70 | 912.63 | 1.67% | −22.17% |
| 9 | 交通运输 | 21 | 2,801.24 | 1,179.07 | 2.15% | −3.34% |
| 10 | 商贸零售 | 18 | 1,644.00 | 750.90 | 1.23% | −6.32% |
| 11 | 建筑装饰 | 27 | 2,820.97 | 1,300.53 | 2.42% | −10.05% |
| 12 | 计算机 | 63 | 6,082.10 | 3,674.96 | 6.51% | −25.04% |
| 13 | 公用事业 | 33 | 4,664.04 | 1,829.88 | 3.32% | −15.22% |
| 14 | 电子 | 90 | 9,171.43 | 5,380.94 | 9.36% | −36.63% |
| 15 | 建筑材料 | 16 | 1,532.87 | 734.28 | 1.30% | −25.47% |
| 16 | 电力设备 | 72 | 9,748.06 | 5,276.31 | 9.42% | −24.31% |
| 17 | 基础化工 | 75 | 9,440.04 | 4,505.27 | 8.04% | −18.38% |
| 18 | 食品饮料 | 29 | 3,688.34 | 1,709.24 | 3.11% | −15.73% |
| 19 | 有色金属 | 43 | 5,925.82 | 3,159.26 | 5.65% | −19.28% |

续表

| 市值排名 | 行业名称 | 成分个数 | 总市值（亿元） | 自由流通市值（亿元） | 权重 | 近一年涨跌幅 |
| --- | --- | --- | --- | --- | --- | --- |
| 20 | 机械设备 | 71 | 8,186.24 | 3,719.12 | 6.49% | −20.44% |
| 21 | 国防军工 | 39 | 4,452.42 | 2,390.12 | 4.30% | −25.11% |
| 22 | 美容护理 | 6 | 445.04 | 187.55 | 0.35% | −6.94% |
| 23 | 轻工制造 | 21 | 1,812.63 | 785.53 | 1.41% | −19.49% |
| 24 | 传媒 | 30 | 2,923.21 | 1,637.67 | 2.98% | −25.13% |
| 25 | 钢铁 | 8 | 973.33 | 350.15 | 0.64% | −22.99% |
| 26 | 煤炭 | 14 | 1,572.03 | 675.56 | 1.13% | 10.62% |
| 27 | 通信 | 24 | 2,221.89 | 1,144.57 | 2.08% | −15.16% |
| 28 | 银行 | 7 | 794.56 | 457.26 | 0.79% | −10.48% |
| 29 | 社会服务 | 9 | 783.26 | 332.70 | 0.58% | −1.02% |
| 30 | 石油石化 | 6 | 1,000.52 | 409.96 | 0.75% | −13.29% |
| 31 | 综合 | 3 | 226.39 | 123.70 | 0.23% | 11.07% |

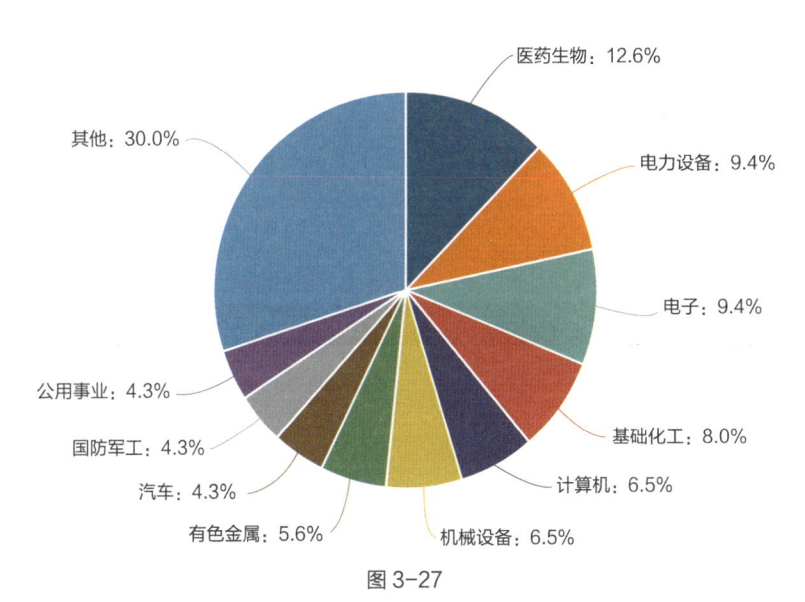

图 3-27

## 5.4 行业分类股票详解

### 5.4.1 银行

**（1）基本信息及主要成分构成**

本书银行业上市公司的分析主要基于申万银行指数的研究，申万银行基本信息如下：

表 3-40

| 指数名称 | 银行（申万） |
| --- | --- |
| 指数代码 | 801780.SI |
| 指数类型 | 股票类 |
| 基日 | 1999 年 12 月 30 日 |
| 基点 | 1,000 |
| 发布日期 | 2003 年 10 月 16 日 |
| 加权方式 | 自由流通市值加权 |
| 收益处理方式 | 价格指数 |
| 成分数量 | 42 |

申万银行市值构成非常集中，前十大银行的权重占比高达 65%，具体如下：

表 3-41

| 排名 | 证券代码 | 证券名称 | 权重 | 自由流通市值 |
| --- | --- | --- | --- | --- |
| 1 | 600036.SH | 招商银行 | 17.24% | 3943.23 |
| 2 | 601166.SH | 兴业银行 | 11.69% | 2546.81 |
| 3 | 002142.SZ | 宁波银行 | 5.84% | 1074.03 |
| 4 | 000001.SZ | 平安银行 | 5.38% | 1018.35 |
| 5 | 601398.SH | 工商银行 | 5.13% | 1474.46 |
| 6 | 601328.SH | 交通银行 | 5.02% | 1204.55 |

续表

| 排名 | 证券代码 | 证券名称 | 权重 | 自由流通市值 |
|---|---|---|---|---|
| 7 | 600000.SH | 浦发银行 | 3.74% | 1080.28 |
| 8 | 601288.SH | 农业银行 | 3.67% | 1555.44 |
| 9 | 601988.SH | 中国银行 | 3.66% | 633.26 |
| 10 | 600919.SH | 江苏银行 | 3.54% | 810.12 |

### （2）行业盈利及股息指标

近年来，整个银行业呈现收入利润稳健上升的现象，其股息分红，也呈稳健上涨势态，2022年达到近10年历史新高，为5.89%。

表3-42

| 主要科目项目 | 2019A | 2020A | 2021A | 2022E | 年度 | 股息率 | 现金分红总额（亿元） |
|---|---|---|---|---|---|---|---|
| 主营业务收入（亿元） | 50,495.31 | 53,315.08 | 58,039.44 | 62,037.46 | 2022 | 5.67% | 3,740.33 |
| 同比 | 19.58% | 5.58% | 8.86% | 6.89% | 2021 | 4.73% | 3,367.23 |
| 归母净利润（亿元） | 16,727.26 | 16,857.88 | 19,172.47 | 20,762.79 | 2020 | 4.57% | 3,342.50 |
| 同比 | 12.93% | 0.78% | 13.73% | 8.29% | 2019 | 3.56% | 2,814.75 |
| 每股收益-稀释 | 0.92 | 0.92 | 1.03 | 1.11 | 2018 | 3.98% | 2,459.42 |
| 同比 | 3.48% | 0.13% | 12.07% | 7.15% | 2017 | 3.38% | 2,328.17 |
| PE | 6.05 | 6.48 | 5.24 | 4.35 | 2016 | 4.09% | 2,355.00 |
| PEG | 1.17 | -1.12 | 0.28 | 0.48 | 2015 | 4.26% | 2,390.54 |
| 净利润（亿元） | 16,988.60 | 17,106.51 | 19,417.44 |  | 2014 | 4.06% | 2,332.54 |

### （3）银行（申万）与宽基指数的相关性分析及涨跌幅对照

根据2017年1月1日至2022年12月31日的数据，银行申万指数和上证50和沪深300相关性较高，分别为0.734和0.618，和中证500和中证1000相关性较低，分别为0.283和0.085。

表 3-43

|  | 上证 50 | 沪深 300 | 中证 500 | 中证 1000 |
| --- | --- | --- | --- | --- |
| 银行（申万） | 0.734 | 0.618 | 0.283 | 0.085 |

2012 年 1 月 1 日至 2022 年 12 月 31 日，申万银行指数跑输沪深 300，此阶段沪深 300 上涨了 65.52%，申万银行上涨了 51.47%。

其中有三个时间段银行股与沪深 300 出现了偏离度较大。

① 2015 年 3 月 9 日至 2015 年 6 月 11 日：此阶段申万银行上涨了 31%，沪深 300 上涨了 49%，差距为 18%，其主要原因在于大牛市来临时，银行股的进攻性弱于大盘所致。

② 2020 年 4 月 5 日至 2020 年 8 月 17 日：此阶段申万银行上涨了 3%，沪深 300 上涨了 25.77%，差距为 22.77%。

③ 2022 年 4 月 12 日至 2022 年 7 月 13 日：此阶段申万银行上涨了 -10.55%，沪深 300 上涨了 3.38%，差距为 13.94%。

图 3-28　2012—2022 年银行行业与沪深 300 走势对比

图 3-29 2012—2022 年银行行业与沪深 300（可比）走势对比

## 5.4.2 食品饮料

### （1）基本信息及主要成分构成

本书食品饮料业的分析主要基于申万食品饮料指数的研究，申万食品饮料基本信息如下：

表 3-44

| 指数名称 | 食品饮料（申万） |
| --- | --- |
| 英文名称 | Food&Beverage（SWS） |
| 指数代码 | 801120.SI |
| 指数类型 | 股票类 |
| 基日 | 1999 年 12 月 30 日 |
| 基点 | 1,000 |
| 发布日期 | 2003 年 10 月 16 日 |
| 发布机构 | 申银万国指数 |

续表

| 指数名称 | 食品饮料（申万） |
|---|---|
| 加权方式 | 自由流通市值加权 |
| 收益处理方式 | 价格指数 |
| 成分数量 | 119 |

食品饮料（申万）的股票构成中市值和权重相对集中，前十大上市公司的权重占比高达77.51%（但如果剔除掉排名第一的茅台，前九大占比仅为41%），具体如下：

表3-45

| 排名 | 证券代码 | 证券名称 | 权重 | 自由流通市值 |
|---|---|---|---|---|
| 1 | 600519.SH | 贵州茅台 | 36.42% | 9824.67 |
| 2 | 000858.SZ | 五粮液 | 11.60% | 2785.63 |
| 3 | 600887.SH | 伊利股份 | 7.72% | 1853.92 |
| 4 | 000568.SZ | 泸州老窖 | 6.28% | 1508.86 |
| 5 | 600809.SH | 山西汾酒 | 4.53% | 1084.17 |
| 6 | 603288.SH | 海天味业 | 3.62% | 891.99 |
| 7 | 002304.SZ | 洋河股份 | 3.33% | 891.01 |
| 8 | 000596.SZ | 古井贡酒 | 1.48% | 354.77 |
| 9 | 603369.SH | 今世缘 | 1.27% | 304.22 |
| 10 | 600600.SH | 青岛啤酒 | 1.26% | 302.4 |

值得注意的是，食品饮料行业是大行业，申万食品饮料指数共包括123只股票，涵盖酒类、调味品、乳类、小食品等多个子行业。但从市值上看，前十大公司有八家酒类公司，行业占比高达66.17%。因此可以说申万食品指数反映的就是白酒。在分析行业时需要进行细分拆解研究。按照申万二级行业分类食品饮料可分为食品加工、白酒、非白酒、乳品饮料、休闲食品、调味发酵品6个子行业，白酒行业市值占比高达70.54%。

表 3-46

| 二级分类 | 成分股个数 | 成分股占比 | 市值（亿元） | 市值占比 | 平均市值 |
|---|---|---|---|---|---|
| SW 食品饮料 | 123 | 100.00% | 54970.34 | 100.00% | — |
| SW 食品加工 | 22 | 17.89% | 2,627.11 | 4.78% | 119.41 |
| SW 白酒Ⅱ | 21 | 17.07% | 38,774.15 | 70.54% | 1,846.39 |
| SW 非白酒 | 17 | 13.82% | 2,799.59 | 5.09% | 164.68 |
| SW 饮料乳品 | 27 | 21.95% | 4,044.29 | 7.36% | 149.79 |
| SW 休闲食品 | 21 | 17.07% | 1,875.47 | 3.41% | 89.31 |
| SW 调味发酵品Ⅱ | 15 | 12.20% | 4,849.73 | 8.82% | 323.32 |

### （2）行业盈利及股息指标

近年来，整个食品饮料业呈现收入利润稳健上升的趋势，即便是在经济下行的年份，其行业收入和利润的增幅也在 10% 以上。但由于过去 10 多年食品行业处于扩张期，其利润的大部分会用于再投资，因此行业整体股息率较低。

表 3-47

| 主要科目项目 | 2019A | 2020A | 2021A | 2022A | 年度 | 股息率 | 现金分红总额（亿元） |
|---|---|---|---|---|---|---|---|
| 主营业务收入（亿元） | 6989.8 | 7774.2 | 8967.17 | 10007.98 | 2022 | 1.84% | 1,123.87 |
| 同比 | 17.40% | 11.22% | 15.35% | 11.61% | 2021 | 1.03% | 732.27 |
| 归母净利润（亿元） | 1,162.45 | 1,380.19 | 1,572.65 | 1,877.42 | 2020 | 0.88% | 658.33 |
| 同比 | 0.1484 | 0.1873 | 0.1395 | 0.1938 | 2019 | 1.44% | 556.00 |
| 每股收益-稀释 | 1.48 | 1.63 | 1.71 | 2.08 | 2018 | 2.17% | 471.28 |
| 同比 | 7.95% | 10.26% | 4.80% | 21.34% | 2017 | 1.22% | 320.14 |
| PE | 35.5 | 53.1 | 38.2 | 32.92 | 2016 | 1.83% | 308.40 |

续表

| 主要科目项目 | 2019A | 2020A | 2021A | 2022A | 年度 | 股息率 | 现金分红总额（亿元） |
|---|---|---|---|---|---|---|---|
| PEG | 1.45 | 7.13 | 2.84 | 1.57 | 2015 | 1.42% | 217.33 |
| 净利润（亿元） | 1208.37 | 1437.41 | 1628.45 | — | 2014 | 1.87% | 203.75 |
| 同比 | 14.77% | 18.95% | 13.29% | | 2013 | 2.55% | 212.99 |

### （3）食品饮料（申万）与宽基指数的相关性分析及涨跌幅对照

根据 2017 年 1 月 1 日至 2023 年 1 月 1 日的数据，银行申万指数和上证 50、沪深 300 的相关性较高，均在 0.8 以上，和中证 1000 相关性极低，不足 0.2。

表 3-48

| | 上证 50 | 沪深 300 | 中证 500 | 中证 1000 |
|---|---|---|---|---|
| 食品饮料（申万） | 0.816 | 0.885 | 0.555 | 0.191 |

2012 年 1 月 1 日至 2022 年 12 月 31 日，食品饮料（申万）指数显著跑赢沪深 300，此阶段沪深 300 上涨了 68.42%，食品饮料（申万）上涨了 362.17%。

2012 年至 2022 年，有三个阶段食品饮料（申万）与沪深 300 出现了较大的偏离度。

① 2015 年 1 月 1 日至 2015 年 6 月 15 日：大牛市期间食品饮料（申万）上涨了 58.32%，沪深 300 上涨了 43.38%，差距为 14.94%，食品饮料指数小幅领先于大盘。

② 2019 年 1 月 5 日至 2021 年 2 月 10 日：疫情发生后，牛市期间食品饮料（申万）上涨了 273.43%，沪深 300 上涨了 95.58%，差距为 177.86%，食品饮料指数大幅领先于大盘，其主要原因是疫情对食品饮料这种刚需行业的影响要远小于其他行业，经济压力下，市场避险情绪明显，大量资金涌入食品饮料行业。

图 3-30　2012—2022 年食品饮料行业与沪深 300 走势对比

图 3-31　2012—2022 年食品饮料行业与沪深 300（可比）走势对比

③ 2021年2月11日至2022年5月10日，此阶段食品饮料（申万）由于估值过高下调-31.71%，沪深300下调-32.05%，体现了很好的抗跌性。

### 5.4.3 电力设备

**（1）基本信息及主要成分构成**

本书电力设备行业的分析主要基于申万电力设备指数的研究，电力设备（申万）基本信息如下：

表 3-49

| 指数名称 | 电力设备（申万） |
| --- | --- |
| 英文名称 | SWS ElectricalequipmentIndex |
| 指数代码 | 801730.SI |
| 指数类型 | 股票类 |
| 基日 | 1999年12月30日 |
| 基点 | 1,000 |
| 发布日期 | 2014年2月21日 |
| 发布机构 | 申银万国指数 |
| 加权方式 | 自由流通市值加权 |
| 收益处理方式 | 价格指数 |
| 成分数量 | 261 |

电力设备行业市值和权重相对适中的。前十大上市公司的权重占比高达44.76%（但如果剔除掉排名第一的宁德时代，前九大占比仅为30.25%），具体如下：

表 3-50

| 排名 | 证券代码 | 证券名称 | 权重 | 自由流通市值 |
| --- | --- | --- | --- | --- |
| 1 | 300750.SZ | 宁德时代 | 14.51% | 4,565.32 |
| 2 | 601012.SH | 隆基绿能 | 7.52% | 2,739.68 |

续表

| 排名 | 证券代码 | 证券名称 | 权重 | 自由流通市值 |
|---|---|---|---|---|
| 3 | 600438.SH | 通威股份 | 4.03% | 1,176.89 |
| 4 | 300014.SZ | 亿纬锂能 | 3.25% | 986.69 |
| 5 | 002129.SZ | TCL中环 | 3.16% | 982.53 |
| 6 | 300274.SZ | 阳光电源 | 3.07% | 1,080.71 |
| 7 | 002812.SZ | 恩捷股份 | 2.73% | 809.24 |
| 8 | 600406.SH | 国电南瑞 | 2.36% | 690.05 |
| 9 | 600089.SH | 特变电工 | 2.28% | 677.29 |
| 10 | 002459.SZ | 晶澳科技 | 1.85% | 545.15 |

申万电力设备指数共包括261只股票，按照申万二级行业分类电力设备可分为电机Ⅱ、其他电源设备Ⅱ、光伏设备、风电设备、电池、电网设备这六大类。伴随着2022年光伏和电池行业股价上涨，光伏和电池行业权重占比高达72.95%，几乎代表了电力设备行业。

表3-51

| 二级分类 | 成分股个数 | 成分股占比 | 市值（亿元） | 市值占比 | 平均市值 |
|---|---|---|---|---|---|
| SW电力设备 | 320 | 100.00% | 73,764.86 | 100.00% | — |
| SW电机Ⅱ | 19 | 5.94% | 1,129.55 | 1.53% | 59.45 |
| SW其他电源设备Ⅱ | 25 | 7.81% | 3,608.75 | 4.89% | 144.35 |
| SW光伏设备 | 50 | 15.63% | 25,534.83 | 34.62% | 510.70 |
| SW风电设备 | 25 | 7.81% | 4,267.57 | 5.79% | 170.70 |
| SW电池 | 78 | 24.38% | 28,275.11 | 38.33% | 362.50 |
| SW电网设备 | 123 | 38.44% | 10,949.05 | 14.84% | 89.02 |

### （2）行业盈利及股息指标

近年来，整个电力设备行业呈现收入利润稳健快速上升趋势，2022年营业收入较2019年上涨了173.80%，归母净利润上涨了458.13%。

表 3-52

| 主要科目项目 | 2019A | 2020A | 2021A | 2022E | 年度 | 股息率 | 现金分红总额(亿元) |
|---|---|---|---|---|---|---|---|
| 主营业务收入(亿元) | 9,887.29 | 12,100.01 | 18,353.65 | 27,071.03 | 2022 | 0.57% | 319.60 |
| 同比 | 13.31% | 22.38% | 51.68% | 47.50% | 2021 | 0.34% | 246.27 |
| 归母净利润(亿元) | 396.06 | 728.72 | 1,144.63 | 2,210.53 | 2020 | 0.43% | 165.23 |
| 同比 | 0.40 | 0.84 | 0.57 | 0.93 | 2019 | 0.87% | 150.25 |
| 每股收益-稀释 | 0.21 | 0.37 | 0.49 | 0.90 | 2018 | 1.14% | 159.74 |
| 同比 | 38.85% | 74.43% | 33.25% | 85.09% | 2017 | 0.66% | 121.52 |
| PE | 49.25 | 53.98 | 44.01 | 26.56 | 2016 | 0.57% | 101.76 |
| PEG | -1.47 | 0.67 | 1.83 | 0.45 | 2015 | 0.53% | 103.83 |
| 净利润(亿元) | 436.69 | 784.72 | 1,241.21 | — | 2014 | 0.70% | 76.60 |
| 同比 | 32.53% | 79.70% | 58.17% | | | | |

### (3) 电力设备(申万)与宽基指数的相关性分析及涨跌幅对照

根据 2017 年 1 月 1 日至 2022 年 12 月 31 日数据,电力设备(申万)指数和上证 50、沪深 300、中证 1000 的相关性不高,均低于 0.7。

表 3-53

| | 上证 50 | 沪深 300 | 中证 500 | 中证 1000 |
|---|---|---|---|---|
| 电力设备(申万) | 0.446 | 0.653 | 0.752 | 0.542 |

2012 年 1 月 1 日至 2022 年 12 月 31 日,申万电力设备指数显著跑赢沪深 300,此阶段沪深 300 上涨了 68.42%,申万电力设备上涨了 206.52%。其中,有三个阶段申万电力设备指数与沪深 300 出现了偏离度较大。

2015 年 1 月 1 日至 2015 年 6 月 15 日:大牛市期间,申万电力设备上涨了 130.38%,沪深 300 上涨了 43.38%,差距为 87.00%,电力设备指数大幅领先于大盘,主要原因是一方面电力设备的弹性优于大盘,另一方面 2015 年新能源车逐步被消费者接受,涨势喜人。

2019 年 1 月 1 日至 2021 年 12 月 15 日:疫情发生后牛市期间申万电力设备上涨了 282.02%,沪深 300 上涨了 68.57%,差距为 213.44%,电力设备指数大幅领先于大盘,其主要原因不仅仅是新能源车越来越得到消费者的认可,而且中国是一个"多煤缺油"的国家,无论是发展新能源车还是清洁能源,都逐步被列为国家战略,因此,大幅带动电力行业的发展。

2021 年 12 月 16 日至 2022 年 4 月 27 日,此阶段申万电力设备由于估值过高下调 –37.86%,沪深 300 下调 –32.05%,跌幅略大于指数 –15.23%。

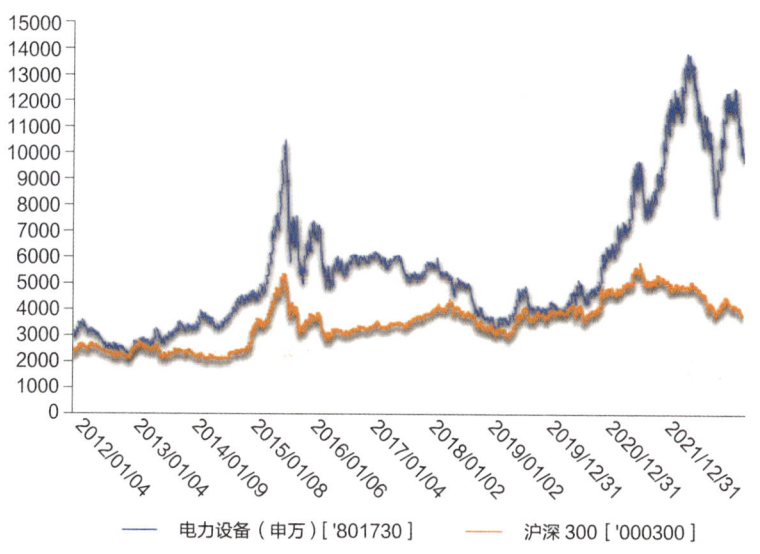

图 3-32 2012—2022 年申万电力设备行业与沪深 300 走势对比

图 3-33　2012—2022 年申万电力设备行业与沪深 300（可比）走势对比

### 5.4.4　生物医药

**（1）基本信息及主要成分构成**

本书生物医药行业的分析主要基于申万生物医药指数的研究，申万生物医药基本信息如下：

表 3-54

| 指数名称 | 医药生物（申万） |
| --- | --- |
| 英文名称 | PharmaceuticalBiology（SWS） |
| 指数代码 | 801150.SI |
| 指数类型 | 股票类 |
| 基日 | 1999 年 12 月 30 日 |
| 基点 | 1,000 |
| 发布日期 | 2003 年 10 月 16 日 |
| 发布机构 | 申银万国指数 |
| 加权方式 | 自由流通市值加权 |
| 收益处理方式 | 价格指数 |
| 成分数量 | 353 |

医药生物（申万）市值构成权重相对分散的。前十大上市公司的权重占比为30.44%，具体如下：

表 3-55

| 排名 | 证券代码 | 证券名称 | 权重 | 自由流通市值 |
|---|---|---|---|---|
| 1 | 300760.SZ | 迈瑞医疗 | 5.45% | 1,303.12 |
| 2 | 603259.SH | 药明康德 | 5.18% | 1,273.33 |
| 3 | 600276.SH | 恒瑞医药 | 4.44% | 1,325.83 |
| 4 | 300015.SZ | 爱尔眼科 | 3.31% | 782.89 |
| 5 | 600436.SH | 片仔癀 | 2.59% | 693.47 |
| 6 | 300142.SZ | 沃森生物 | 2.24% | 539.36 |
| 7 | 300122.SZ | 智飞生物 | 2.24% | 570.21 |
| 8 | 000661.SZ | 长春高新 | 1.93% | 462.46 |
| 9 | 300347.SZ | 泰格医药 | 1.66% | 397.61 |
| 10 | 000538.SZ | 云南白药 | 1.40% | 336.94 |

申万生物医药指数共包括468只股票，按照申万二级行业分类医药生物可分为化学制药、中药Ⅱ、生物制品、医药商业、医疗器械、医疗服务。

表 3-56

| 二级分类 | 成分股个数 | 成分股占比 | 市值（亿元） | 市值占比 | 平均市值 |
|---|---|---|---|---|---|
| SW 医药生物 | 468 | 100.00% | 70,562.32 | 719.55% | — |
| SW 化学制药 | 151 | 32.26% | 16,871.29 | 23.91% | 111.73 |
| SW 中药Ⅱ | 74 | 15.81% | 9,806.47 | 13.90% | 132.52 |
| SW 生物制品 | 51 | 10.90% | 11,920.02 | 16.89% | 233.73 |
| SW 医药商业 | 34 | 7.26% | 3,645.77 | 5.17% | 107.23 |
| SW 医疗器械 | 114 | 24.36% | 17,935.40 | 25.42% | 157.33 |
| SW 医疗服务 | 44 | 9.40% | 10,383.37 | 14.72% | 235.99 |

### （2）行业盈利及股息指标

近年来，整个生物医药行业呈现收入利润稳健快速上升趋势。2022年营业收入较2019年上涨了36.53%，归母净利润上涨了138.51%。

表 3-57

| 主要科目项目 | 2019A | 2020A | 2021A | 2022E | 年度 | 股息率 | 现金分红总额（亿元）|
|---|---|---|---|---|---|---|---|
| 主营业务收入（亿元）| 17,218.80 | 18,708.41 | 21,373.16 | 23,508.07 | 2022 | 1.15% | 586.44 |
| 同比 | 18.48% | 8.65% | 14.24% | 9.99% | 2021 | 0.74% | 509.66 |
| 归母净利润（亿元）| 931.65 | 1,244.79 | 1,962.97 | 2,222.08 | 2020 | 0.59% | 419.59 |
| 同比 | -2.99% | 33.61% | 57.69% | 13.20% | 2019 | 0.84% | 359.61 |
| 每股收益-稀释 | 0.40 | 0.49 | 0.70 | 0.76 | 2018 | 1.10% | 329.98 |
| 同比 | -12.29% | 23.32% | 42.71% | 7.77% | 2017 | 0.67% | 250.48 |
| PE | 53.45 | 63.18 | 28.99 | 28.15 | 2016 | 0.56% | 181.86 |
| PEG | -2.91 | 8.04 | 1.87 | 1.72 | 2015 | 0.53% | 172.72 |
| 净利润（亿元）| 1,039.98 | 1,365.41 | 2,079.09 | — | 2014 | 0.67% | 124.92 |
| 同比 | -0.60% | 31.29% | 52.27% | — | 2013 | 0.71% | 105.33 |

### （3）医药生物（申万）与宽基指数的相关性分析及涨跌幅对照

根据2017年1月1日至2022年12月31日的数据，医药生物（申万）指数和上证50、沪深300相关性很高，均在0.8以上，和中证1000相关性较低小于0.5。

表 3-58

|  | 上证50 | 沪深300 | 中证500 | 中证1000 |
|---|---|---|---|---|
| 医药生物（申万）| 0.833 | 0.919 | 0.712 | 0.413 |

2012年1月1日至2022年12月31日，申万生物医药指数显著

跑赢沪深300，此阶段沪深300上涨了68.42%，申万生物医药上涨了179.54%。

2015年1月1日至2015年6月15日：大牛市期间申万生物医药上涨了107.02%，沪深300上涨了43.38%，差距为63.64%，生物医药指数大幅领先于大盘，主要原因在于生物医药的弹性优于大盘。

2019年1月1日至2021年7月21日：疫情发生后，牛市期间申万生物医药上涨了131.73%，沪深300上涨了73.23%，差距为58.50%，生物医药指数大幅领先于大盘，主要原因是疫情带动了医药行业的发展。

2021年12月16日至2022年4月27日，此阶段申万生物医药由于估值过高下调-22.65%，沪深300下调-20.84%，跌幅略大于指数-1.80%，此阶段体现了很好的抗跌性。

图3-34 2012—2022年医药生物行业与沪深300走势对比

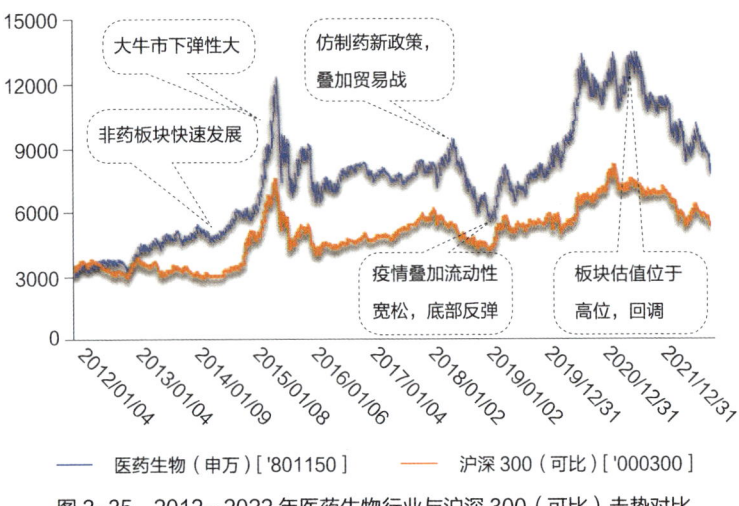

图 3-35　2012—2022 年医药生物行业与沪深 300（可比）走势对比

## 5.4.5　非银金融

### （1）基本信息及主要成分构成

本书非银金融行业的分析主要基于非银金融（申万）指数的研究，非银金融（申万）基本信息如下：

表 3-59

| 数名称 | 非银金融（申万） |
| --- | --- |
| 英文名称 | Non-Bank Financial（SWS） |
| 指数代码 | 801790.SI |
| 指数类型 | 股票类 |
| 基日 | 2014 年 2 月 20 日 |
| 基点 | 1000 |
| 发布日期 | 2014 年 2 月 2 日 |
| 发布机构 | 申银万国指数 |
| 加权方式 | 自由流通市值加权 |
| 收益处理方式 | 价格指数 |
| 成分数量 | 87 |

非银金融行业市值和权重相对分散的。前十大上市公司的权重占比高达60.06%，具体如下：

表3-60

| 排名 | 证券代码 | 证券名称 | 权重 | 自由流通市值 |
|---|---|---|---|---|
| 1 | 601318.SH | 中国平安 | 22.44% | 4,137.48 |
| 2 | 300059.SZ | 东方财富 | 9.79% | 1,789.67 |
| 3 | 600030.SH | 中信证券 | 8.98% | 1,613.03 |
| 4 | 002736.SZ | 国信证券 | 3.26% | 230.03 |
| 5 | 600837.SH | 海通证券 | 3.06% | 747.6 |
| 6 | 601688.SH | 华泰证券 | 2.89% | 639.28 |
| 7 | 601211.SH | 国泰君安 | 2.87% | 586.55 |
| 8 | 601628.SH | 中国人寿 | 2.65% | 482.1 |
| 9 | 000776.SZ | 广发证券 | 2.14% | 409.24 |
| 10 | 601377.SH | 兴业证券 | 1.98% | 337.71 |

申万非银金融指数共包括87只股票，按照申万二级行业分类非银金融可分为证券、保险、多元金融三类。证券及保险行业市值占比90.82%，值得注意的是，保险行业只有6家上市公司，但市值占比高达37.63%，多元金融多达33家上市公司，但市值占比仅为9.19%。

表3-61

| 二级分类 | 成分股个数 | 成分股占比 | 市值（亿元） | 市值占比 | 平均市值 |
|---|---|---|---|---|---|
| SW 非银金融 | 87 | 100.00% | 48,073.10 | 100.00% | — |
| SW 证券Ⅱ | 48 | 55.17% | 25,569.51 | 53.19% | 532.70 |
| SW 保险Ⅱ | 6 | 6.90% | 18,087.62 | 37.63% | 3,014.60 |
| SW 多元金融 | 33 | 37.93% | 4,415.97 | 9.19% | 133.82 |

### （2）行业盈利及股息指标

近年来，整个非银金融行业呈现收入利润稳健上升的趋势。2022年营业收入较2019年上涨了18.28%，归母净利润上涨了8.15%。

表 3-62

| 主要科目项目 | 2019A | 2020A | 2021A | 2022E | 年度 | 股息率 | 现金分红总额（亿元） |
|---|---|---|---|---|---|---|---|
| 主营业务收入（亿元） | 35,989.90 | 39,484.17 | 41,463.51 | 42,570.21 | 2022 | 2.76% | 1,062.86 |
| 同比 | 17.81% | 9.71% | 5.01% | 2.67% | 2021 | 1.99% | 1,072.35 |
| 归母净利润（亿元） | 3,948.45 | 4,085.63 | 4,434.08 | 4,270.43 | 2020 | 1.44% | 931.63 |
| 同比 | 66.27% | 3.47% | 8.53% | -3.69% | 2019 | 1.14% | 597.68 |
| 每股收益-稀释 | 1.00 | 0.90 | 0.96 | 0.88 | 2018 | 2.05% | 704.94 |
| 同比 | 58.60% | -9.79% | 6.73% | -8.38% | 2017 | 1.29% | 522.51 |
| PE | 15.07 | 16.49 | 11.90 | 12.31 | 2016 | 2.02% | 669.53 |
| PEG | 39.00% | -560.00% | 143.00% | 156.00% | 2015 | 1.05% | 387.42 |
| 净利润（亿元） | 4,378.35 | 4,219.85 | 4,927.47 | — | | | |
| 同比 | 60.84% | -3.62% | 16.77% | | | | |

**（3）非银金融（申万）与宽基指数的相关性分析及涨跌幅对照**

根据2017年1月1日至2022年12月31日数据，非银金融（申万）指数和上中证500和中证1000的相关性很低，均在0.2以下。从相关性也可以看出，虽然非银行业号称"牛市旗手"，但是如果把周期拉长到5年，非银金融（申万）和各指数的相关性就偏低。

表 3-63

| | 上证50 | 沪深300 | 中证500 | 中证1000 |
|---|---|---|---|---|
| 非银金融（申万） | 0.658 | 0.500 | 0.182 | 0.068 |

2012年1月1日至2022年12月31日，申万非银金融指数显著跑赢沪深300，此阶段沪深300上涨了68.42%，非银金融（申万）上涨了70.80%。

非银金融（申万）指数与沪深300体现极强的相关性，只在2个期间出现较大的背离。

2014年6月30日至2015年6月15日：大牛市期间非银金融（申万）上涨了188.86%，沪深300上涨了141.15%，差距为43.38%，非银金融（申万）大幅领先于大盘，主要原因在于非银行业的主力之一券商可谓牛市旗，牛市来临后，券商是最大的受益者，涨势自然会优于大盘。

值得注意的是，牛市阶段非银金融（申万）的超额涨幅主要在2014年6月30日至2014年12月31日期间，2015年1月1日至2015年6月15日，非银金融（申万）的涨幅反而落后于沪深300指数25.68%（涨幅分别为17.70%和43.38%），这也再一次验证了非银行业"先于牛市启动"的特点。

2020年4月1日至2022年4月30日：此阶段申万非银亏损 –18.40%，沪深300上涨了9.28%，差距为27.68%。2019年至2021年可谓是券商的盈利大年（但是年报分别在2020年和2022年4月披露），券商股票价格可谓惨不忍睹，这也再一次印证了，股价涨幅跟公司利润涨幅并不是完全正相关的。

图3-36　2012—2022年申万非银金融行业与沪深300走势对比

图 3-37　2012—2022 年申万非银金融行业与沪深 300（可比）走势对比

## 5.4.6　电子

**（1）基本信息及主要成分构成**

本书电子行业的分析主要基于电子（申万）指数的研究，电子（申万）基本信息如下：

表 3-64

| 指数名称 | 电子（申万） |
| --- | --- |
| 英文名称 | Electronics（SWS） |
| 指数代码 | 801080.SI |
| 指数类型 | 股票类 |
| 基日 | 1999 年 12 月 30 日 |
| 基点 | 1000 |
| 发布日期 | 2003 年 10 月 16 日 |
| 发布机构 | 申银万国指数 |
| 加权方式 | 自由流通市值加权 |
| 收益处理方式 | 价格指数 |
| 成分数量 | 300 |

电子（申万）市值和权重较为分散，前十家上市公司的权重占比高达32.51%，具体如下：

表 3-65

| 排名 | 证券代码 | 证券名称 | 权重 | 自由流通市值 |
| --- | --- | --- | --- | --- |
| 1 | 002475.SZ | 立讯精密 | 6.06% | 1,246.67 |
| 2 | 000725.SZ | 京东方A | 5.14% | 1,063.34 |
| 3 | 002049.SZ | 紫光国微 | 4.07% | 912.19 |
| 4 | 002241.SZ | 歌尔股份 | 2.90% | 598.41 |
| 5 | 002371.SZ | 北方华创 | 2.83% | 568.69 |
| 6 | 603501.SH | 韦尔股份 | 2.65% | 545.03 |
| 7 | 002180.SZ | 纳思达 | 2.50% | 343.82 |
| 8 | 603986.SH | 兆易创新 | 2.23% | 494.33 |
| 9 | 000100.SZ | TCL科技 | 2.13% | 487.44 |
| 10 | 600703.SH | 三安光电 | 2.00% | 410.06 |

值得注意的是电子行业是大行业，申万电子指数共包括415只股票，按照申万二级行业分类电子可分为半导体、元件、光学光电子、其他电子、消费电子、电子化学品六大类，其中半导体行业占比最大，高达47.89%。

表 3-66

| 二级分类 | 成分股个数 | 成分股占比 | 市值（亿元） | 市值占比 | 平均市值 |
| --- | --- | --- | --- | --- | --- |
| SW电子 | 415 | 100.00% | 56,773.06 | 100.00% | — |
| SW半导体 | 116 | 27.95% | 27,185.96 | 47.89% | 234.36 |
| SW元件 | 53 | 12.77% | 5,647.80 | 9.95% | 106.56 |
| SW光学光电子 | 92 | 22.17% | 8,107.47 | 14.28% | 88.12 |
| SW其他电子Ⅱ | 36 | 8.67% | 2,035.10 | 3.58% | 56.53 |
| SW消费电子 | 89 | 21.45% | 11,377.70 | 20.04% | 127.84 |
| SW电子化学品Ⅱ | 29 | 6.99% | 2,419.02 | 4.26% | 83.41 |

### （2）行业盈利及股息指标

近年来，整个电子行业呈现收入利润温和上涨趋势。2022年营业收入较2019年上涨了29.65%，归母净利润上涨了104.35%。

表 3-67

| 主要科目项目 | 2019A | 2020A | 2021A | 2022E | 年度 | 股息率 | 现金分红总额（亿元） |
|---|---|---|---|---|---|---|---|
| 主营业务收入（亿元） | 22,040.78 | 24,981.27 | 26,640.87 | 28,575.88 | 2022 | 1.18% | 450.79 |
| 同比 | 12.95% | 13.34% | 6.64% | 7.26% | 2021 | 0.54% | 315.86 |
| 归母净利润（亿元） | 822.86 | 1,054.80 | 1,498.04 | 1,681.52 | 2020 | 0.56% | 326.14 |
| 同比 | 22.88% | 28.19% | 42.02% | 12.25% | 2019 | 0.67% | 281.99 |
| 每股收益-稀释 | 0.31 | 0.37 | 0.54 | 0.58 | 2018 | 1.00% | 226.21 |
| 同比 | 0.11 | 0.21 | 0.46 | 0.08 | 2017 | 0.53% | 166.78 |
| PE | 53.63 | 53.56 | 25.19 | 22.75 | 2016 | 0.36% | 75.25 |
| PEG | −2.06 | 1.27 | 0.71 | 1.03 | 2015 | 0.27% | 57.13 |
| 净利润（亿元） | 782.50 | 1,054.56 | 1,633.76 | — | 2014 | 0.40% | 41.55 |
| 同比 | 17.41% | 34.77% | 54.92% | — | 2013 | 0.61% | 43.53 |

### （3）电子（申万）与宽基指数的相关性分析及涨跌幅对照

根据2017年1月1日至2022年12月31日的数据，电子（申万）指数和上证50、沪深300、中证500的相关性均很高，均在0.8以上。

表 3-68

| | 上证50 | 沪深300 | 中证500 | 中证1000 |
|---|---|---|---|---|
| 电子（申万） | 0.778 | 0.905 | 0.832 | 0.566 |

2012年1月1日至2022年12月31日，电子（申万）指数显著跑赢沪深300，此阶段沪深300上涨了68.42%，电子（申万）上涨了

196.86%。

尽管电子（申万）与沪深 300 呈现较强的相关性，但是在 3 个时间出现了较大偏离。

2018 年 4 月 1 日至 2019 年 4 月 15 日：此期间电子（申万）下跌 –17.23%，沪深 300 上涨 2.28%，大幅跑输 –19.51%，主要原因是当时中美贸易摩擦，华为等科技公司遭到美国方面的打压。

2019 年 4 月 16 日至 2021 年 12 月 31 日：此期间电子（申万）上涨了 90.88%，沪深 300 上涨 20.92%，大幅跑赢 69.96%，主要原因是疫情后线上娱乐及办公活动增加，带动电子产品需求。

2022 年 1 月 15 日至 2022 年 4 月 30 日：此阶段电子（申万）亏损 –32.94%，沪深 300 亏损了 15.75%，差距为 –17.18%。主要原因在于疫情引发的经济下行，内需疲软，导致行业下行。

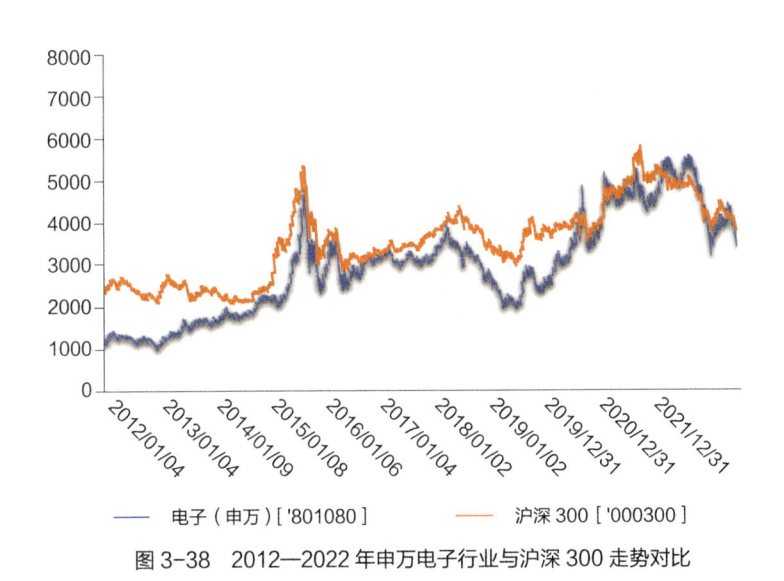

图 3-38　2012—2022 年申万电子行业与沪深 300 走势对比

图 3-39　2012—2022 年申万电子行业与沪深 300（可比）走势对比

## 5.4.7　基础化工

### （1）基本信息及主要成分构成

本书基础化工行业的分析主要基于基础化工（申万）指数的研究，基础化工（申万）基本信息如下：

表 3-69

| 指数名称 | 基础化工（申万） |
|---|---|
| 英文名称 | SWSBasicchemicalsIndex |
| 指数代码 | 801030.SI |
| 指数类型 | 股票类 |
| 基日 | 1999 年 12 月 30 日 |
| 基点 | 1000 |
| 发布日期 | 2003 年 10 月 16 日 |
| 发布机构 | 申银万国指数 |
| 加权方式 | 自由流通市值加权 |
| 收益处理方式 | 价格指数 |
| 成分数量 | 341 |

基础化工行业市值和权重相对分散的。前十大上市公司的权重占比为 26.5%（剔除掉排名第一的万华化学后，剩余 9 家上市公司权重占比仅为 16.8%），具体如下：

表3-70

| 排名 | 证券代码 | 证券名称 | 权重 | 自由流通市值 |
|---|---|---|---|---|
| 1 | 600309.SH | 万华化学 | 9.65% | 1,525.51 |
| 2 | 000792.SZ | 盐湖股份 | 3.75% | 807.60 |
| 3 | 600426.SH | 华鲁恒升 | 2.63% | 414.96 |
| 4 | 600989.SH | 宝丰能源 | 1.67% | 264.13 |
| 5 | 002407.SZ | 多氟多 | 1.51% | 239.47 |
| 6 | 600096.SH | 云天化 | 1.51% | 255.21 |
| 7 | 002648.SZ | 卫星化学 | 1.49% | 239.19 |
| 8 | 600352.SH | 浙江龙盛 | 1.46% | 232.86 |
| 9 | 002601.SZ | 龙佰集团 | 1.42% | 203.94 |
| 10 | 600141.SH | 兴发集团 | 1.41% | 235.95 |

基础化工行业是大行业，基础化工（申万）指数共包括 385 只股票，涵盖化工行业上下游。按照申万二级行业分类基础化工可分为 7 个大小行业，其中化学制品、农化制品化学原料三大子版块占比最高。

表3-71

| 二级分类 | 成分股个数 | 占比 | 市值 | 占比 |
|---|---|---|---|---|
| SW 化学原料 | 60 | 15.58% | 6,874.71 | 18.27% |
| SW 化学制品 | 151 | 39.22% | 14,980.79 | 39.81% |
| SW 化学纤维 | 22 | 5.71% | 1,993.47 | 5.30% |
| SW 塑料 | 66 | 17.14% | 3,444.68 | 9.15% |
| SW 橡胶 | 17 | 4.42% | 1,035.51 | 2.75% |
| SW 农化制品 | 58 | 15.06% | 7,987.64 | 21.22% |
| SW 非金属材料Ⅱ | 11 | 2.86% | 1,317.58 | 3.50% |

### （2）行业盈利及股息指标

近年来，整个基础化工行业收入大幅下降，2022年营业收入较2019年下降了56.01%。

表3-72

| 主要科目项目 | 2019A | 2020A | 2021A | 2022A | 年度 | 股息率 | 现金分红总额（亿元） |
|---|---|---|---|---|---|---|---|
| 主营业务收入（亿元） | 50,153.63 | 42,310.18 | 18,118.19 | 22,059.46 | 2022 | 1.74% | 593.78 |
| 同比 | 2.59% | −15.64% | −57.18% | 21.75% | 2021 | 0.83% | 356.61 |
| 归母净利润（亿元） | 1,157.50 | 1,544.65 | 2,037.27 | 2,618.68 | 2020 | 1.51% | 655.90 |
| 同比 | −34.85% | 33.45% | 31.89% | 28.54% | 2019 | 2.38% | 741.00 |
| 每股收益-稀释 | 0.28 | 0.36 | 0.81 | 0.97 | 2018 | 3.57% | 865.71 |
| 同比 | −38.64% | 26.78% | 124.31% | 20.14% | 2017 | 1.44% | 471.45 |
| PE | 26.80 | 32.34 | 15.70 | 12.98 | 2016 | 0.84% | 272.52 |
| PEG | −84.00% | −348.00% | 14.00% | 50.00% | 2015 | 0.91% | 296.93 |
| 净利润（亿元） | 1,352.56 | 1,722.68 | 2,159.52 | —— | 2014 | 1.58% | 321.45 |
| 同比 | −33.55% | 27.36% | 25.36% |  | 2013 | 2.21% | 322.96 |

### （3）基础化工（申万）与宽基指数的相关性分析及涨跌幅对照

根据2017年1月1日至2022年12月31日数据，基础化工（申万）指数和中证500相关性较高，为0.829。

表3-73

|  | 上证50 | 沪深300 | 中证500 | 中证1000 |
|---|---|---|---|---|
| 基础化工（申万） | 0.448 | 0.666 | 0.829 | 0.632 |

2012年1月1日至2022年12月31日，基础化工（申万）指数跑赢沪深300，此阶段沪深300上涨了68.42%，申万银行上涨了

图 3-40 2012—2022 年基础化工行业与沪深 300 走势对比

图 3-41 2012—2022 年基础化工行业与沪深 300 走势（可比）对比

144.77%。尽管申万基础化工和沪深300表现出极强的相关性,但在以下阶段出现了较大的偏离度。

2021年1月1日至2021年8月30日,此阶段基础化工(申万)上涨了39.82%,而沪深300下跌了-8.63%,两者差距为48.45%,主要原因是新能源车的快速发展改变了基础化工行业发展的根本逻辑,使得基础化工从一个基础行业变成香饽饽行业。

### 5.4.8 汽车

#### (1)基本信息及主要成分构成

本书汽车行业的分析主要基于申万汽车指数的研究,汽车(申万)基本信息如下:

表3-74

| 指数名称 | 汽车(申万) |
| --- | --- |
| 英文名称 | Auto(SWS) |
| 指数代码 | 801880.SI |
| 指数类型 | 股票类 |
| 基日 | 1999年12月30日 |
| 基点 | 1000 |
| 发布日期 | 2014年2月21日 |
| 发布机构 | 申银万国指数 |
| 加权方式 | 自由流通市值加权 |
| 收益处理方式 | 价格指数 |
| 成分数量 | 238 |

汽车(申万)的市值构成相对集中。前十大上市公司的权重占比为43.57%(剔除掉排名第一的比亚迪后,剩余9家上市公司权重占比为26.15%),具体如下:

表 3-75

| 排名 | 证券代码 | 证券名称 | 权重 | 自由流通市值 |
|---|---|---|---|---|
| 1 | 002594.SZ | 比亚迪 | 17.42% | 2,157.88 |
| 2 | 000625.SZ | 长安汽车 | 4.56% | 571.02 |
| 3 | 600660.SH | 福耀玻璃 | 4.12% | 509.21 |
| 4 | 600104.SH | 上汽集团 | 3.88% | 530.3 |
| 5 | 000338.SZ | 潍柴动力 | 3.81% | 472.44 |
| 6 | 601689.SH | 拓普集团 | 2.35% | 292.77 |
| 7 | 601633.SH | 长城汽车 | 2.21% | 273.83 |
| 8 | 601127.SH | 赛力斯 | 1.94% | 274.5 |
| 9 | 600741.SH | 华域汽车 | 1.78% | 219.71 |
| 10 | 601058.SH | 赛轮轮胎 | 1.50% | 209.63 |

汽车行业是大行业，申万汽车指数共包括 267 只股票，按照申万二级行业分类汽车可分为汽车零部件、汽车服务、摩托车及其他、乘用车、商用车。其中最主要的子行业为乘用车和汽车零部件，占比分别为 41.24% 和 45.06%。

表 3-76

| 二级分类 | 成分股个数 | 成分股占比 | 市值（亿元） | 市值占比 | 平均市值 |
|---|---|---|---|---|---|
| SW 汽车 | 267 | 100.00% | 32,762.14 | 100.00% | — |
| SW 汽车零部件 | 208 | 77.90% | 14,762.27 | 45.06% | 70.97 |
| SW 汽车服务 | 17 | 6.37% | 1,048.38 | 3.20% | 61.67 |
| SW 摩托车及其他 | 16 | 5.99% | 1,593.94 | 4.87% | 99.62 |
| SW 乘用车 | 9 | 3.37% | 13,509.51 | 41.24% | 1,501.06 |
| SW 商用车 | 17 | 6.37% | 1,848.05 | 5.64% | 108.71 |

### （2）行业盈利及股息指标

近年来，整个汽车行业呈现收入利润呈温和上升的趋势，2019—2022 年，收入同比增长 12.90%，净利润同比增长高达 32.82%。

表 3-77

| 主要科目项目 | 2019A | 2020A | 2021A | 2022E | 年度 | 股息率 | 现金分红总额（亿元） |
|---|---|---|---|---|---|---|---|
| 主营业务收入（亿元） | 26,110.29 | 26,948.64 | 30,942.26 | 34,933.41 | 2022 | 1.45% | 362.01 |
| 同比 | -0.32% | 3.21% | 14.82% | 12.90% | 2021 | 1.24% | 436.94 |
| 归母净利润（亿元） | 664.42 | 694.27 | 908.30 | 1,206.39 | 2020 | 1.20% | 325.48 |
| 同比 | -25.70% | 4.49% | 30.83% | 32.82% | 2019 | 2.27% | 386.66 |
| 每股收益-稀释 | 0.36 | 0.35 | 0.40 | 0.49 | 2018 | 3.44% | 511.08 |
| 同比 | -29.85% | -3.10% | 15.43% | 23.19% | 2017 | 1.98% | 431.05 |
| PE | 26.08 | 42.41 | 32.86 | 27.97 | 2016 | 1.79% | 351.18 |
| PEG | -62.00% | -574.00% | 119.00% | 74.00% | 2015 | 1.44% | 282.53 |
| 净利润（亿元） | 846.87 | 851.65 | 1,066.78 | — | 2014 | 1.98% | 238.49 |
| 同比 | -23.52% | 0.57% | 25.26% | | | | |

**（3）汽车（申万）与宽基的相关性分析及涨跌幅对照**

根据 2017 年 1 月 1 日至 2022 年 12 月 31 日的数据，汽车（申万）指数和中证 500 相关性较高，为 0.900。

表 3-78

| | 上证 50 | 沪深 300 | 中证 500 | 中证 1000 |
|---|---|---|---|---|
| 汽车（申万） | 0.403 | 0.630 | 0.900 | 0.795 |

2012 年 1 月 1 日至 2022 年 12 月 31 日，汽车（申万）指数跑赢沪深 300，此阶段沪深 300 上涨了 68.42%，汽车（申万）上涨了 127.29%。

### 5.4.9 交通运输

**（1）基本信息及主要成分构成**

本书交通运输行业的分析主要基于申万交通运输指数的研究，交通

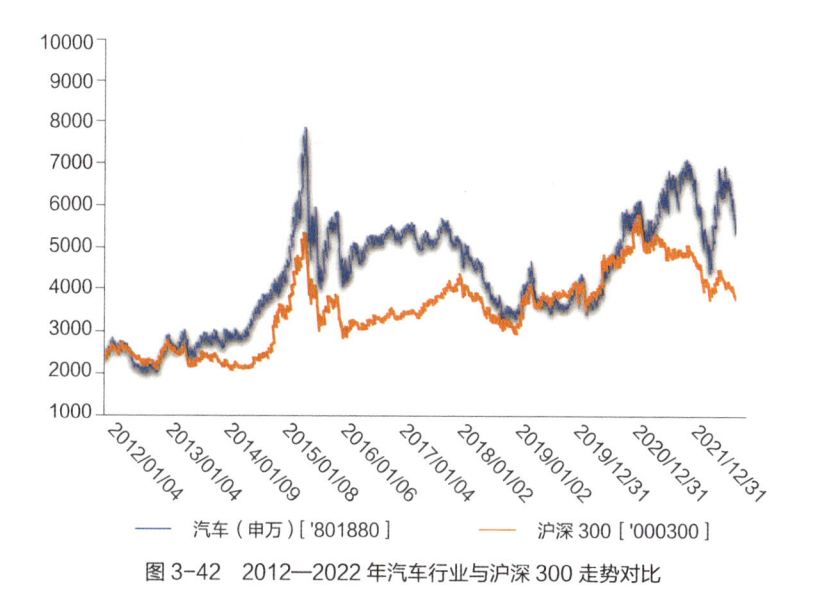

图 3-42　2012—2022 年汽车行业与沪深 300 走势对比

图 3-43　2012—2022 年汽车行业与沪深 300 走势对比

运输（申万）基本信息如下：

表 3-79

| 指数名称 | 交通运输（申万） |
|---|---|
| 英文名称 | Transportation（SWS） |
| 指数代码 | 801170.SI |
| 指数类型 | 股票类 |
| 基日 | 1999 年 12 月 30 日 |
| 基点 | 1000 |
| 发布日期 | 2003 年 10 月 16 日 |
| 发布机构 | 申银万国指数 |
| 加权方式 | 自由流通市值加权 |
| 收益处理方式 | 价格指数 |
| 成分数量 | 124 |

交通运输（申万）市值构成相对集中，前十大上市公司的权重占比为 44.67%，具体如下：

表 3-80

| 排名 | 证券代码 | 证券名称 | 权重 | 自由流通市值 |
|---|---|---|---|---|
| 1 | 002352.SZ | 顺丰控股 | 10.43% | 1,328.97 |
| 2 | 600009.SH | 上海机场 | 5.76% | 585.05 |
| 3 | 601919.SH | 中远海控 | 5.46% | 655.71 |
| 4 | 601816.SH | 京沪高铁 | 4.46% | 1,269.05 |
| 5 | 601006.SH | 大秦铁路 | 4.08% | 389.21 |
| 6 | 600221.SH | 海航控股 | 3.98% | 405.15 |
| 7 | 601111.SH | 中国国航 | 2.98% | 293.44 |
| 8 | 600233.SH | 圆通速递 | 2.79% | 290.87 |
| 9 | 601021.SH | 春秋航空 | 2.58% | 236.25 |
| 10 | 600153.SH | 建发股份 | 2.15% | 194.14 |

交通运输（申万）指数共包括124只股票，按照申万二级行业分类交通运输可分为物流、铁路公路、航运港口、航空机场四个行业，行业市值分布均衡。

表3-81

| 二级分类 | 成分股个数 | 成分股占比 | 市值（亿元） | 市值占比 | 平均市值 |
|---|---|---|---|---|---|
| SW 交通运输 | 124 | 100.00% | 31,206.65 | 100.00% | 251.67 |
| SW 物流 | 45 | 36.29% | 7803.46 | 25.01% | 173.41 |
| SW 铁路公路 | 34 | 27.42% | 6836.93 | 21.91% | 201.09 |
| SW 航运港口 | 33 | 26.61% | 8579.25 | 27.49% | 259.98 |
| SW 航空机场 | 12 | 9.68% | 7987.01 | 25.59% | 665.58 |

### （2）行业盈利及股息指标

近年来，整个汽车行业呈现收入利润呈温和上升的趋势，2019—2022年，收入同比增长85.50%，净利润同比增长高达73.85%。

表3-82

| 主要科目项目 | 2019A | 2020A | 2021A | 2022E | 年度 | 股息率 | 现金分红总额（亿元） |
|---|---|---|---|---|---|---|---|
| 主营业务收入（亿元） | 26,987.04 | 27,532.18 | 45,837.99 | 50,061.26 | 2022 | 2.28% | 613.32 |
| 同比 | 31.38% | 2.02% | 66.49% | 9.21% | 2021 | 1.35% | 397.46 |
| 归母净利润（亿元） | 1,173.26 | 111.51 | 1,834.64 | 2,039.74 | 2020 | 1.61% | 422.53 |
| 同比 | 12.64% | -90.50% | 1545.30% | 11.18% | 2019 | 1.84% | 391.87 |
| 每股收益-稀释 | 0.34 | 0.03 | 0.40 | 0.45 | 2018 | 1.98% | 337.97 |
| 同比 | 2.26% | -92.00% | 1375.37% | 11.72% | 2017 | 1.21% | 271.00 |
| PE | 17.11 | 252.57 | 15.87 | 14.49 | 2016 | 1.54% | 250.46 |
| PEG | 1191.00% | -92.00% | 15.00% | 53.00% | 2015 | 1.20% | 238.02 |
| 净利润（亿元） | 1,392.68 | 210.04 | 2,166.08 | — | 2014 | 1.50% | 217.11 |
| 同比 | 16.64% | -84.92% | 931.29% | — | 2013 | 2.33% | 202.18 |

### （3）交通运输行业与宽基的相关性分析及涨跌幅对照

根据 2017 年 1 月 1 日至 2023 年 1 月 1 日的数据，交通运输（申万）指数和上证 50、沪深 300 相关性低，均为负值。

表 3-83

|  | 上证 50 | 沪深 300 | 中证 500 | 中证 1000 |
| --- | --- | --- | --- | --- |
| 交通运输（申万） | –0.156 | –0.090 | 0.399 | 0.626 |

图 3-44　2012—2022 年交通运输行业与沪深 300 走势对比

2012 年 1 月 1 日至 2022 年 12 月 31 日，申万交通运输指数显著跑输沪深 300，此阶段沪深 300 上涨了 50.15%，申万交通运输上涨了 68.42%。

2019 年 1 月 1 日至 2020 年 12 月 31 日，交通运输（申万）涨幅为 6.26%，沪深 300 涨幅为 37.95%，行业指数严重跑输大盘 –31.69%。

图 3-45　2012—2022 年交通运输行业与沪深 300 走势对比

## 5.4.10　公用事业

**（1）基本信息及主要成分构成**

本书公用事业行业的分析主要基于申万公用事业指数的研究，公用事业（申万）基本信息如下：

表 3-84

| 指数名称 | 公用事业（申万） |
| --- | --- |
| 英文名称 | Utilities（SWS） |
| 指数代码 | 801160.SI |
| 指数类型 | 股票类 |
| 基日 | 1999 年 12 月 30 日 |
| 基点 | 1000 |
| 发布日期 | 2003 年 10 月 16 日 |
| 发布机构 | 申银万国指数 |
| 加权方式 | 自由流通市值加权 |

续表

| 指数名称 | 公用事业（申万） |
|---|---|
| 收益处理方式 | 价格指数 |
| 成分数量 | 122 |

公用事业（申万）市值构成相对集中。前十大上市公司的权重占比为47.47%（剔除掉排名第一的长江电力后，剩余9家上市公司权重占比仅为28.35%），具体如下：

表3-85

| 排名 | 证券代码 | 证券名称 | 权重 | 自由流通市值 |
|---|---|---|---|---|
| 1 | 600900.SH | 长江电力 | 19.12% | 2,195.36 |
| 2 | 600905.SH | 三峡能源 | 6.01% | 497.12 |
| 3 | 601985.SH | 中国核电 | 4.81% | 476.29 |
| 4 | 600795.SH | 国电电力 | 3.84% | 358.66 |
| 5 | 003816.SZ | 中国广核 | 3.31% | 181.71 |
| 6 | 600886.SH | 国投电力 | 2.28% | 265.33 |
| 7 | 000155.SZ | 川能动力 | 2.14% | 144.96 |
| 8 | 600027.SH | 华电国际 | 2.10% | 187.41 |
| 9 | 600803.SH | 新奥股份 | 1.95% | 161 |
| 10 | 600674.SH | 川投能源 | 1.91% | 161.73 |

公用事业（申万）指数共包括127只股票，按照申万二级行业分类公用事业可分为电力（电力又可细分为火力发电、水力发电、热力服务、光伏发电、风力发电、核力发电）和燃气。但最核心的行业还是火力、水力和风力。

表3-86

| 二级分类 | 成分股个数 | 成分股占比 | 市值（亿元） | 市值占比 | 平均市值 |
|---|---|---|---|---|---|
| SW 火力发电 | 30 | 23.62% | 6,600.98 | 22.93% | 220.03 |
| SW 水力发电 | 10 | 7.87% | 8,433.44 | 29.30% | 843.34 |
| SW 热力服务 | 15 | 11.81% | 812.70 | 2.82% | 54.18 |

续表

| 二级分类 | 成分股个数 | 成分股占比 | 市值（亿元） | 市值占比 | 平均市值 |
| --- | --- | --- | --- | --- | --- |
| SW 光伏发电 | 12 | 9.45% | 1,619.11 | 5.62% | 134.93 |
| SW 风力发电 | 11 | 8.66% | 4,566.56 | 15.86% | 415.14 |
| SW 核力发电 | 2 | 1.57% | 2,440.95 | 8.48% | 1,220.47 |
| SW 其他能源发电 | 1 | 0.79% | 35.47 | 0.12% | 35.47 |
| SW 电能综合服务 | 15 | 11.81% | 1,932.47 | 6.71% | 128.83 |
| SW 燃气Ⅱ | 31 | 24.41% | 2,345.77 | 8.15% | 75.67 |

### （2）行业盈利及股息指标

近年来，整个汽车行业呈现收入利润呈温和上升的趋势，2019—2022 年，收入同比增长 41.50%，规模净利润同比增长高达 46.31%。

表 3-87

| 主要科目项目 | 2019A | 2020A | 2021A | 2022E | 年度 | 股息率 | 现金分红总额（亿元） |
| --- | --- | --- | --- | --- | --- | --- | --- |
| 主营业务收入（亿元） | 14,955.27 | 16,335.91 | 18,429.09 | 21,162.20 | 2022 | 1.85% | 484.55 |
| 同比 | 15.17% | 9.23% | 12.81% | 14.83% | 2021 | 1.93% | 566.70 |
| 归母净利润（亿元） | 999.40 | 1,361.17 | 505.44 | 1,462.18 | 2020 | 2.13% | 522.40 |
| 同比 | 18.02% | 36.20% | −62.87% | 189.29% | 2019 | 1.97% | 447.17 |
| 每股收益-稀释 | 0.25 | 0.32 | 0.13 | 0.35 | 2018 | 2.21% | 417.93 |
| 同比 | −0.35% | 28.19% | −60.66% | 177.28% | 2017 | 1.77% | 411.79 |
| PE | 21.11 | 19.18 | 47.87 | 19.61 | 2016 | 2.14% | 445.63 |
| PEG | 214.00% | 680.00% | −158.00% | 24.00% | 2015 | 1.56% | 353.84 |
| 净利润（亿元） | 1,275.46 | 1,770.77 | 629.18 | — | 2014 | 1.68% | 276.89 |
| 同比 | 25.71% | 38.83% | −64.47% | — | 2013 | 2.01% | 193.19 |

### （3）公用事业行业与宽基的相关性分析及涨跌幅对照

根据 2017 年 1 月 1 日至 2022 年 12 月 31 日的数据，公用事业（申万）指数和上证 50、沪深 300 相关性较低，均为负数。

表 3-88

|  | 上证 50 | 沪深 300 | 中证 500 | 中证 1000 |
| --- | --- | --- | --- | --- |
| 交通运输（申万） | -0.311 | -0.147 | 0.513 | 0.780 |

2012 年 1 月 1 日至 2022 年 12 月 31 日，申万公用事业指数显著跑输沪深 300，此阶段沪深 300 上涨了 68.42%，申万公用事业上涨了 42.89%。

公用事业（申万）指数与沪深 300 体现出极强的相关性，只在 2 个时间段出现较大的背离。原因是公用事业行业各子版块呈现相互竞争关系，此消彼长，火电行业占比最大，当风电、光伏行业兴起时，公用事业板块就呈现较弱表现。

图 3-46　2012—2022 年申万公用事业行业与沪深 300 走势对比

2017 年 5 月 15 日至 2017 年 12 月 15 日：此阶段公用事业（申万）下跌 -7.44%，沪深 300 上涨了 18.58%，差距为 -26.03%，公用事业（申万）大幅跑输于大盘。

2019年6月1日至2020年3月31日：此阶段公用事业（申万）下跌-12.61%，沪深300下跌了-3.64%，差距为-8.97%，公用事业（申万）跑输于大盘。

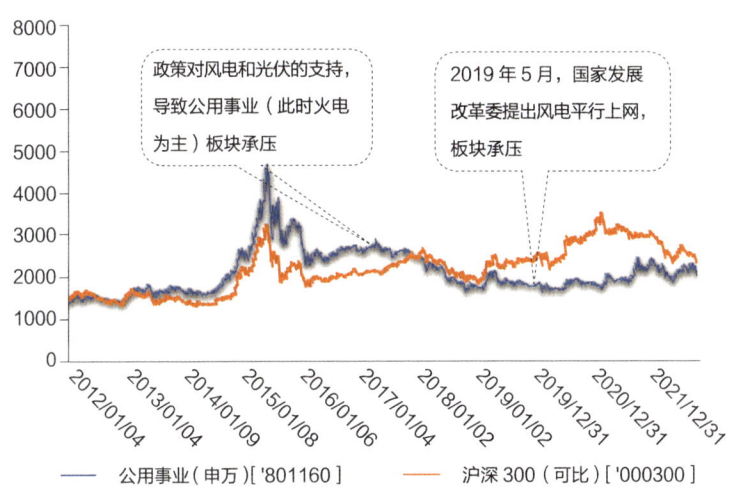

图 3-47　2012—2022 年申万公用事业行业与沪深 300（可比）走势对比

## 5.4.11　机械设备

### （1）基本信息及主要成分构成

本书机械设备行业的分析主要基于申万机械设备指数的研究，机械设备（申万）基本信息如下：

表 3-89

| 指数名称 | 机械设备（申万） |
| --- | --- |
| 英文名称 | Machinery&Equipment（SWS） |
| 指数代码 | 801890.SI |
| 指数类型 | 股票类 |

续表

| 指数名称 | 机械设备（申万） |
|---|---|
| 基日 | 1999 年 12 月 30 日 |
| 基点 | 1000 |
| 发布日期 | 2014 年 2 月 21 日 |
| 发布机构 | 申银万国指数 |
| 加权方式 | 自由流通市值加权 |
| 收益处理方式 | 价格指数 |
| 成分数量 | 403 |

机械设备（申万）市值构成相对分散。前十大上市公司的权重占比为 28.71%，具体如下：

表 3-90

| 排名 | 证券代码 | 证券名称 | 权重 | 自由流通市值 |
|---|---|---|---|---|
| 1 | 300124.SZ | 汇川技术 | 8.59% | 1,120.64 |
| 2 | 600031.SH | 三一重工 | 6.43% | 825.72 |
| 3 | 601766.SH | 中国中车 | 3.58% | 461.12 |
| 4 | 000157.SZ | 中联重科 | 1.80% | 298.75 |
| 5 | 002008.SZ | 大族激光 | 1.64% | 205.68 |
| 6 | 601100.SH | 恒立液压 | 1.58% | 200.91 |
| 7 | 600499.SH | 科达制造 | 1.47% | 194.57 |
| 8 | 002353.SZ | 杰瑞股份 | 1.34% | 172.29 |
| 9 | 000988.SZ | 华工科技 | 1.24% | 157.25 |
| 10 | 002430.SZ | 杭氧股份 | 1.04% | 139.33 |

机械设备行业是大行业，申万机械设备指数共包括 403 只股票，按照申万二级行业分类机械设备可分为通用设备、专用设备、轨交设备、工程机械、自动化设备五大类，这五大类板块权重占比较为均衡。

表 3-91

| 二级分类 | 成分股个数 | 成分股占比 | 市值（亿元） | 市值占比 | 平均市值 |
|---|---|---|---|---|---|
| 机械设备 | 403 | 100.00% | 33,012.15 | 100.00% | 81.92 |
| 通用设备 | 172 | 42.68% | 9,795.97 | 29.67% | 56.95 |
| 专用设备 | 142 | 35.24% | 9,374.12 | 28.40% | 66.01 |
| 自动化设备 | 46 | 11.41% | 5,658.57 | 17.14% | 123.01 |
| 轨交设备Ⅱ | 21 | 5.21% | 3,009.87 | 9.12% | 143.33 |
| 工程机械 | 22 | 5.46% | 5,173.62 | 15.67% | 235.16 |

### （2）行业盈利及股息指标

近年来，整个机械设备行业收入利润呈稳定上升的趋势，2019—2022 年，收入同比增长达到 35.90%，归母净利润同比增长高达 144.63%。

表 3-92

| 主要科目项目 | 2019A | 2020A | 2021A | 2022E | 年度 | 股息率 | 现金分红总额（亿元） |
|---|---|---|---|---|---|---|---|
| 主营业务收入（亿元） | 12,290.93 | 13,934.90 | 16,214.21 | 16,702.90 | 2022 | 1.33% | 375.79 |
| 同比 | 7.65% | 11.13% | 16.49% | 3.01% | 2021 | 0.97% | 324.04 |
| 归母净利润（亿元） | 429.16 | 855.11 | 943.88 | 1,049.85 | 2020 | 0.79% | 229.50 |
| 同比 | -6.23% | 72.47% | -2.49% | 11.23% | 2019 | 1.07% | 218.23 |
| 每股收益-稀释 | 0.17 | 0.32 | 0.34 | 0.35 | 2018 | 1.17% | 181.60 |
| 同比 | 8.92% | 85.86% | 6.37% | 3.02% | 2017 | 0.64% | 159.68 |
| PE | 45.65 | 35.38 | 25.68 | 31.44 | 2016 | 0.48% | 119.43 |
| PEG | -1.87 | 6.99 | 0.57 | 2.02 | 2015 | 0.42% | 117.07 |
| 净利润（亿元） | 484.06 | 914.83 | 1,014.72 | --- | 2014 | 0.79% | 127.53 |
| 同比 | 13.03% | 88.99% | 10.92% | --- | --- | --- | |

### (3)机械设备(申万)与宽基的相关性分析及涨跌幅对照

根据 2017 年 1 月 1 日至 2012 年 12 月 31 日的数据,机械设备(申万)指数和中证 500、中证 1000 的相关性很高,均在 0.9 以上。

表 3-93

|  | 上证 50 | 沪深 300 | 中证 500 | 中证 1000 |
| --- | --- | --- | --- | --- |
| 机械设备(申万) | 0.401 | 0.611 | 0.955 | 0.925 |

2012 年 1 月 1 日至 2022 年 12 月 31 日,机械设备(申万)指数跑输沪深 300,此阶段沪深 300 上涨了 68.42%,机械设备(申万)上涨了 59.22%。

从趋势图来看,2012—2022 年,机械设备行业与沪深 300 保持了很强的相关性,趋势基本相同。

图 3-48 2012—2022 年机械设备行业与沪深 300 走势对比

图 3-49　2012—2022 年机械设备行业与沪深 300 走势对比

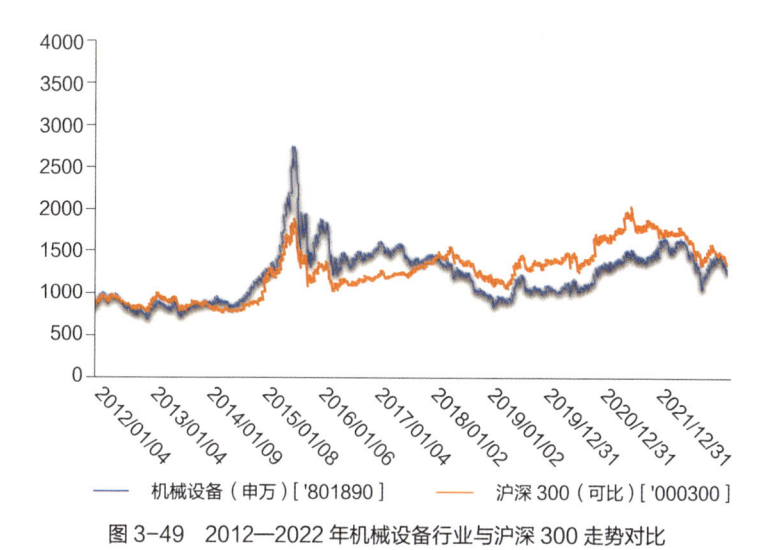

## 5.4.12　有色金属

### （1）基本信息及主要成分构成

本书有色金属行业的分析主要基于申万有色金属指数的研究，有色金属（申万）基本信息如下：

表 3-94

| 指数名称 | 有色金属（申万） |
| --- | --- |
| 英文名称 | Non-ferrous Metals（Sws） |
| 指数代码 | 801050.SI |
| 指数类型 | 股票类 |
| 基日 | 1999 年 12 月 30 日 |
| 基点 | 1000 |
| 发布日期 | 2003 年 10 月 16 日 |
| 发布机构 | 申银万国指数 |
| 加权方式 | 自由流通市值加权 |
| 收益处理方式 | 价格指数 |
| 成分数量 | 128 |

有色金属（申万）的市值构成相对分散的。前十大上市公司的权重占比为39.21%，具体如下：

表3-95

| 排名 | 证券代码 | 证券名称 | 权重 | 自由流通市值 |
|---|---|---|---|---|
| 1 | 601899.SH | 紫金矿业 | 7.90% | 1,151.45 |
| 2 | 002466.SZ | 天齐锂业 | 7.32% | 1,009.38 |
| 3 | 002460.SZ | 赣锋锂业 | 5.88% | 814.11 |
| 4 | 603799.SH | 华友钴业 | 5.24% | 765.21 |
| 5 | 600111.SH | 北方稀土 | 2.69% | 546.21 |
| 6 | 002738.SZ | 中矿资源 | 2.20% | 310.39 |
| 7 | 603993.SH | 洛阳钼业 | 2.17% | 309.52 |
| 8 | 601600.SH | 中国铝业 | 1.98% | 324.84 |
| 9 | 002240.SZ | 盛新锂能 | 1.92% | 265.96 |
| 10 | 002176.SZ | 江特电机 | 1.91% | 287.49 |

有色金属（申万）指数共包括134只股票，按照申万二级行业分类有色金属可分为金属新材料、工业金属、贵金属、小金属、能源金属五类。其中，最主要的行业为工业金属（铝、铜、铅锌）和能源金属（钴、镍、锂），合计权重占比为62.7%。

表3-96

| 二级分类 | 成分股个数 | 成分股占比 | 市值（亿元） | 市值占比 | 平均市值 |
|---|---|---|---|---|---|
| SW有色金属 | 134 | 100.00% | 25,962.37 | 100.00% | — |
| SW金属新材料 | 25 | 18.66% | 2,228.51 | 8.58% | 89.14 |
| SW工业金属 | 59 | 44.03% | 9,510.07 | 36.63% | 161.19 |
| SW贵金属 | 13 | 9.70% | 2,429.09 | 9.36% | 186.85 |
| SW小金属 | 24 | 17.91% | 5,026.72 | 19.36% | 209.45 |
| SW能源金属 | 13 | 9.70% | 6,767.97 | 26.07% | 520.61 |

**（2）行业盈利及股息指标**

近年来，有色金属行业收入利润呈温和上升的趋势，2019—2022

年，收入同比上涨40.04%，归母净利润上涨165.29%。

表3-97

| 主要科目项目 | 2019A | 2020A | 2021A | 2022E | 年度 | 股息率 | 现金分红总额（亿元） |
|---|---|---|---|---|---|---|---|
| 主营业务收入（亿元） | 12,290.93 | 13,934.90 | 16,214.21 | 17,213.22 | 2022 | 1.39% | 364.02 |
| 同比 | 9.49% | 13.38% | 16.36% | 6.16% | 2021 | 0.97% | 324.04 |
| 归母净利润（亿元） | 429.16 | 855.11 | 943.88 | 1,138.53 | 2020 | 0.79% | 229.50 |
| 同比 | 13.37% | 99.25% | 10.38% | 20.62% | 2019 | 1.07% | 218.23 |
| 每股收益-稀释 | 0.17 | 0.32 | 0.34 | 0.39 | 2018 | 1.17% | 181.60 |
| 同比 | 8.92% | 85.86% | 6.37% | 13.81% | 2017 | 0.64% | 159.68 |
| PE | 45.65 | 35.38 | 25.68 | 23.77 | 2016 | 0.48% | 119.43 |
| PEG | -187.00% | 699.00% | 57.00% | 117.00% | 2015 | 0.42% | 117.07 |
| 净利润（亿元） | 484.06 | 914.83 | 1,014.72 | — | 2014 | 0.79% | 127.53 |
| 同比 | 13.03% | 88.99% | 10.92% |  | 2013 | 1.08% | 179.95 |

### （3）有色金属（申万）与宽基的相关性分析及涨跌幅对照

根据2017年1月1日至2022年12月13日的数据，有色金属（申万）指数和中证500相关性较高，为0.824。

表3-98

|  | 上证50 | 沪深300 | 中证500 | 中证1000 |
|---|---|---|---|---|
| 有色金属（申万） | 0.354 | 0.577 | 0.824 | 0.665 |

2012年1月1日至2022年12月31日，申万有色金属指数显著跑输沪深300，此阶段沪深300上涨了68.42%，申万银行上涨了55.76%。2019年后，有色金属和沪深300指数走势出现背离。

2019年1月1日至2021年9月1日：此阶段有色金属（申万）上涨167.79%，沪深300上涨了63.98%，有色金属（申万）大幅跑赢大盘103.81%，其主要得利于新能源车行业的迅猛发展，对原材料起到拉动作用。

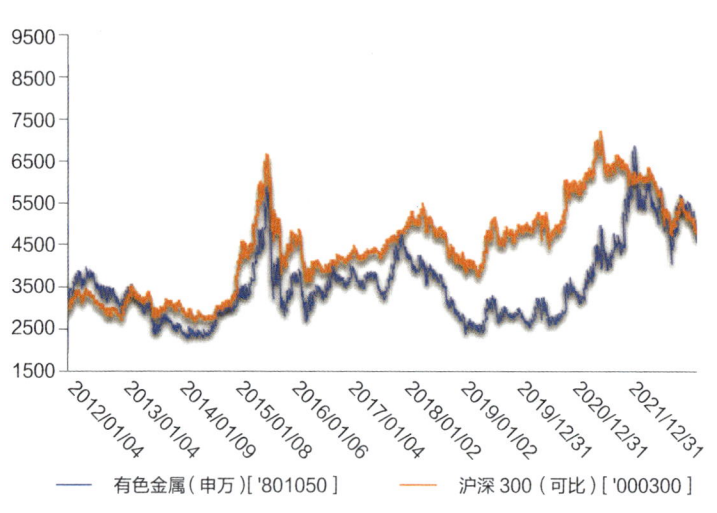

图 3-50 2012—2022 年有色金属行业与沪深 300（可比）走势对比

图 3-51 2012—2022 年有色金属行业与沪深 300 走势对比

## 5.4.13 计算机

### (1) 基本信息及主要成分构成

本书计算机行业的分析主要基于计算机（申万）指数的研究，计算机（申万）基本信息如下：

表 3-99

| 指数名称 | 计算机（申万） |
| --- | --- |
| 英文名称 | Computer（SWS） |
| 指数代码 | 801750.SI |
| 指数类型 | 股票类 |
| 基日 | 1999 年 12 月 30 日 |
| 基点 | 1000 |
| 发布日期 | 2014 年 2 月 21 日 |
| 发布机构 | 申银万国指数 |
| 加权方式 | 自由流通市值加权 |
| 收益处理方式 | 价格指数 |
| 成分数量 | 266 |

计算机（申万）指数市值构成是相对分散的。前十大上市公司的权重占比为 30.75%，具体如下：

表 3-100

| 排名 | 证券代码 | 证券名称 | 权重 | 自由流通市值 |
| --- | --- | --- | --- | --- |
| 1 | 002415.SZ | 海康威视 | 7.88% | 1,326.77 |
| 2 | 002230.SZ | 科大讯飞 | 3.94% | 567.8 |
| 3 | 600570.SH | 恒生电子 | 3.67% | 516.2 |
| 4 | 002410.SZ | 广联达 | 2.94% | 442.14 |

续表

| 排名 | 证券代码 | 证券名称 | 权重 | 自由流通市值 |
|---|---|---|---|---|
| 5 | 600588.SH | 用友网络 | 2.76% | 361.26 |
| 6 | 300496.SZ | 中科创达 | 2.28% | 324.79 |
| 7 | 002920.SZ | 德赛西威 | 2.07% | 284.01 |
| 8 | 603019.SH | 中科曙光 | 1.84% | 266.86 |
| 9 | 002405.SZ | 四维图新 | 1.70% | 250.75 |
| 10 | 300454.SZ | 深信服 | 1.67% | 245.05 |

计算机（申万）共包括331只股票，按照申万二级行业分类计算机可分为计算机设备、IT服务、软件开发三大类。其中，最主要的行业为软件开发，市值占比为45.22%。

表3-101

| 二级分类 | 成分股个数 | 成分股占比 | 市值（亿元） | 市值占比 | 平均市值 |
|---|---|---|---|---|---|
| SW计算机 | 331 | 100.00% | 31,156.65 | 100.00% | — |
| SW计算机设备 | 78 | 23.56% | 7,768.17 | 24.93% | 99.59 |
| SWIT服务Ⅱ | 126 | 38.07% | 9,299.52 | 29.85% | 73.81 |
| SW软件开发 | 127 | 38.37% | 14,088.96 | 45.22% | 110.94 |

### （2）行业盈利及股息指标

近年来，整个汽车行业收入利润呈温和上升的趋势，2019—2022年，收入同比增长68.53%，归母净利润同比增长高达267.05%。

表3-102

| 主要科目项目 | 2019A | 2020A | 2021A | 2022E | 年度 | 股息率 | 现金分红总额（亿元） |
|---|---|---|---|---|---|---|---|
| 主营业务收入（亿元） | 7,076.07 | 7,610.83 | 10,254.95 | 11,925.17 | 2022 | 0.82% | 216.51 |
| 同比 | 13.65% | 7.56% | 34.74% | 16.29% | 2021 | 0.58% | 198.45 |

续表

| 主要科目项目 | 2019A | 2020A | 2021A | 2022E | 年度 | 股息率 | 现金分红总额（亿元） |
|---|---|---|---|---|---|---|---|
| 归母净利润（亿元） | 165.27 | 243.46 | 441.41 | 606.62 | 2020 | 0.39% | 103.55 |
| 同比 | -1.19% | 47.31% | 81.31% | 37.43% | 2019 | 0.37% | 88.95 |
| 每股收益-稀释 | 0.11 | 0.15 | 0.25 | 0.32 | 2018 | 0.58% | 89.31 |
| 同比 | -6.82% | 38.12% | 61.86% | 27.70% | 2017 | 0.44% | 76.22 |
| PE | 148.83 | 98.08 | 53.26 | 43.88 | 2016 | 0.44% | 91.99 |
| PEG | -243.00% | -352.00% | 449.00% | 175.00% | 2015 | 0.25% | 71.25 |
| 净利润（亿元） | 203.53 | 281.86 | 488.52 | — | 2014 | 0.45% | 53.97 |
| 同比 | 2.24% | 38.49% | 73.32% | — | 2013 | — | — |

### （3）计算机（申万）与宽基的相关性分析及涨跌幅对照

根据2017年1月1日至2022年12月31日的数据，计算机（申万）指数和上证50、沪深300中证500和中证1000的相关性均不高，维持在0.4—0.6。

表3-103

| | 上证50 | 沪深300 | 中证500 | 中证1000 |
|---|---|---|---|---|
| 计算机（申万） | 0.601 | 0.606 | 0.536 | 0.431 |

2012年1月1日至2022年12月31日，计算机（申万）显著跑赢沪深300，此阶段沪深300上涨了68.42%，计算机（申万）上涨了165.12%。

图 3-52　2012—2022 年计算机行业与沪深 300 走势对比

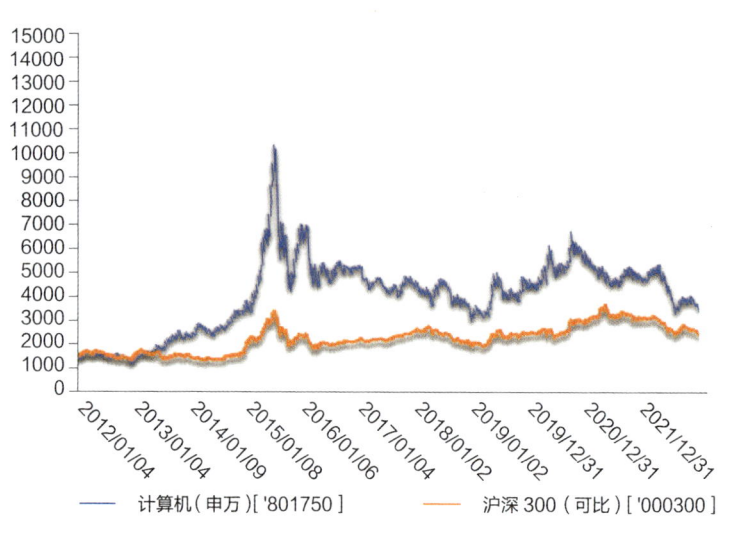

图 3-53　2012—2022 年计算机行业与沪深 300（可比）走势对比

## 5.4.14 石油石化

### (1) 基本信息及主要成分构成

本书石油石化行业的分析主要基于申万石油石化指数的研究，石油石化（申万）基本信息如下：

表 3-104

| 指数名称 | 石油石化（申万） |
| --- | --- |
| 英文名称 | SWSPetroleumandpetrochemicalIndex |
| 指数代码 | 801960.SI |
| 指数类型 | 股票类 |
| 基日 | 1999 年 12 月 30 日 |
| 基点 | 1000 |
| 发布日期 | 2021 年 12 月 13 日 |
| 发布机构 | 申银万国指数 |
| 加权方式 | 自由流通市值加权 |
| 收益处理方式 | 价格指数 |
| 成分数量 | 47 |

石油石化（申万）市值构成非常集中。前十大上市公司的权重占比为 71.11%，具体如下：

表 3-105

| 排名 | 证券代码 | 证券名称 | 权重 | 自由流通市值 |
| --- | --- | --- | --- | --- |
| 1 | 600028.SH | 中国石化 | 13.50% | 549.92 |
| 2 | 600256.SH | 广汇能源 | 11.78% | 530.88 |
| 3 | 002493.SZ | 荣盛石化 | 8.70% | 354.6 |
| 4 | 601857.SH | 中国石油 | 8.15% | 666.3 |
| 5 | 600346.SH | 恒力石化 | 6.71% | 422.06 |
| 6 | 600938.SH | 中国海油 | 5.84% | 237.96 |

续表

| 排名 | 证券代码 | 证券名称 | 权重 | 自由流通市值 |
|---|---|---|---|---|
| 7 | 000301.SZ | 东方盛虹 | 5.12% | 276.07 |
| 8 | 601233.SH | 桐昆股份 | 4.63% | 200.51 |
| 9 | 000703.SZ | 恒逸石化 | 3.45% | 140.55 |
| 10 | 600777.SH | 新潮能源 | 3.23% | 131.6 |

石油石化行业不仅是市值大行业，也是股票单体大行业。石油石化（申万）指数共包括47只股票，按照申万二级行业分类石油石化可分为油气开采、油服工程、炼化及贸易三大类。其中，最主要的行业为炼化及贸易。

表 3-106

| 二级分类 | 成分股个数 | 成分股占比 | 市值（亿元） | 市值占比 | 平均市值 |
|---|---|---|---|---|---|
| SW 油气开采Ⅱ | 4 | 8.51% | 4,815.02 | 18.09% | 1,203.75 |
| SW 油服工程 | 14 | 29.79% | 1,868.41 | 7.02% | 133.46 |
| SW 炼化及贸易 | 29 | 61.70% | 19,930.33 | 74.89% | 687.25 |

### （2）行业盈利及股息指标

近年来，整个石油石化收入利润呈温和上升的趋势，2019—2022年，收入同比增长34.27%，归母净利润同比增长高达218.44%。

表 3-107

| 主要科目项目 | 2019A | 2020A | 2021A | 2022E | 年度 | 股息率 | 现金分红总额（亿元） |
|---|---|---|---|---|---|---|---|
| 主营业务收入（亿元） | 63,399.62 | 49,123.08 | 64,931.54 | 85,126.60 | 2022 | 5.36% | 1,135.72 |
| 同比 | 5.50% | -22.52% | 32.18% | 31.10% | 2021 | 3.51% | 749.15 |
| 归母净利润（亿元） | 1,343.74 | 857.59 | 2,146.11 | 4,279.06 | 2020 | 3.08% | 589.64 |
| 同比 | -2.40% | -36.18% | 150.25% | 99.39% | 2019 | 3.42% | 713.05 |

续表

| 主要科目项目 | 2019A | 2020A | 2021A | 2022E | 年度 | 股息率 | 现金分红总额(亿元) |
|---|---|---|---|---|---|---|---|
| 每股收益-稀释 | 0.32 | 0.20 | 0.51 | 0.91 | 2018 | 3.92% | 841.40 |
| 同比 | −5.33% | −36.72% | 148.02% | 79.12% | 2017 | 1.93% | 481.36 |
| PE | 14.43 | 26.48 | 10.97 | 7.22 | 2016 | 0.99% | 235.60 |
| PEG | −87.00% | −107.00% | 8.00% | 31.00% | 2015 | 2.00% | 479.10 |
| 净利润(亿元) | 1,704.71 | 1,156.91 | 2,626.20 | — | 2014 | 2.82% | 774.23 |
| 同比 | −2.90% | −32.13% | 127.00% |  | 2013 | 3.61% | 719.32 |

### (3) 石油石化（申万）与宽基的相关性分析及涨跌幅对照

根据2017年1月1日至2022年12月31日的数据，石油石化（申万）指数和中证500和中证1000的相关性很高，均在0.6以上。

表3-108

|  | 上证50 | 沪深300 | 中证500 | 中证1000 |
|---|---|---|---|---|
| 石油石化（申万） | 0.104 | 0.292 | 0.661 | 0.651 |

2012年1月1日至2022年12月31日，石油石化（申万）指数显著跑输沪深300，此阶段沪深300上涨了14.21%，申万银行上涨了68.42%。

石油石化（申万）指数与沪深300体现较强的相关性，只在2个期间出现较大的背离。原因在于石油石化行业各子版块呈现相互竞争，此消彼长的关系，但火电行业占比最大，当风电、光伏行业兴起时，石油石化板块表现往往较弱。

2019年1月1日至2020年4月30日：此阶段石油石化（申万）下跌−5.53%，沪深300上涨了31.76%，石油石化（申万）大幅跑输于大盘−37.29%，因为此阶段是新冠疫情初期，运输受阻，导致油价暴跌。

2021年4月30日至2021年9月30日：此阶段石油石化（申万）上涨22.25%，沪深300下跌了-5.02%，石油石化（申万）跑赢大盘27.27%，此阶段油价的大幅拉升使石油石化（申万）上涨。

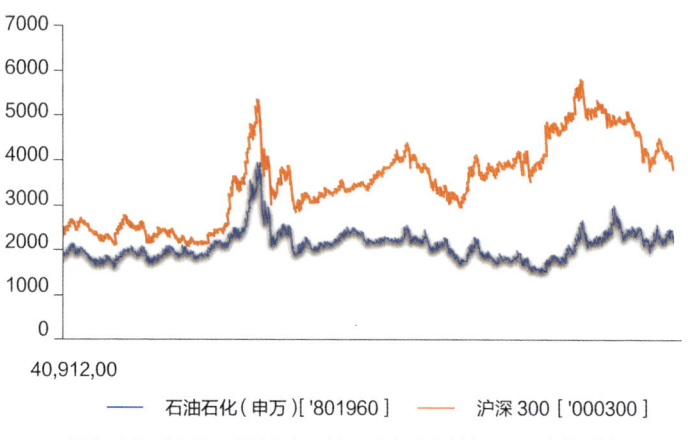

图3-54　2012—2022年石油石化行业与沪深300走势对比

图3-55　2012—2022年石油石化与沪深300（可比）走势对比

## 5.4.15 国防军工

### （1）基本信息及主要成分构成

本书国防军工行业的分析主要基于申万国防军工指数的研究，国防军工（申万）基本信息如下：

表 3-109

| 指数名称 | 国防军工（申万） |
| --- | --- |
| 英文名称 | National Defense & Military（SWS） |
| 指数代码 | 801740.SI |
| 指数类型 | 股票类 |
| 基日 | 1999 年 12 月 30 日 |
| 基点 | 1000 |
| 发布日期 | 2014 年 2 月 21 日 |
| 发布机构 | 申银万国指数 |
| 加权方式 | 自由流通市值加权 |
| 收益处理方式 | 价格指数 |
| 成分数量 | 98 |

国防军工（申万）市值构成相对分散。前十大上市公司的权重占比为 38.75%，具体如下：

表 3-110

| 排名 | 证券代码 | 证券名称 | 权重 | 自由流通市值 |
| --- | --- | --- | --- | --- |
| 1 | 002179.SZ | 中航光电 | 5.70% | 502.67 |
| 2 | 600893.SH | 航发动力 | 5.14% | 566 |
| 3 | 000733.SZ | 振华科技 | 4.86% | 415.31 |
| 4 | 000768.SZ | 中航西飞 | 3.83% | 321.91 |
| 5 | 600150.SH | 中国船舶 | 3.79% | 397.64 |
| 6 | 600760.SH | 中航沈飞 | 3.77% | 372.3 |

续表

| 排名 | 证券代码 | 证券名称 | 权重 | 自由流通市值 |
|---|---|---|---|---|
| 7 | 601989.SH | 中国重工 | 3.54% | 371.26 |
| 8 | 600765.SH | 中航重机 | 2.88% | 265.36 |
| 9 | 300395.SZ | 菲利华 | 2.71% | 227.6 |
| 10 | 002013.SZ | 中航机电 | 2.53% | 213.93 |

国防军工（申万）指数共包括125只股票，按照申万二级行业分类国防军工可分为航天装备、航空装备、地面兵装、航海装备、军工电子。其中，主要行业为航天装备和军工电子，合计市值占比37.69%。

表3-111

| 二级分类 | 成分股个数 | 成分股占比 | 市值（亿元） | 市值占比 | 平均市值 |
|---|---|---|---|---|---|
| SW 国防军工 | 125 | 100.00% | 22,402.21 | 100.00% | — |
| SW 航天装备Ⅱ | 7 | 5.60% | 1,075.88 | 4.80% | 153.70 |
| SW 航空装备Ⅱ | 44 | 35.20% | 10,314.23 | 46.04% | 234.41 |
| SW 地面兵装Ⅱ | 9 | 7.20% | 839.02 | 3.75% | 93.22 |
| SW 航海装备Ⅱ | 11 | 8.80% | 2,804.43 | 12.52% | 254.95 |
| SW 军工电子Ⅱ | 54 | 43.20% | 7,368.65 | 32.89% | 136.46 |

### （2）行业盈利及股息指标

近年来，国防军工行业收入利润呈温和上升的趋势，2019—2022年，收入同比增长41.50%，归母净利润同比增长高达46.31%。

表3-112

| 主要科目项目 | 2019A | 2020A | 2021A | 2022A | 年度 | 股息率 | 现金分红总额（亿元） |
|---|---|---|---|---|---|---|---|
| 主营业务收入（亿元） | 3,749.39 | 4,075.37 | 5,031.42 | 5,511.45 | 2022 | 0.45% | 82.14 |

续表

| 主要科目项目 | 2019A | 2020A | 2021A | 2022A | 年度 | 股息率 | 现金分红总额（亿元） |
|---|---|---|---|---|---|---|---|
| 同比 | 27.46% | 8.69% | 23.46% | 9.54% | 2021 | 0.27% | 65.26 |
| 归母净利润（亿元） | 107.66 | 187.72 | 276.45 | 403.76 | 2020 | 0.23% | 39.07 |
| 同比 | 58.83% | 74.36% | 47.27% | 46.05% | 2019 | 0.31% | 30.37 |
| 每股收益-稀释 | 0.13 | 0.21 | 0.26 | 0.38 | 2018 | 0.32% | 19.18 |
| 同比 | 28.22% | 61.93% | 23.83% | 46.84% | 2017 | 0.19% | 15.60 |
| PE | 95.09 | 70.92 | 59.26 | 46.65 | 2016 | 0.21% | 16.18 |
| PEG | 453.00% | 1274.00% | 552.00% | 119.00% | 2015 | 0.22% | 18.55 |
| 净利润（亿元） | 116.59 | 196.48 | 288.03 | — | 2014 | 0.24% | 15.32 |
| 同比 | 109.87% | 68.53% | 46.59% |  | 2013 | 3.61% | 719.32 |

### （3）国防军工（申万）与宽基的相关性分析及涨跌幅对照

根据 2017 年 1 月 1 日至 2022 年 12 月 31 日数据，国防军工（申万）指数和中证 500 和中证 1000 的相关性很高，均在 0.8 以上。

表 3-113

|  | 上证 50 | 沪深 300 | 中证 500 | 中证 1000 |
|---|---|---|---|---|
| 国防军工（申万） | 0.456 | 0.660 | 0.900 | 0.815 |

2012 年 1 月 1 日至 2022 年 12 月 31 日，申万国防军工指数跑赢沪深 300，此阶段沪深 300 上涨了 68.42%，申万国防军工上涨了 97.06%。

从趋势图来看，国防军工和沪深 300 呈现较强的相关性，2018 年后走势基本趋同。

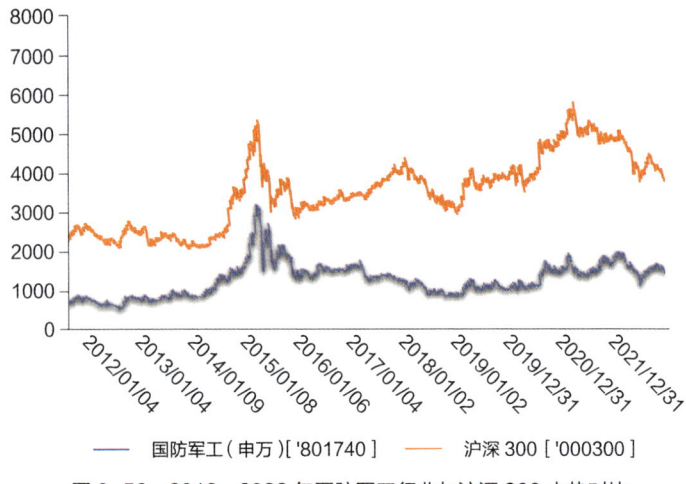

图 3-56　2012—2022 年国防军工行业与沪深 300 走势对比

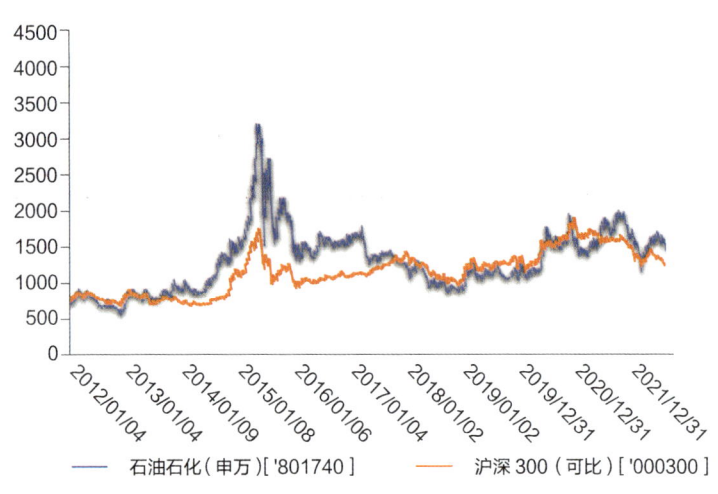

图 3-57　2012—2022 年国防军工与沪深 300（可比）走势对比

### 5.4.16 煤炭

**（1）基本信息及主要成分构成**

本书煤炭行业的分析主要基于煤炭（申万）指数的研究，煤炭（申万）基本信息如下：

表 3-114

| 指数名称 | 煤炭（申万） |
| --- | --- |
| 英文名称 | SWS Coal Index |
| 指数代码 | 801950.SI |
| 指数类型 | 股票类 |
| 基日 | 1999 年 12 月 30 日 |
| 基点 | 1000 |
| 发布日期 | 2021 年 12 月 13 日 |
| 发布机构 | 申银万国指数 |
| 加权方式 | 自由流通市值加权 |
| 收益处理方式 | 价格指数 |
| 成分数量 | 38 |

煤炭（申万）市值构成非常集中，前十大上市公司的权重占比为 69.71%，其中前 2 家市值合计占比 31.46%，具体如下：

表 3-115

| 排名 | 证券代码 | 证券名称 | 权重 | 自由流通市值 |
| --- | --- | --- | --- | --- |
| 1 | 601088.SH | 中国神华 | 18.65% | 832.16 |
| 2 | 601225.SH | 陕西煤业 | 12.81% | 731.01 |
| 3 | 600188.SH | 兖矿能源 | 7.32% | 342.2 |
| 4 | 000983.SZ | 山西焦煤 | 5.34% | 250.32 |
| 5 | 000723.SZ | 美锦能源 | 4.93% | 226.82 |
| 6 | 600157.SH | 永泰能源 | 4.91% | 301.96 |

续表

| 排名 | 证券代码 | 证券名称 | 权重 | 自由流通市值 |
|---|---|---|---|---|
| 7 | 600348.SH | 华阳股份 | 4.62% | 206.03 |
| 8 | 601699.SH | 潞安环能 | 3.84% | 177.77 |
| 9 | 601666.SH | 平煤股份 | 3.75% | 167.48 |
| 10 | 601898.SH | 中煤能源 | 3.54% | 158.08 |

虽然煤炭行业是市值大行业，但是上市公司数量少，单个上市公司体量高，申万煤炭指数共包括38只股票，按照申万二级行业分类煤炭行业可分为煤炭开采、焦炭Ⅱ。其中最主要的为煤炭开采行业。

表3-116

| 二级分类 | 成分股个数 | 成分股占比 | 市值（亿元） | 市值占比 | 平均市值 |
|---|---|---|---|---|---|
| SW 煤炭 | 38 | 100.00% | 16,919.27 | 100.00% | — |
| SW 煤炭开采 | 29 | 76.32% | 15,885.95 | 93.89% | 547.79 |
| SW 焦炭Ⅱ | 9 | 23.68% | 1,033.32 | 6.11% | 114.81 |

### （2）行业盈利及股息指标

近年来，整个机械设备行业呈现收入利润稳定上升的趋势，2019—2022年，收入同比增长达到62.09%，归母净利润同比增长高达177.84%。

表3-117

| 主要科目项目 | 2019A | 2020A | 2021A | 2022E | 年度 | 股息率 | 现金分红总额（亿元） |
|---|---|---|---|---|---|---|---|
| 主营业务收入（亿元） | 10,880.12 | 11,019.54 | 14,462.09 | 17,635.88 | 2022 | 5.53% | 898.03 |
| 同比 | 7.38% | 1.28% | 31.24% | 21.95% | 2021 | 4.49% | 512.71 |
| 归母净利润（亿元） | 928.66 | 911.21 | 1,599.86 | 2,580.18 | 2020 | 4.15% | 346.31 |
| 同比 | −0.81% | −1.88% | 75.58% | 61.28% | 2019 | 3.95% | 312.34 |

续表

| 主要科目项目 | 2019A | 2020A | 2021A | 2022E | 年度 | 股息率 | 现金分红总额（亿元） |
|---|---|---|---|---|---|---|---|
| 每股收益－稀释 | 0.80 | 0.71 | 1.24 | 1.93 | 2018 | 3.78% | 269.60 |
| 同比 | −1.84% | −10.50% | 73.77% | 55.96% | 2017 | 5.43% | 530.85 |
| PE | 8.14 | 11.42 | 10.23 | 7.27 | 2016 | 0.78% | 62.33 |
| PEG | 224.00% | −72.00% | 13.00% | 25.00% | 2015 | 1.84% | 142.27 |
| 净利润（亿元） | 1,140.14 | 1,095.65 | 2,002.29 | — | 2014 | 2.42% | 203.34 |
| 同比 | −2.79% | −3.90% | 82.75% | — | 2013 | 4.33% | 258.57 |

### （3）煤炭（申万）与宽基的相关性分析及涨跌幅对照

根据 2017 年 1 月 1 日至 2023 年 1 月 1 日数据，煤炭（申万）指数和上证 50、沪深 300 相关性很低，分别为 −0.046 和 0.156，是明显的负相关行业。

以券商为主的煤炭是强周期性行业，其股价表现与各指数走势紧密相关。

表 3-118

| | 上证 50 | 沪深 300 | 中证 500 | 中证 1000 |
|---|---|---|---|---|
| 煤炭（申万） | −0.046 | 0.156 | 0.506 | 0.456 |

2012 年 1 月 1 日至 2022 年 12 月 31 日，煤炭（申万）指数显著跑输沪深 300，此阶段沪深 300 上涨了 68.42%，煤炭（申万）指数下跌了 −10.43%。

从沪深 300（可比）的趋势对比可看出，煤炭（申万）指数与沪深 300 相关性不强，原因在于煤炭行业的股价走势和煤炭价格走势紧密相关，而煤炭价格受供需、政策、国际形势的影响很大，与沪深 300 相关性却很低。

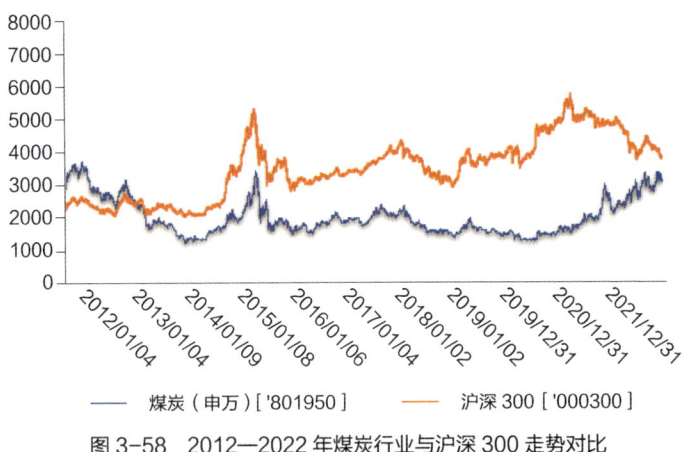

图 3-58　2012—2022 年煤炭行业与沪深 300 走势对比

图 3-59　2012—2022 年煤炭行业与沪深 300 走势对比

有两个阶段煤炭（申万）与沪深 300 出现了偏离度较大。

2019 年 4 月 30 日至 2020 年 6 月 30 日：大牛市期间煤炭（申万）下跌了 -26.36%，沪深 300 上涨了 6.41%，煤炭指数大幅跑输大盘 -32.77%。原因在于，新冠疫情发生后，国际油价暴跌带动能源板块

暴跌，最终导致煤炭行业上市公司股价下调。（煤炭价格和行业指数的对比）

2021年6月30日至2022年9月30日：在此期间，煤炭（申万）上涨了57.70%，沪深300下跌了-27.17%，煤炭指数大幅领先于大盘84.86%，主要原因是国际形势紧张引发能源价格上涨，最终引起煤炭行业上市公司股价上涨。

### 5.4.17 建筑装饰

#### （1）基本信息及主要成分构成

本书建筑装饰行业的分析主要基于建筑装饰（申万）指数的研究，建筑装饰（申万）基本信息如下：

表3-119

| 指数名称 | 建筑装饰（申万） |
| --- | --- |
| 英文名称 | Construction Decoration Materials（SWS） |
| 指数代码 | 801720.SI |
| 指数类型 | 股票类 |
| 基日 | 1999年12月30日 |
| 基点 | 1000 |
| 发布日期 | 2014年2月21日 |
| 发布机构 | 申银万国指数 |
| 加权方式 | 自由流通市值加权 |
| 收益处理方式 | 价格指数 |
| 成分数量 | 162 |

建筑装饰（申万）市值构成是相对分散的。前十大上市公司的权重占比为48.83%（剔除掉排名第一的中国建筑后，剩余9家上市公司权重占比仅为34.9%），具体如下：

表 3-120

| 排名 | 证券代码 | 证券名称 | 权重 | 自由流通市值 |
|---|---|---|---|---|
| 1 | 601668.SH | 中国建筑 | 13.93% | 886.04 |
| 2 | 601669.SH | 中国电建 | 6.81% | 453.45 |
| 3 | 601390.SH | 中国中铁 | 6.14% | 469.28 |
| 4 | 601186.SH | 中国铁建 | 5.04% | 319.24 |
| 5 | 601868.SH | 中国能建 | 4.19% | 322.85 |
| 6 | 601117.SH | 中国化学 | 3.35% | 294.55 |
| 7 | 601618.SH | 中国中冶 | 3.07% | 194.3 |
| 8 | 601800.SH | 中国交建 | 2.26% | 167.98 |
| 9 | 600039.SH | 四川路桥 | 2.26% | 139.17 |
| 10 | 002541.SZ | 鸿路钢构 | 1.78% | 119.5 |

建筑装饰（申万）指数共包括 162 只股票。按照申万二级行业分类建筑装饰可分为房屋建设、装修装饰、基础建设、专业工程、工程咨询服务这五类，其中，最主要的行业为基础建设，市值占比 47.06%。

表 3-121

| 二级分类 | 成分股个数 | 成分股占比 | 市值（亿元） | 市值占比 | 平均市值 |
|---|---|---|---|---|---|
| SW 建筑装饰 | 162 | 100.00% | 16,625.65 | 100.00% | — |
| SW 房屋建设Ⅱ | 8 | 4.94% | 3,032.03 | 18.24% | 379.00 |
| SW 装修装饰Ⅱ | 24 | 14.81% | 879.64 | 5.29% | 36.65 |
| SW 基础建设 | 48 | 29.63% | 7,823.30 | 47.06% | 162.99 |
| SW 专业工程 | 41 | 25.31% | 3,633.56 | 21.86% | 88.62 |
| SW 工程咨询服务Ⅱ | 41 | 25.31% | 1,257.11 | 7.56% | 30.66 |

### （2）行业盈利及股息指标

近年来，整个机械设备行业收入利润呈稳定上升的趋势，2019—2022 年，收入同比增长达到 55.67%，归母净利润同比增长高达 24.97%。

表 3-122

| 主要科目项目 | 2019A | 2020A | 2021A | 2022E | 年度 | 股息率 | 现金分红总额（亿元） |
|---|---|---|---|---|---|---|---|
| 主营业务收入（亿元） | 56,035.68 | 64,926.80 | 76,819.80 | 87,231.75 | 2022 | 2.35% | 365.09 |
| 同比 | 15.30% | 15.87% | 18.32% | 13.55% | 2021 | 1.84% | 322.89 |
| 归母净利润（亿元） | 1,582.92 | 1,672.50 | 1,627.67 | 1,978.10 | 2020 | 2.20% | 287.90 |
| 同比 | 5.63% | 5.66% | -2.68% | 21.53% | 2019 | 1.99% | 276.20 |
| 每股收益-稀释 | 0.64 | 0.66 | 0.55 | 0.65 | 2018 | 1.85% | 265.72 |
| 同比 | 5.17% | 2.05% | -16.38% | 17.45% | 2017 | 1.15% | 221.91 |
| PE | 8.86 | 8.64 | 11.56 | 8.36 | 2016 | 1.03% | 194.42 |
| PEG | 212.00% | -4647.00% | 42.00% | 45.00% | 2015 | 1.00% | 173.17 |
| 净利润（亿元） | 1,935.59 | 2,115.51 | 2,170.69 | -- | 2014 | 1.10% | 154.80 |
| 同比 | 9.47% | 9.30% | 2.61% |  | 2013 | 1.91% | 123.98 |

**（3）建筑装饰（申万）指数与宽基的相关性分析及涨跌幅对照**

根据 2017 年 1 月 1 日至 2022 年 12 月 31 日的数据，建筑装饰（申万）和上证 50、沪深 300、中证 500 和中证 1000 的相关性很低，均在 0.6 以下。

表 3-123

|  | 上证 50 | 沪深 300 | 中证 500 | 中证 1000 |
|---|---|---|---|---|
| 建筑装饰（申万） | -0.470 | -0.404 | 0.185 | 0.529 |

2012 年 1 月 1 日至 2022 年 12 月 31 日，申万建筑装饰指数严重跑输沪深 300，此阶段沪深 300 上涨了 68.42%，申万建筑装饰上涨了 37.50%。

尽管建筑装饰（申万）与沪深 300（可比）相关性高，但是在以下 2 个阶段和沪深 300 的偏离度较大。

2019 年 4 月 30 日至 2021 年 3 月 31 日：此阶段建筑装饰（申万）

下跌了 –13.70%，沪深 300 上涨了 29.01%，建筑装饰指数大幅跑输大盘 –42.70%。此阶段受房地产寒潮影响，建筑装饰行业大幅下降。

2021 年 4 月 1 日至 2022 年 5 月 30 日：此阶段建筑装饰（申万）上涨了 5.54%，沪深 300 下跌了 –19.94%，建筑装饰指数大幅跑赢大盘 25.48%，因此，建筑装饰行业估值一直处于低位，回调较小。

图 3-60　2012—2022 年建筑装饰行业与沪深 300 走势对比

图 3-61　2012—2022 年建筑装饰行业与沪深 300（可比）走势对比

## 5.4.18 房地产

### (1) 基本信息及主要成分构成

本书房地产行业的分析主要基于房地产（申万）指数的研究，房地产（申万）基本信息如下：

表 3-124

| 指数名称 | 房地产（申万） |
| --- | --- |
| 英文名称 | Real Estate（SWS） |
| 指数代码 | 801180.SI |
| 指数类型 | 股票类 |
| 基日 | 1999 年 12 月 30 日 |
| 基点 | 1000 |
| 发布日期 | 2003 年 10 月 16 日 |
| 发布机构 | 申银万国指数 |
| 加权方式 | 自由流通市值加权 |
| 收益处理方式 | 价格指数 |
| 成分数量 | 115 |

房地产（申万）市值构成相对集中。前十大上市公司的权重占比为 52.73%（剔除掉排名前两位的中国万科和保利地产后，剩余 8 家上市公司权重占比为 19.13%），具体如下：

表 3-125

| 排名 | 证券代码 | 证券名称 | 权重 | 自由流通市值 |
| --- | --- | --- | --- | --- |
| 1 | 000002.SZ | 万科 A | 16.81% | 1,101.97 |
| 2 | 600048.SH | 保利发展 | 16.79% | 1,228.80 |
| 3 | 001979.SZ | 招商蛇口 | 5.39% | 426.43 |
| 4 | 600383.SH | 金地集团 | 2.60% | 429.6 |

续表

| 排名 | 证券代码 | 证券名称 | 权重 | 自由流通市值 |
|---|---|---|---|---|
| 5 | 600325.SH | 华发股份 | 2.32% | 165.24 |
| 6 | 000069.SZ | 华侨城A | 2.28% | 200.18 |
| 7 | 601155.SH | 新城控股 | 1.91% | 125.04 |
| 8 | 002244.SZ | 滨江集团 | 1.63% | 120.04 |
| 9 | 600606.SH | 绿地控股 | 1.59% | 104.84 |
| 10 | 600208.SH | 新湖中宝 | 1.41% | 92.59 |

按照申万二级行业分类房地产可分为房地产开发和房地产服务，房地产开发市值占比96.76%，其中住宅开发占比70.87%，前十大上市公司中，只有招商蛇口一家属于商业地产开发。

表3-126

| 二级分类 | 成分股个数 | 成分股占比 | 市值（亿元） | 市值占比 | 平均市值 |
|---|---|---|---|---|---|
| SW房地产 | 115 | 100.00% | 7,378.52 | 100.00% | 64.16 |
| 房地产开发 | 106 | 92.17% | 7,139.33 | 96.76% | 67.35 |
| 房地产服务 | 9 | 7.83% | 239.19 | 3.24% | 26.58 |

### （2）行业盈利及股息指标

近年来，随着我国进入人口负增长的阶段，房地产行业整体收入同比增速呈下降趋势，导致房地产行业的净利润呈巨幅下降趋势，收入同比增长达到35.90%，归母净利润同比下降达-90.36%。

表3-127

| 主要科目项目 | 2019A | 2020A | 2021A | 2022E | 年度 | 股息率 | 现金分红总额（亿元） |
|---|---|---|---|---|---|---|---|
| 主营业务收入（亿元） | 25,188.76 | 27,788.49 | 30,210.61 | 31,269.22 | 2022 | 2.56% | 382.45 |
| 同比 | 21.24% | 10.32% | 8.72% | 3.50% | 2021 | 3.66% | 655.14 |

续表

| 主要科目项目 | 2019A | 2020A | 2021A | 2022E | 年度 | 股息率 | 现金分红总额（亿元） |
|---|---|---|---|---|---|---|---|
| 归母净利润（亿元） | 2,335.89 | 2,032.29 | 303.37 | 225.23 | 2020 | 3.68% | 721.89 |
| 同比 | 14.92% | −13.00% | −85.07% | −25.76% | 2019 | 2.83% | 650.60 |
| 每股收益−稀释 | 0.83 | 0.74 | 0.11 | 0.09 | 2018 | 3.17% | 574.67 |
| 同比 | 8.18% | −11.05% | −85.54% | −18.79% | 2017 | 1.76% | 431.20 |
| PE | 9.07 | 9.85 | 60.77 | 68.85 | 2016 | 1.35% | 322.99 |
| PEG | 140.00% | −176.00% | −47.00% | 594.00% | 2015 | 0.77% | 208.59 |
| 净利润（亿元） | 2,947.12 | 2,667.66 | 756.91 | — | 2014 | 1.07% | 183.99 |
| 同比 | 14.22% | −9.48% | −71.63% |  | 2013 | 1.46% | 143.43 |

## （3）房地产（申万）指数与宽基的相关性分析及涨跌幅对照

根据 2017 年 1 月 1 日至 2023 年 1 月 1 日的数据，房地产（申万）指数和上证 50、沪深 300、中证 500 和中证 1000 的相关性较低，均在 0.3 以下。以券商为主的房地产是强周期性行业，所以，股价表现与各指数走势紧密相关。

表 3-128

|  | 上证 50 | 沪深 300 | 中证 500 | 中证 1000 |
|---|---|---|---|---|
| 房地产（申万） | −0.171 | −0.248 | 0.013 | 0.268 |

2012 年 1 月 1 日至 2022 年 12 月 31 日，申万房地产指数跑输沪深 300，此阶段沪深 300 上涨了 68.42%，申万房地产上涨了 43.58%。

将房地产（申万）与沪深 300 进行对比，有两个阶段偏离度较大：

2015 年 1 月 1 日至 2015 年 6 月 15 日：大牛市期间房地产（申万）上涨了 75.16%，沪深 300 上涨了 43.38%，房地产指数小幅领先于大盘 31.78%，主要除了大牛市的整体因素外，此时货币宽松与限购政策的

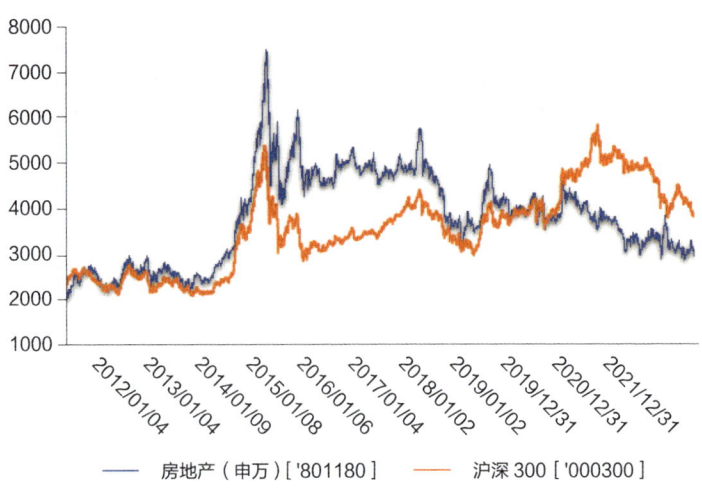

图 3-62　2012—2022 年申万房地产行业与沪深 300 走势对比

图 3-63　2012—2022 年申万房地产行业与沪深 300（可比）走势对比

放松，大幅刺激了房地产企业的发展。

2020年1月1日至2022年7月30日：新冠疫情发生后，牛市期间房地产（申万）下跌了-28.89%，沪深300上涨了0.43%，房地产指数大幅跑输于大盘-29.32%，这是由于疫情导致经济下行，且政策对房地产行业不友好等因素造成的。

## 5.4.19 农林牧渔

### （1）基本信息及主要成分构成

本书农林牧渔行业的分析主要基于农林牧渔（申万）指数的研究，农林牧渔（申万）基本信息如下：

表3-129

| 指数名称 | 农林牧渔（申万） |
| --- | --- |
| 英文名称 | Agriculture,Forestry,AnimalHusbandryandFishery（SWS） |
| 指数代码 | 801010.SI |
| 指数类型 | 股票类 |
| 基日 | 1999年12月30日 |
| 基点 | 1000 |
| 发布日期 | 2003年10月16日 |
| 发布机构 | 申银万国指数 |
| 加权方式 | 自由流通市值加权 |
| 收益处理方式 | 价格指数 |
| 成分数量 | 99 |

农林牧渔（申万）市值构成是相对集中的。前十大上市公司的权重占比为59.6%，（但剔除掉排名第一和第二的牧原股份和温氏股份后，剩余8家上市公司权重占比仅为24.23%），具体如下：

表 3-130

| 排名 | 证券代码 | 证券名称 | 权重 | 自由流通市值 |
|---|---|---|---|---|
| 1 | 002714.SZ | 牧原股份 | 19.34% | 1,376.76 |
| 2 | 300498.SZ | 温氏股份 | 16.03% | 1,120.99 |
| 3 | 002311.SZ | 海大集团 | 6.84% | 469.28 |
| 4 | 000876.SZ | 新希望 | 4.28% | 301.44 |
| 5 | 002385.SZ | 大北农 | 3.61% | 270.47 |
| 6 | 300999.SZ | 金龙鱼 | 3.10% | 239.63 |
| 7 | 000998.SZ | 隆平高科 | 1.89% | 143.38 |
| 8 | 002299.SZ | 圣农发展 | 1.80% | 129.24 |
| 9 | 002124.SZ | 天邦食品 | 1.41% | 111.8 |
| 10 | 002100.SZ | 天康生物 | 1.30% | 101.26 |

农林牧渔行业是市值大行业，但也只是个别行业，农林牧渔（申万）指数共包括99只股票，按照申万二级行业分类农林牧渔可分为种植业、渔业、林业、饲料、农产品加工、养殖业、动物保健、农业综合8个行业。其中，最主要的为养殖行业，市值占比高达42.67%。

表 3-131

| 二级分类 | 成分股个数 | 成分股占比 | 市值（亿元） | 市值占比 | 平均市值 |
|---|---|---|---|---|---|
| SW 农林牧渔 | 99 | 100.00% | 15,074.53 | 100.00% | 152.27 |
| 渔业 | 6 | 6.06% | 229.76 | 1.52% | 38.29 |
| 农产品加工 | 23 | 23.23% | 3,685.59 | 24.45% | 160.24 |
| 养殖业 | 22 | 22.22% | 6,432.25 | 42.67% | 292.38 |
| 动物保健Ⅱ | 8 | 8.08% | 623 | 4.13% | 77.88 |
| 饲料 | 14 | 14.14% | 2,204.61 | 14.62% | 157.47 |
| 种植业 | 20 | 20.20% | 1,654.70 | 10.98% | 82.74 |
| 农业综合Ⅱ | 2 | 2.02% | 122.02 | 0.81% | 61.01 |
| 林业Ⅱ | 4 | 4.04% | 122.6 | 0.81% | 30.65 |

### （2）行业盈利及股息指标

表 3-132

| 主要科目项目 | 2019A | 2020A | 2021A | 2022E | 年度 | 股息率 | 现金分红总额（亿元） |
|---|---|---|---|---|---|---|---|
| 主营业务收入（亿元） | 5,457.09 | 8,900.00 | 10,653.07 | 12,439.26 | 2022 | 0.44% | 62.74 |
| 同比 | 6.29% | 63.09% | 19.70% | 16.77% | 2021 | 1.03% | 174.14 |
| 归母净利润（亿元） | 459.24 | 737.01 | −340.80 | 77.40 | 2020 | 0.95% | 184.13 |
| 同比 | 275.98% | 60.48% | −146.24% | 122.71% | 2019 | 1.14% | 123.38 |
| 每股收益－稀释 | 0.59 | 0.85 | −0.34 | 0.07 | 2018 | 1.27% | 95.76 |
| 同比 | 362.67% | 42.48% | −140.10% | 121.89% | 2017 | 1.39% | 132.62 |
| PE | 28.14 | 25.23 | — | 191.95 | 2016 | 0.87% | 86.22 |
| PEG | 181.00% | 12.00% | −892.00% | — | 2015 | 0.30% | 31.51 |
| 净利润（亿元） | 487.92 | 804.09 | −343.74 | — | 2014 | 0.51% | 26.42 |
| 同比 | 252.30% | 64.80% | −142.75% | — | 2013 | 0.58% | 22.94 |

### （3）农林牧渔（申万）指数与宽基的相关性分析及涨跌幅对照

根据 2017 年 1 月 1 日至 2022 年 1 月 1 日的数据，农林牧渔（申万）指数和上证 50、沪深 300、中证 500、中证 1000 相关性较低，均在 0.7 以下。

表 3-133

| | 上证 50 | 沪深 300 | 中证 500 | 中证 1000 |
|---|---|---|---|---|
| 农林牧渔（申万） | 0.324 | 0.465 | 0.656 | 0.56 |

2012 年 1 月 1 日至 2022 年 12 月 31 日，申万农林牧渔指数轻微跑输沪深 300，此阶段沪深 300 上涨了 68.42%，申万农林牧渔上涨了 98.55%。

图 3-64 2012—2022 年农林牧渔行业与沪深 300 走势对比

图 3-65 2012—2022 年农林牧渔行业与沪深 300 走势对比

沪深300（可比）的趋势对比来看，农林牧渔行业与沪深300相关性不强，2020年，农林牧渔（申万）与沪深300出现了偏离度较大的情况。

2020年2月1日至2020年5月30日：在此期间，农林牧渔（申万）上涨了26.61%，沪深300上涨了4.84%，农林牧渔指数小幅领先于大盘21.77%。

2021年6月30日至2021年9月15日：在此期间，农林牧渔（申万）下跌了-12.65%，沪深300下跌了-6.83%，农林牧渔指数小幅跑输大盘-5.83%。

### 5.4.20 家用电器

#### （1）基本信息及主要成分构成

本书家用电器行业的分析主要基于申万家用电器指数的研究，家用电器（申万）基本信息如下：

表3-134

| 指数名称 | 家用电器（申万） |
| --- | --- |
| 英文名称 | Household Appliances（SWS） |
| 指数代码 | 801110.SI |
| 指数类型 | 股票类 |
| 基日 | 1999年12月30日 |
| 基点 | 1000 |
| 发布日期 | 2003年10月16日 |
| 发布机构 | 申银万国指数 |
| 加权方式 | 自由流通市值加权 |
| 收益处理方式 | 价格指数 |
| 成分数量 | 79 |

家用电器（申万）市值构成的特点是头部集中，尾部分散。前十大上市公司的权重占比为78.7%，剔除掉排名前两位的美的集团和格力股

份后，剩余 8 家上市公司权重占比仅为 29.29%，具体如下：

表 3-135

| 排名 | 证券代码 | 证券名称 | 权重 | 自由流通市值 |
|---|---|---|---|---|
| 1 | 000333.SZ | 美的集团 | 31.05% | 2,246.01 |
| 2 | 000651.SZ | 格力电器 | 18.36% | 1,389.88 |
| 3 | 600690.SH | 海尔智家 | 12.51% | 950.74 |
| 4 | 002050.SZ | 三花智控 | 5.42% | 401.67 |
| 5 | 605117.SH | 德业股份 | 4.50% | 325.42 |
| 6 | 603486.SH | 科沃斯 | 1.88% | 127.28 |
| 7 | 002508.SZ | 老板电器 | 1.41% | 102.76 |
| 8 | 600839.SH | 四川长虹 | 1.32% | 95.31 |
| 9 | 600060.SH | 海信视像 | 1.18% | 85.04 |
| 10 | 002011.SZ | 盾安环境 | 1.07% | 82.7 |

家用电器（申万）指数共包括 88 只股票，按照申万二级行业分类家用电器可分为白色家电、黑色家电、小家电、厨卫电器、照明设备、家电零部件、其他家电七大类。其中，最主要的为白色家电行业，市值占比为 50.24%。

表 3-136

| 二级分类 | 成分股个数 | 成分股占比 | 市值（亿元） | 市值占比 | 平均市值 |
|---|---|---|---|---|---|
| SW 家用电器 | 88 | 100.00% | 14,302.20 | 100.00% | — |
| SW 白色家电 | 10 | 11.36% | 7,185.45 | 50.24% | 718.54 |
| SW 黑色家电 | 12 | 13.64% | 1,043.59 | 7.30% | 86.97 |
| SW 小家电 | 19 | 21.59% | 2,261.92 | 15.82% | 119.05 |
| SW 厨卫电器 | 9 | 10.23% | 679.21 | 4.75% | 75.47 |
| SW 照明设备Ⅱ | 9 | 10.23% | 480.72 | 3.36% | 53.41 |
| SW 家电零部件Ⅱ | 26 | 29.55% | 2,540.44 | 17.76% | 97.71 |
| SW 其他家电Ⅱ | 3 | 3.41% | 110.87 | 0.78% | 36.96 |

### （2）行业盈利及股息指标

近年来，整个机械设备行业收入利润呈稳定上升的趋势，2019—2022年，收入同比增长达到32.92%，归母净利润同比增长高达51.57%。

表 3-137

| 主要科目项目 | 2019A | 2020A | 2021A | 2022A | 年度 | 股息率 | 现金分红总额（亿元） |
|---|---|---|---|---|---|---|---|
| 主营业务收入（亿元） | 11,107.91 | 11,320.71 | 13,771.05 | 14,764.99 | 2022 | 3.02% | 422.12 |
| 同比 | -9.01% | 1.92% | 21.64% | 7.22% | 2021 | 2.36% | 406.26 |
| 归母净利润（亿元） | 692.42 | 745.62 | 872.61 | 1,049.50 | 2020 | 1.84% | 335.31 |
| 同比 | 8.85% | 7.68% | 17.03% | 20.27% | 2019 | 2.23% | 302.88 |
| 每股收益-稀释 | 1.06 | 1.06 | 1.09 | 1.30 | 2018 | 2.07% | 196.57 |
| 同比 | 37.60% | -0.37% | 3.03% | 19.70% | 2017 | 1.89% | 258.65 |
| PE | 18.28 | 24.55 | 16.74 | 14.21 | 2016 | 2.12% | 214.26 |
| PEG | -172.00% | -281.00% | 63.00% | 83.00% | 2015 | 1.96% | 191.48 |
| 净利润（亿元） | 754.68 | 799.08 | 904.87 | — | 2014 | 2.14% | 127.53 |
| 同比 | 9.52% | 5.88% | 13.24% | — | 2013 | 1.46% | 69.52 |

### （3）家用电器（申万）指数与宽基的相关性分析及涨跌幅对照

根据2017年1月1日至2022年12月31日的数据，家用电器（申万）指数和上证50、沪深300的相关性很高，均在0.9以上。

表 3-138

|  | 上证50 | 沪深300 | 中证500 | 中证1000 |
|---|---|---|---|---|
| 家用电器（申万） | 0.951 | 0.926 | 0.526 | 0.202 |

2012年1月1日至2022年12月31日，申万家用电器指数显著

跑赢沪深300，此阶段沪深300上涨了68.42%，申万家用电器上涨了255.17%。

图 3-66　2012—2022年家用电器行业与沪深300走势对比

图 3-67　2012—2022年家用电器行业与沪深300走势对比

## 5.4.21 通信行业

**(1) 基本信息及主要成分构成**

本书通信行业的分析主要基于申万通信行业指数的研究,通信(申万)基本信息如下:

表 3-139

| 指数名称 | 通信(申万) |
|---|---|
| 英文名称 | Communications(SWS) |
| 指数代码 | 801770.SI |
| 指数类型 | 股票类 |
| 基日 | 1999年12月30日 |
| 基点 | 1000 |
| 发布日期 | 2014年2月21日 |
| 发布机构 | 申银万国指数 |
| 加权方式 | 自由流通市值加权 |
| 收益处理方式 | 价格指数 |
| 成分数量 | 105 |

通信(申万)市值构成较为分散。前十大上市公司的权重占比为54.78%,(但剔除掉排名前两位的中天科技和中兴通讯后,剩余8家上市公司权重占比仅为33.52%),具体如下:

表 3-140

| 排名 | 证券代码 | 证券名称 | 权重 | 自由流通市值 |
|---|---|---|---|---|
| 1 | 600522.SH | 中天科技 | 10.80% | 600522.SH |
| 2 | 000063.SZ | 中兴通讯 | 10.46% | 000063.SZ |
| 3 | 600050.SH | 中国联通 | 7.57% | 600050.SH |
| 4 | 600487.SH | 亨通光电 | 5.63% | 600487.SH |

续表

| 排名 | 证券代码 | 证券名称 | 权重 | 自由流通市值 |
|---|---|---|---|---|
| 5 | 600941.SH | 中国移动 | 5.37% | 600941.SH |
| 6 | 601728.SH | 中国电信 | 5.34% | 601728.SH |
| 7 | 300628.SZ | 亿联网络 | 3.42% | 300628.SZ |
| 8 | 300308.SZ | 中际旭创 | 2.43% | 300308.SZ |
| 9 | 603236.SH | 移远通信 | 2.34% | 603236.SH |
| 10 | 600498.SH | 烽火通信 | 1.42% | 600498.SH |

通信（申万）行业指数共包括107只股票，按照申万二级行业分类通信行业可分为通信服务（电信运营商、通信工程及服务、通信应用增值服务）和通信设备（通信网络设备及器件、通信线缆及配套、通信终端及配件、其他通信设备）。

表3-141

| 二级分类 | 成分股个数 | 成分股占比 | 市值（亿元） | 市值占比 | 平均市值 |
|---|---|---|---|---|---|
| SW通信 | 107 | 100.00% | 28,037.63 | 100.00% | 262.03 |
| 通信服务 | 37 | 34.58% | 21,091.10 | 75.22% | 570.03 |
| 通信设备 | 70 | 65.42% | 6,946.53 | 24.78% | 99.24 |

### （2）行业盈利及股息指标

近年来，整个通信行业收入利润稳定上升，2019—2022年，收入同比增长达到35.90%，归母净利润同比增长高达144.63%。

表3-142

| | 2019A | 2020A | 2021A | 2022A | 年度 | 股息率 | 现金分红总额（亿元） |
|---|---|---|---|---|---|---|---|
| 主营业务收入（亿元） | 11,107.91 | 11,320.71 | 13,771.05 | 14,764.99 | 2022 | 3.02% | 422.12 |
| 同比 | −9.01% | 1.92% | 21.64% | 7.22% | 2021 | 2.36% | 406.26 |

续表

| | 2019A | 2020A | 2021A | 2022A | 年度 | 股息率 | 现金分红总额（亿元） |
|---|---|---|---|---|---|---|---|
| 归母净利润（亿元） | 692.42 | 745.62 | 872.61 | 1,049.50 | 2020 | 1.84% | 335.31 |
| 同比 | 8.85% | 7.68% | 17.03% | 20.27% | 2019 | 2.23% | 302.88 |
| 每股收益-稀释 | 1.06 | 1.06 | 1.09 | 1.30 | 2018 | 2.07% | 196.57 |
| 同比 | 37.60% | −0.37% | 3.03% | 19.70% | 2017 | 1.89% | 258.65 |
| PE | 18.28 | 24.55 | 16.74 | 14.21 | 2016 | 2.12% | 214.26 |
| PEG | −172.00% | −281.00% | 63.00% | 83.00% | 2015 | 1.96% | 191.48 |
| 净利润（亿元） | 754.68 | 799.08 | 904.87 | — | 2014 | 2.14% | 127.53 |
| 同比 | 9.52% | 5.88% | 13.24% | — | 2013 | 1.46% | 69.52 |

### （3）通信行业（申万）指数与宽基的相关性分析及涨跌幅对照

需要特别注意的是，根据2017年1月1日至2022年12月31日数据，通信（申万）指数和上证50、沪深300相关性较低，但和中证500和中证1000的相关性很高，均在0.95以上。

表3-143

| | 上证50 | 沪深300 | 中证500 | 中证1000 |
|---|---|---|---|---|
| 通信行业（申万） | 0.751 | 0.873 | 0.976 | 0.963 |

2012年1月1日至2022年12月31日，通信（申万）指数略微跑输沪深300，此阶段沪深300上涨了68.42%，通信（申万）上涨了35.24%。

图 3-68 2012—2022 年通信行业与沪深 300 走势对比

图 3-69 2012—2022 年通信行业与沪深 300 走势对比

### 5.4.22 商贸零售

**(1) 基本信息及主要成分构成**

本书商贸零售行业的分析主要基于商贸零售(申万)指数的研究,商贸零售(申万)基本信息如下:

表 3-144

| 指数名称 | 商贸零售(申万) |
| --- | --- |
| 英文名称 | SWS Commerce & Retai lngIndex |
| 指数代码 | 801200.SI |
| 指数类型 | 股票类 |
| 基日 | 1999 年 12 月 30 日 |
| 基点 | 1000 |
| 发布日期 | 2003 月 10 月 16 日 |
| 发布机构 | 申银万国指数 |
| 加权方式 | 自由流通市值加权 |
| 收益处理方式 | 价格指数 |
| 成分数量 | 104 |

商贸零售(申万)市值构成较为分散。前十大上市公司的权重占比为 58.38%,(剔除掉排名第一的中国中免后,剩余 9 家上市公司权重占比仅为 23.62%),具体如下:

表 3-145

| 排名 | 证券代码 | 证券名称 | 权重 | 自由流通市值 |
| --- | --- | --- | --- | --- |
| 1 | 601888.SH | 中国中免 | 34.76% | 1,691.09 |
| 2 | 603613.SH | 国联股份 | 8.30% | 406.37 |
| 3 | 600859.SH | 王府井 | 2.82% | 158.95 |
| 4 | 601028.SH | 玉龙股份 | 2.22% | 98.43 |
| 5 | 600415.SH | 小商品城 | 2.11% | 102.49 |
| 6 | 601933.SH | 永辉超市 | 1.91% | 121.82 |

续表

| 排名 | 证券代码 | 证券名称 | 权重 | 自由流通市值 |
|---|---|---|---|---|
| 7 | 600655.SH | 豫园股份 | 1.86% | 114.63 |
| 8 | 002127.SZ | 南极电商 | 1.60% | 79.02 |
| 9 | 000785.SZ | 居然之家 | 1.40% | 72.1 |
| 10 | 600811.SH | 东方集团 | 1.40% | 68.03 |

商贸零售（申万）指数共包括106只股票，按照申万二级行业分类，商贸零售行业可分为贸易、一般零售、专业连锁、互联网电商、旅游零售五大类，一般零售和旅游零售市值占商贸零售行业的半壁江山，合计占比为73.08%。

表3-146

| 二级分类 | 成分股个数 | 成分股占比 | 市值（亿元） | 市值占比 | 平均市值 |
|---|---|---|---|---|---|
| SW商贸零售 | 106 | 100.00% | 10,771.28 | 100.00% | — |
| SW贸易Ⅱ | 12 | 11.32% | 828.03 | 7.69% | 69.00 |
| SW一般零售 | 66 | 62.26% | 4,257.78 | 39.53% | 64.51 |
| SW专业连锁Ⅱ | 8 | 7.55% | 528.43 | 4.91% | 66.05 |
| SW互联网电商 | 19 | 17.92% | 1,543.32 | 14.33% | 81.23 |
| SW旅游零售Ⅱ | 1 | 0.94% | 3,613.72 | 33.55% | 3,613.72 |

### （2）行业盈利及股息指标

表3-147

| 主要科目项目 | 2019A | 2020A | 2021A | 2022A | 年度 | 股息率 | 现金分红总额（亿元） |
|---|---|---|---|---|---|---|---|
| 主营业务收入（亿元） | 6,929.27 | 7,152.42 | 12,506.47 | 22,825.77 | 2022 | 2.72% | 320.00 |
| 同比 | -2.25% | 3.22% | 74.86% | 82.51% | 2021 | 0.56% | 78.41 |
| 归母净利润（亿元） | -94.65 | 164.95 | 328.74 | 1,791.80 | 2020 | 0.60% | 62.91 |

续表

| 主要科目项目 | 2019A | 2020A | 2021A | 2022A | 年度 | 股息率 | 现金分红总额（亿元） |
|---|---|---|---|---|---|---|---|
| 同比 | −271.28% | 274.28% | 99.30% | 445.05% | 2019 | 0.54% | 59.26 |
| 每股收益-稀释 | −0.10 | 0.17 | 0.18 | 0.84 | 2018 | 0.52% | 48.74 |
| 同比 | −277.02% | 275.97% | 4.52% | 370.44% | 2017 | 0.29% | 33.47 |
| PE | — | 56.41 | 17.43 | 15.21 | 2016 | 0.45% | 44.88 |
| PEG | −33161.00% | −210.00% | 152.00% | 107.00% | 2015 | 0.36% | 37.77 |
| 净利润（亿元） | −23.06 | 243.46 | 423.52 | — | | | |
| 同比 | −119.86% | 1155.66% | 73.96% | | | | |

**（3）商贸零售行业与宽基的相关性分析及涨跌幅对照**

需要特别注意的是，根据2017年1月1日至2023年1月1日数据，申万商贸零售行业指数和上证50、沪深300、中证500和中证1000的相关性很低，均为负数。

表3-148

| | 上证50 | 沪深300 | 中证500 | 中证1000 |
|---|---|---|---|---|
| 商贸零售行业（申万） | −0.063 | −0.077 | −0.051 | −0.104 |

2012年1月1日至2022年12月31日，申万商贸零售行业指数略微跑输沪深300，此阶段沪深300上涨了68.42%，申万商贸零售下跌了−4.71%。

从商贸零售（申万）与沪深300（可比）的趋势对比来看，2020年后，商贸零售（申万）与沪深300出现了偏离度较大的情况。

2020年8月31日至2021年3月31日：此期间商贸零售（申万）下降了−21.32%，沪深300上涨了4.82%，商贸零售（申万）大幅跑输大盘−26.14%。

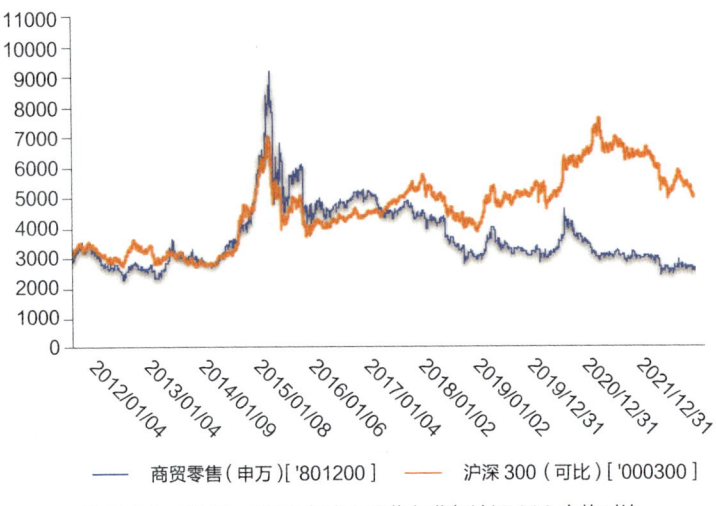

图 3-70　2012—2022 年商贸零售行业与沪深 300 走势对比

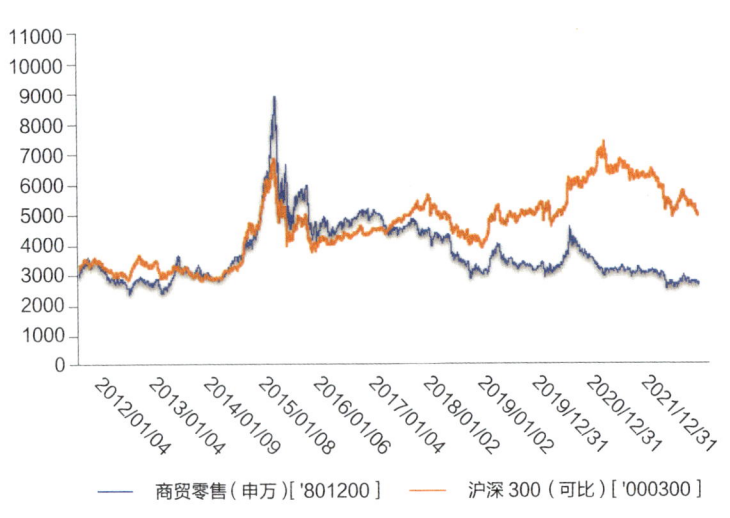

图 3-71　2012—2022 年商贸零售行业与沪深 300（可比）走势对比

### 5.4.23 传媒

**(1) 基本信息及主要成分构成**

本书传媒行业的分析主要基于传媒（申万）的研究，传媒（申万）基本信息如下：

表 3-149

| 指数名称 | 传媒（申万） |
| --- | --- |
| 英文名称 | Media（SWS） |
| 指数代码 | 801760.SI |
| 指数类型 | 股票类 |
| 基日 | 2014年2月20日 |
| 基点 | 1000 |
| 发布日期 | 2014年2月21日 |
| 发布机构 | 申银万国指数 |
| 加权方式 | 自由流通市值加权 |
| 收益处理方式 | 价格指数 |
| 成分数量 | 140 |

传媒（申万）市值构成较为分散。前十大上市公司的权重占比为32.51%，（剔除掉排名第一中分众传媒后，剩余9家上市公司权重占比仅为22.11%），具体如下：

表 3-150

| 排名 | 证券代码 | 证券名称 | 权重 | 自由流通市值 |
| --- | --- | --- | --- | --- |
| 1 | 002027.SZ | 分众传媒 | 10.40% | 547.98 |
| 2 | 002555.SZ | 三七互娱 | 3.68% | 199.7 |
| 3 | 002602.SZ | 世纪华通 | 3.01% | 192.48 |
| 4 | 300413.SZ | 芒果超媒 | 2.86% | 150.94 |

续表

| 排名 | 证券代码 | 证券名称 | 权重 | 自由流通市值 |
|---|---|---|---|---|
| 5 | 002624.SZ | 完美世界 | 2.53% | 161.37 |
| 6 | 600637.SH | 东方明珠 | 2.23% | 116.21 |
| 7 | 300343.SZ | 联创股份 | 2.10% | 110.44 |
| 8 | 002739.SZ | 万达电影 | 1.93% | 106.16 |
| 9 | 603444.SH | 吉比特 | 1.90% | 107.53 |
| 10 | 002291.SZ | 星期六 | 1.87% | 97.42 |

传媒（申万）指数共包括140只股票，按照申万二级行业分类传媒行业可分为游戏、广告营销、影视院线、数字媒体、出版、电视广播。

表3-151

| 二级分类 | 成分股个数 | 成分股占比 | 市值（亿元） | 市值占比 | 平均市值 |
|---|---|---|---|---|---|
| SW传媒 | 140 | 100.00% | 12,261.56 | 100.00% | 87.58 |
| 出版 | 29 | 20.71% | 2,131.02 | 17.38% | 73.48 |
| 广告营销 | 32 | 22.86% | 2,625.24 | 21.41% | 82.04 |
| 影视院线 | 22 | 15.71% | 1,958.68 | 15.97% | 89.03 |
| 游戏Ⅱ | 32 | 22.86% | 2,944.32 | 24.01% | 92.01 |
| 电视广播Ⅱ | 12 | 8.57% | 1,260.12 | 10.28% | 105.01 |
| 数字媒体 | 13 | 9.29% | 1,342.18 | 10.95% | 103.24 |

## （2）行业盈利及股息指标

表3-152

| 主要科目项目 | 2019A | 2020A | 2021A | 2022A | 年度 | 股息率 | 现金分红总额（亿元） |
|---|---|---|---|---|---|---|---|
| 主营业务收入（亿元） | 6,692.32 | 5,993.64 | 5,320.19 | 5,552.88 | 2022 | 2.17% | 194.35 |
| 同比 | 14.74% | -10.44% | -11.24% | 4.37% | 2021 | 1.06% | 168.85 |
| 归母净利润（亿元） | -1.63 | 20.11 | 366.93 | 456.53 | 2020 | 0.93% | 171.71 |

续表

| 主要科目项目 | 2019A | 2020A | 2021A | 2022A | 年度 | 股息率 | 现金分红总额(亿元) |
|---|---|---|---|---|---|---|---|
| 同比 | 99.40% | 1333.34% | 1724.31% | 24.42% | 2019 | 0.89% | 158.96 |
| 每股收益-稀释 | 0.00 | 0.01 | 0.21 | 0.27 | 2018 | 1.14% | 140.69 |
| 同比 | 99.47% | 1341.48% | 1860.02% | 32.88% | 2017 | 0.73% | 139.73 |
| PE | — | 703.94 | 30.20 | 23.15 | 2016 | 0.39% | 76.59 |
| PEG | — | — | −42.00% | 104.00% | 2015 | 0.27% | 54.32 |
| 净利润（亿元） | 28.13 | 30.30 | 383.55 | — | — | | |
| 同比 | 110.52% | 7.74% | 1165.70% | — | — | | |

**（3）传媒行业（申万）指数与宽基的相关性分析及涨跌幅对照**

特别值得注意的，根据2017年1月1日至2022年12月31日的数据，传媒行业（申万）指数和上证50、沪深300相关性很低，均为负数。

表3-153

| | 上证50 | 沪深300 | 中证500 | 中证1000 |
|---|---|---|---|---|
| 传媒行业（申万） | −0.169 | −0.128 | 0.322 | 0.613 |

2012年1月1日至2022年12月31日，传媒行业（申万）指数严重跑输沪深300，此阶段沪深300上涨了68.42%，传媒行业（申万）上涨了25.26%。

从传媒（申万）与沪深300（可比）的趋势对比来看，2020年后，传媒（申万）与沪深300出现了偏离度较大。

2015年5月30日至2021年12月31日：在此期间，传媒（申万）下降了−69.73%，沪深300上涨了2.06%，传媒指数大幅跑输大盘−71.79%。

图 3-72　2012—2022 年申万传媒行业与沪深 300 走势对比

图 3-73　2012—2022 年申万传媒行业与沪深 300（可比）走势对比

## 5.4.24 建筑建材

### （1）基本信息及主要成分构成

本书建筑建材行业的分析主要基于建筑材料（申万）指数的研究，建筑材料（申万）基本信息如下：

表 3-154

| 指数名称 | 建筑材料（申万） |
|---|---|
| 英文名称 | ConstructionMaterials（SWS） |
| 指数代码 | 801710.SI |
| 指数类型 | 股票类 |
| 基日 | 1999 年 12 月 30 日 |
| 基点 | 1000 |
| 发布日期 | 2014 年 2 月 21 日 |
| 发布机构 | 申银万国指数 |
| 加权方式 | 自由流通市值加权 |
| 收益处理方式 | 价格指数 |
| 成分数量 | 74 |

建筑材料（申万）市值构成分散。前十大上市公司的权重占比为55.73%，（剔除掉海螺水泥和东方雨虹后，剩余 8 家上市公司权重占比仅为 29.61%），具体如下：

表 3-155

| 排名 | 证券代码 | 证券名称 | 权重 | 自由流通市值 |
|---|---|---|---|---|
| 1 | 600585.SH | 海螺水泥 | 14.60% | 598.47 |
| 2 | 002271.SZ | 东方雨虹 | 11.52% | 471.66 |
| 3 | 600176.SH | 中国巨石 | 7.47% | 306.25 |
| 4 | 000786.SZ | 北新建材 | 5.02% | 212.91 |

续表

| 排名 | 证券代码 | 证券名称 | 权重 | 自由流通市值 |
|---|---|---|---|---|
| 5 | 601636.SH | 旗滨集团 | 3.74% | 153.36 |
| 6 | 002080.SZ | 中材科技 | 3.38% | 143.73 |
| 7 | 603737.SH | 三棵树 | 2.85% | 115.68 |
| 8 | 002372.SZ | 伟星新材 | 2.68% | 112.7 |
| 9 | 600801.SH | 华新水泥 | 2.24% | 91.71 |
| 10 | 600586.SH | 金晶科技 | 2.23% | 91.58 |

建筑材料（申万）指数共包括74只股票，按照申万二级行业分类建筑建材行业可分为水泥、玻璃玻纤、装修建材。其中最主要的为水泥行业，市值占比为41.92%。

表3-156

| 二级分类 | 成分股个数 | 成分股占比 | 市值（亿元） | 市值占比 | 平均市值 |
|---|---|---|---|---|---|
| SW建筑材料 | 74 | 100.00% | 9,890.30 | 100.00% | 133.65 |
| 玻璃玻纤 | 15 | 20.27% | 2,184.42 | 22.09% | 145.63 |
| 装修建材 | 34 | 45.95% | 3,560.04 | 36.00% | 104.71 |
| 水泥 | 25 | 33.78% | 4,145.84 | 41.92% | 165.83 |

### （2）行业盈利及股息指标

近年来，建筑材料收入利润稳定上升，2019—2022年，收入同比增长达到48.98%，归母净利润同比增长高达25.16%。

表3-157

| 主要科目项目 | 2019A | 2020A | 2021A | 2022A | 年度 | 股息率 | 现金分红总额（亿元） |
|---|---|---|---|---|---|---|---|
| 主营业务收入（亿元） | 6,014.95 | 6,738.59 | 9,110.13 | 8,960.86 | 2022 | 3.51% | 310.61 |
| 同比 | 36.66% | 12.03% | 35.19% | -1.64% | 2021 | 1.74% | 223.90 |

续表

| 主要科目项目 | 2019A | 2020A | 2021A | 2022A | 年度 | 股息率 | 现金分红总额（亿元） |
|---|---|---|---|---|---|---|---|
| 归母净利润（亿元） | 698.80 | 796.69 | 952.56 | 874.59 | 2020 | 1.97% | 192.64 |
| 同比 | 25.06% | 14.01% | 19.56% | −8.19% | 2019 | 2.15% | 158.85 |
| 每股收益－稀释 | 1.01 | 1.09 | 1.09 | 1.01 | 2018 | 2.25% | 104.88 |
| 同比 | 5.03% | 7.84% | −0.02% | −7.24% | 2017 | 0.84% | 56.79 |
| PE | 13.43 | 14.86 | 11.87 | 10.96 | 2016 | 0.63% | 44.41 |
| PEG | 67.00% | 191.00% | 70.00% | 225.00% | 2015 | 0.94% | 61.40 |
| 净利润（亿元） | 766.28 | 879.61 | 1,044.64 | — | 2014 | 1.00% | 48.02 |
| 同比 | 29.71% | 14.79% | 18.76% |  | 2013 | 1.07% | 33.77 |

### （3）建筑建材行业与宽基的相关性分析及涨跌幅对照

根据2017年1月1日至2023年1月1日的数据，申万建筑建材行业指数和上证50、沪深300、中证500相关性很高，均在0.95以上，和中证1000的相关性相对较低，在0.9以下。这是因为以券商为主的建筑建材是强周期性行业，其股价表现与各指数走势紧密相关。

表3-158

|  | 上证50 | 沪深300 | 中证500 | 中证1000 |
|---|---|---|---|---|
| 建筑建材行业（申万） | 0.959 | 0.976 | 0.887 | 0.905 |

如图，建筑装饰（申万）与沪深300相关性极高。2012年1月1日至2022年12月31日，申万建筑建材行业指数跑赢沪深300，此阶段沪深300上涨了68.42%，申万建筑建材上涨了90.18%。

图 3-74 2012—2022 年建筑材料行业与沪深 300 走势对比

图 3-75 2012—2022 年建筑材料行业与沪深 300（可比）走势对比

## 5.4.25 轻工制造

### （1）基本信息及主要成分构成

本书轻工制造行业的分析主要基于轻工制造（申万）指数的研究，轻工制造（申万）基本信息如下：

表 3-159

| 指数名称 | 轻工制造（申万） |
| --- | --- |
| 英文名称 | LightIndustry Manufacturing（SWS） |
| 指数代码 | 801140.SI |
| 指数类型 | 股票类 |
| 基日 | 1999 年 12 月 30 日 |
| 基点 | 1000 |
| 发布日期 | 2003 年 10 月 16 日 |
| 发布机构 | 申银万国指数 |
| 加权方式 | 自由流通市值加权 |
| 收益处理方式 | 价格指数 |
| 成分数量 | 149 |

轻工制造（申万）市值构成较为分散。前十大上市公司的权重占比为 32.68%，具体如下：

表 3-160

| 排名 | 证券代码 | 证券名称 | 权重 | 自由流通市值 |
| --- | --- | --- | --- | --- |
| 1 | 603833.SH | 欧派家居 | 4.50% | 173.98 |
| 2 | 002078.SZ | 太阳纸业 | 4.39% | 166.57 |
| 3 | 603899.SH | 晨光股份 | 4.38% | 145.35 |
| 4 | 603816.SH | 顾家家居 | 3.79% | 166.02 |

续表

| 排名 | 证券代码 | 证券名称 | 权重 | 自由流通市值 |
|---|---|---|---|---|
| 5 | 002831.SZ | 裕同科技 | 3.35% | 111.21 |
| 6 | 603195.SH | 公牛集团 | 3.11% | 103.16 |
| 7 | 002572.SZ | 索菲亚 | 2.56% | 85.18 |
| 8 | 603008.SH | 喜临门 | 2.34% | 77.67 |
| 9 | 600567.SH | 山鹰国际 | 2.29% | 76.1 |
| 10 | 002191.SZ | 劲嘉股份 | 1.97% | 70.57 |

轻工制造（申万）指数共包括149只股票，按照申万二级行业分类轻工制造行业可分为造纸、包装印刷、家居用品、文娱用品，最主要的行业为家居用品，市值占比为49.60%。

表 3-161

| 二级分类 | 成分股个数 | 成分股占比 | 市值（亿元） | 市值占比 | 平均市值 |
|---|---|---|---|---|---|
| SW 传媒 | 149 | 100.00% | 9,890.59 | 100.00% | 66.38 |
| 造纸 | 22 | 14.77% | 1,699.12 | 17.18% | 77.23 |
| 包装印刷 | 41 | 27.52% | 2,049.60 | 20.72% | 49.99 |
| 家居用品 | 65 | 43.62% | 4,905.68 | 49.60% | 75.47 |
| 文娱用品 | 21 | 14.09% | 1,236.19 | 12.50% | 58.87 |

### （2）行业盈利及股息指标

近年来，建筑材料收入利润稳定上升，2019—2022年，收入同比增长达到30.44%，归母净利润同比增长高达101.19%。

表 3-162

| 主要科目项目 | 2019A | 2020A | 2021A | 2022A | 年度 | 股息率 | 现金分红总额（亿元） |
|---|---|---|---|---|---|---|---|
| 主营业务收入（亿元） | 4,912.05 | 5,240.13 | 5,597.19 | 6,407.49 | 2022 | 1.66% | 142.22 |
| 同比 | 4.40% | 6.68% | 6.81% | 14.48% | 2021 | 1.10% | 122.46 |

续表

| 主要科目项目 | 2019A | 2020A | 2021A | 2022A | 年度 | 股息率 | 现金分红总额（亿元） |
|---|---|---|---|---|---|---|---|
| 归母净利润（亿元） | 212.49 | 343.08 | 346.72 | 427.51 | 2020 | 1.06% | 122.49 |
| 同比 | 8.12% | 61.46% | 1.06% | 23.30% | 2019 | 1.18% | 94.83 |
| 每股收益-稀释 | 0.24 | 0.37 | 0.42 | 0.50 | 2018 | 1.54% | 97.21 |
| 同比 | −0.55% | 54.53% | 13.65% | 18.86% | 2017 | 0.72% | 67.52 |
| PE | 34.36 | 36.95 | 23.80 | 20.35 | 2016 | 0.49% | 48.77 |
| PEG | −91.00% | 7342.00% | 70.00% | 78.00% | 2015 | 0.42% | 38.85 |
| 净利润（亿元） | 215.56 | 349.31 | 352.82 | — | 2014 | 0.74% | 31.16 |
| 同比 | 6.15% | 62.05% | 1.00% | — | 2013 | 0.92% | 31.19 |

**（3）轻工制造行业与宽基的相关性分析及涨跌幅对照**

根据 2017 年 1 月 1 日至 2022 年 12 月 31 日的数据，轻工制造（申万）指数和上证 50、沪深 300 相关性低，在 0.3 以下。

表 3-163

|  | 上证 50 | 沪深 300 | 中证 500 | 中证 1000 |
|---|---|---|---|---|
| 轻工制造（申万） | 0.098 | 0.231 | 0.702 | 0.866 |

2012 年 1 月 1 日至 2022 年 12 月 31 日，申万轻工制造行业指数略微跑赢沪深 300，此阶段沪深 300 上涨了 68.42%，申万轻工制造行业指数上涨了 72.38%。

### 5.4.26 钢铁

**（1）基本信息及主要成分构成**

本书钢铁行业的分析主要基于钢铁（申万）指数的研究，钢铁（申万）基本信息如下：

表 3-164

| 指数名称 | 钢铁（申万） |
|---|---|
| 英文名称 | Steel（SWS） |
| 指数代码 | 801040.SI |
| 指数类型 | 股票类 |
| 基日 | 1999 年 12 月 30 日 |
| 基点 | 1000 |
| 发布日期 | 2003 年 10 月 16 日 |
| 发布机构 | 申银万国指数 |
| 加权方式 | 自由流通市值加权 |
| 收益处理方式 | 价格指数 |
| 成分数量 | 44 |

钢铁行业市值较为分散。前十大上市公司的权重占比为 57.55%，（剔除掉前两位的宝钢股份和包钢股份后，剩余 8 家上市公司权重占比仅为 34.74%），具体如下：

表 3-165

| 排名 | 证券代码 | 证券名称 | 权重 | 自由流通市值 |
|---|---|---|---|---|
| 1 | 600019.SH | 宝钢股份 | 12.03% | 425.82 |
| 2 | 600010.SH | 包钢股份 | 10.78% | 382.52 |
| 3 | 600399.SH | 抚顺特钢 | 6.06% | 203.28 |
| 4 | 000629.SZ | 钒钛股份 | 5.81% | 179.91 |
| 5 | 600516.SH | 方大炭素 | 4.68% | 144.84 |
| 6 | 000708.SZ | 中信特钢 | 4.63% | 143.2 |
| 7 | 000932.SZ | 华菱钢铁 | 4.38% | 164.73 |
| 8 | 002318.SZ | 久立特材 | 3.15% | 98.41 |
| 9 | 000825.SZ | 太钢不锈 | 3.02% | 95.71 |
| 10 | 000709.SZ | 河钢股份 | 3.01% | 93.28 |

钢铁（申万）指数共包括47只股票，按照申万二级行业分类钢铁行业可分为冶钢原料、普钢、特钢Ⅱ。其中最主要的为普钢行业。

表 3-166

| 二级分类 | 成分股个数 | 成分股占比 | 市值（亿元） | 市值占比 | 平均市值 |
|---|---|---|---|---|---|
| SW 钢铁 | 47 | 100.00% | 8,602.89 | 100.00% | — |
| SW 冶钢原料 | 9 | 19.15% | 1,448.76 | 16.84% | 160.97 |
| SW 普钢 | 25 | 53.19% | 5,026.66 | 58.43% | 201.07 |
| SW 特钢Ⅱ | 13 | 27.66% | 2,127.48 | 24.73% | 163.65 |

### （2）行业盈利及股息指标

近年来，建筑材料收入利润稳定上升，2019—2022年，收入同比增长达到52.89%，归母净利润同比增长高达83.17%。

表 3-167

| 主要科目项目 | 2019A | 2020A | 2021A | 2022A | 年度 | 股息率 | 现金分红总额（亿元） |
|---|---|---|---|---|---|---|---|
| 主营业务收入（亿元） | 16,185.78 | 17,172.26 | 24,927.43 | 24,746.56 | 2022 | 6.05% | 364.97 |
| 同比 | 7.27% | 6.09% | 45.16% | -0.73% | 2021 | 3.70% | 427.56 |
| 归母净利润（亿元） | 567.89 | 596.44 | 1,221.55 | 1,040.22 | 2020 | 2.53% | 188.92 |
| 同比 | -42.55% | 5.03% | 104.81% | -14.84% | 2019 | 4.42% | 286.43 |
| 每股收益-稀释 | 0.31 | 0.31 | 0.57 | 0.48 | 2018 | 3.83% | 231.73 |
| 同比 | -44.94% | -0.53% | 83.92% | -15.84% | 2017 | 0.91% | 75.66 |
| PE | 10.85 | 16.36 | 8.25 | 8.12 | 2016 | 0.26% | 18.40 |
| PEG | -25.00% | -75.00% | 6.00% | 386.00% | 2015 | 0.80% | 55.82 |
| 净利润（亿元） | 634.74 | 655.83 | 1,340.59 | — | 2014 | 0.59% | 35.77 |
| 同比 | -40.82% | 3.32% | 104.41% | — | 2013 | 1.42% | 47.56 |

### （3）钢铁（申万）指数与宽基的相关性分析及涨跌幅对照

根据 2017 年 1 月 1 日至 2022 年 12 月 31 日的数据，钢铁（申万）指数和上证 50、沪深 300 相关性很低，在 0.2 以下。

表 3-168

|  | 上证 50 | 沪深 300 | 中证 500 | 中证 1000 |
| --- | --- | --- | --- | --- |
| 钢铁行业（申万） | 0.003 | 0.150 | 0.543 | 0.559 |

2012 年 1 月 1 日至 2022 年 12 月 31 日，申万钢铁行业指数跑输沪深 300，此阶段沪深 300 上涨了 68.42%，申万钢铁行业上涨了 17.71%。

从钢铁（申万）与沪深 300（可比）的趋势对比图来看，2019 年后，钢铁（申万）与沪深 300 出现了偏离度较大。

2019 年 1 月 1 日至 2019 年 12 月 31 日：大牛市期间钢铁（申万）下跌了 -2.09%，沪深 300 上涨了 36.07%，钢铁（申万）大幅跑输于大盘 -38.16%。

图 3-76 2012—2022 年申万钢铁行业与沪深 300 走势对比

图 3-77　2012—2022 年申万钢铁行业与沪深 300（可比）走势对比

## 5.4.27　环保行业

**（1）基本信息及主要成分构成**

本书环保行业的分析主要基于环保（申万）指数的研究，环保（申万）基本信息如下：

表 3-169

| 指数名称 | 环保（申万） |
| --- | --- |
| 英文名称 | SWSEnvironmentalprotectionIndex |
| 指数代码 | 801970.SI |
| 指数类型 | 股票类 |
| 基日 | 1999 年 12 月 30 日 |
| 基点 | 1000 |
| 发布日期 | 2021 年 12 月 13 日 |
| 发布机构 | 申银万国指数 |
| 加权方式 | 自由流通市值加权 |
| 收益处理方式 | 价格指数 |
| 成分数量 | 109 |

环保（申万）市值构成较为分散。前十大上市公司的权重占比为33.8%，具体如下：

表 3-170

| 排名 | 证券代码 | 证券名称 | 权重 | 自由流通市值 |
|---|---|---|---|---|
| 1 | 603568.SH | 伟明环保 | 4.70% | 128.41 |
| 2 | 300203.SZ | 聚光科技 | 4.36% | 120.95 |
| 3 | 600008.SH | 首创环保 | 3.86% | 61.14 |
| 4 | 603588.SH | 高能环境 | 3.79% | 103.69 |
| 5 | 300070.SZ | 碧水源 | 3.09% | 104.08 |
| 6 | 600388.SH | ST 龙净 | 2.98% | 88.67 |
| 7 | 600323.SH | 瀚蓝环境 | 2.87% | 87.19 |
| 8 | 000035.SZ | 中国天楹 | 2.81% | 82.46 |
| 9 | 002266.SZ | 浙富控股 | 2.72% | 76.12 |
| 10 | 603279.SH | 景津装备 | 2.62% | 75.63 |

环保（申万）指数共包括 109 只股票，按照申万二级行业分类环保行业可分为环境治理和环保设备，市值构成上主要是环境治理，占比80.69%。

表 3-171

| 二级分类 | 成分股个数 | 成分股占比 | 市值（亿元） | 市值占比 | 平均市值 |
|---|---|---|---|---|---|
| SW 环保 | 109 | 100.00% | 6,407.30 | 100.00% | 58.78 |
| 环境治理 | 88 | 80.73% | 5,170.24 | 80.69% | 58.75 |
| 环保设备 Ⅱ | 21 | 19.27% | 1,237.06 | 19.31% | 58.91 |

**（2）行业盈利及股息指标**

近年来，建筑材料收入利润稳定上升，2019—2022 年，收入同比增长达到 55.59%，归母净利润同比增长高达 91.45%。

表 3-172

| 主要科目项目 | 2019A | 2020A | 2021A | 2022A | 年度 | 股息率 | 现金分红总额（亿元） |
|---|---|---|---|---|---|---|---|
| 主营业务收入（亿元） | 2,202.88 | 2,562.72 | 3,097.92 | 3,427.37 | 2022 | 1.55% | 94.98 |
| 同比 | 16.76% | 16.33% | 20.88% | 10.63% | 2021 | 1.08% | 81.78 |
| 归母净利润（亿元） | 171.27 | 178.86 | 235.52 | 327.89 | 2020 | 1.17% | 64.05 |
| 同比 | 10.47% | 4.43% | 31.68% | 39.22% | 2019 | 1.21% | 57.21 |
| 每股收益-稀释 | 0.25 | 0.23 | 0.28 | 0.35 | 2018 | 1.38% | 58.37 |
| 同比 | 1.81% | -8.44% | 23.77% | 25.71% | 2017 | 0.66% | 48.11 |
| PE | 29.45 | 33.11 | 23.99 | 19.10 | 2016 | 0.61% | 41.46 |
| PEG | -95.00% | 276.00% | 761.00% | 81.00% | 2015 | 0.45% | 33.90 |
| 净利润（亿元） | 182.43 | 193.93 | 250.97 | — | 2014 | 0.64% | 29.57 |
| 同比 | 6.99% | 6.30% | 29.41% | — | 2013 | 0.79% | 26.28 |

**（3）环保行业与宽基的相关性分析及涨跌幅对照**

特别值得注意的，根据 2017 年 1 月 1 日至 2022 年 12 月 31 日的数据，环保（申万）指数和上证 50、沪深 300、中证 500 相关性较低，均在 0.3 以下。

表 3-173

|  | 上证 50 | 沪深 300 | 中证 500 | 中证 1000 |
|---|---|---|---|---|
| 环保（申万） | -0.396 | -0.323 | 0.247 | 0.575 |

2012 年 1 月 1 日至 2022 年 12 月 31 日，申万环保行业指数大幅跑输沪深 300，此阶段沪深 300 上涨了 68.42%，环保（申万）上涨了 25.14%。

从环保（申万）与沪深 300（可比）的趋势对比来看，2018 年后，环保（申万）与沪深 300 出现了偏离度较大。

2018 年 1 月 1 日至 2020 年 12 月 31 日：此期间环保（申万）下

跌了 −47.31%，沪深 300 上涨了 25.11%，环保（申万）大幅领跑输大盘 −72.42%。

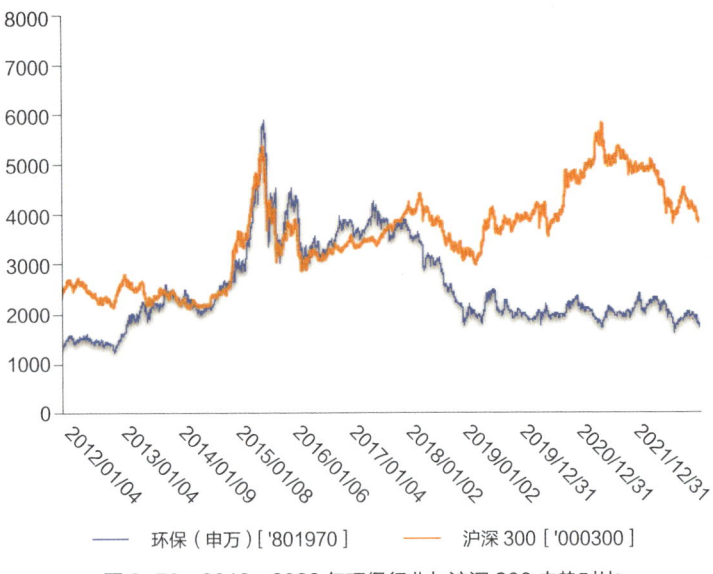

图 3-78 2012—2022 年环保行业与沪深 300 走势对比

图 3-79 2012—2022 年环保行业与沪深 300（可比）走势对比

## 5.4.28 纺织服饰

### （1）基本信息及主要成分构成

本书纺织服饰行业的分析主要基于纺织服饰（申万）指数的研究，纺织服饰（申万）基本信息如下：

表 3-174

| 指数名称 | 纺织服饰（申万） |
|---|---|
| 英文名称 | SWSTextiles & Apparel Index |
| 指数代码 | 801130.SI |
| 指数类型 | 股票类 |
| 基日 | 1999 年 12 月 30 日 |
| 基点 | 1000 |
| 发布日期 | 2003 年 10 月 16 日 |
| 发布机构 | 申银万国指数 |
| 加权方式 | 自由流通市值加权 |
| 收益处理方式 | 价格指数 |
| 成分数量 | 113 |

纺织服饰（申万）市值构成较为分散。前十大上市公司的权重占比为 28.76%，具体如下：

表 3-175

| 排名 | 证券代码 | 证券名称 | 权重 | 自由流通市值 |
|---|---|---|---|---|
| 1 | 600177.SH | 雅戈尔 | 4.59% | 164.32 |
| 2 | 600916.SH | 中国黄金 | 3.43% | 77.41 |
| 3 | 300979.SZ | 华利集团 | 3.17% | 71.08 |
| 4 | 002832.SZ | 比音勒芬 | 3.08% | 70.19 |
| 5 | 600398.SH | 海澜之家 | 2.79% | 62.61 |
| 6 | 002003.SZ | 伟星股份 | 2.71% | 61.24 |

续表

| 排名 | 证券代码 | 证券名称 | 权重 | 自由流通市值 |
|---|---|---|---|---|
| 7 | 000982.SZ | 中银绒业 | 2.54% | 67.34 |
| 8 | 601718.SH | 际华集团 | 2.46% | 67.26 |
| 9 | 300005.SZ | 探路者 | 2.01% | 42.16 |
| 10 | 002867.SZ | 周大生 | 1.98% | 46.12 |

纺织服饰（申万）指数共包括113只股票，按照申万二级行业分类纺织服饰行业可分为纺织制造、服装家纺、饰品。其中最主要的行业为服装家纺，市值占比47.42%。

表3-176

| 二级分类 | 成分股个数 | 成分股占比 | 市值（亿元） | 市值占比 | 平均市值 |
|---|---|---|---|---|---|
| SW环保 | 113 | 100.00% | 6,316.66 | 100.00% | 55.90 |
| 纺织制造 | 37 | 32.74% | 2,030.11 | 32.14% | 54.87 |
| 服装家纺 | 59 | 52.21% | 2,995.08 | 47.42% | 50.76 |
| 饰品 | 17 | 15.04% | 1,291.47 | 20.45% | 75.97 |

### （2）行业盈利及股息指标

近年来，纺织服饰行业收入利润稳定上升，2019—2022年，收入同比增长达到46.25%，归母净利润同比增长高达149.82%。

表3-177

| 主要科目项目 | 2019A | 2020A | 2021A | 2022A | 年度 | 股息率 | 现金分红总额（亿元） |
|---|---|---|---|---|---|---|---|
| 主营业务收入（亿元） | 3,438.91 | 2,607.39 | 4,843.15 | 5,029.33 | 2022 | 3.38% | 177.79 |
| 同比 | 19.65% | -24.18% | 85.75% | 3.84% | 2021 | 2.00% | 155.96 |
| 归母净利润（亿元） | 96.96 | 81.01 | 249.14 | 242.23 | 2020 | 1.78% | 88.32 |
| 同比 | -26.49% | -16.45% | 207.54% | -2.77% | 2019 | 2.33% | 94.54 |

续表

| 主要科目项目 | 2019A | 2020A | 2021A | 2022A | 年度 | 股息率 | 现金分红总额（亿元） |
|---|---|---|---|---|---|---|---|
| 每股收益-稀释 | 0.15 | 0.12 | 0.28 | 0.28 | 2018 | 3.07% | 119.96 |
| 同比 | −27.48% | −22.97% | 133.93% | 1.76% | 2017 | 1.62% | 99.89 |
| PE | 39.00 | 62.46 | 24.92 | 23.74 | 2016 | 1.00% | 81.58 |
| PEG | −84.00% | −103.00% | 15.00% | 156.00% | 2015 | 0.78% | 73.50 |
| 净利润（亿元） | 99.43 | 81.18 | 251.54 | — | 2014 | 1.44% | 64.95 |
| 同比 | −27.09% | −18.36% | 209.87% |  | 2013 | 1.99% | 54.65 |

### （3）纺织服饰（申万）指数与宽基的相关性分析及涨跌幅对照

根据2017年1月1日至2022年12月31日的数据，纺织服饰（申万）与上证50、沪深300，中证500相关性较低，均在0.2以下。

表3-178

|  | 上证50 | 沪深300 | 中证500 | 中证1000 |
|---|---|---|---|---|
| 纺织服饰（申万） | −0.420 | −0.375 | 0.150 | 0.508 |

从纺织服饰（申万）与沪深300（可比）的趋势对比来看，2018年后纺织服饰（申万）与沪深300出现了偏离度较大的情况。

2017年5月30日至2020年12月31日：在此期间，纺织服饰（申万）下跌了−41.40%，沪深300上涨了25.11%，差距为14.94%，纺织服饰（申万）大幅领跑输大盘−90.60%。

## 5.4.29 社会服务

### （1）基本信息及主要成分构成

本书社会服务行业的分析主要基于社会服务（申万）指数的研究，社会服务（申万）基本信息如下：

图 3-80　2012—2022 年申万纺织服饰行业与沪深 300 走势对比

图 3-81　2012—2022 年申万纺织服饰行业与沪深 300（可比）走势对比

表 3-179

| 指数名称 | 社会服务（申万） |
|---|---|
| 英文名称 | SWSSocialservicesIndex |
| 指数代码 | 801210.SI |
| 指数类型 | 股票类 |
| 基日 | 1999 年 12 月 30 日 |
| 基点 | 1000 |
| 发布日期 | 2003 年 10 月 16 日 |
| 发布机构 | 申银万国指数 |
| 加权方式 | 自由流通市值加权 |
| 收益处理方式 | 价格指数 |
| 成分数量 | 73 |

社会服务（申万）市值构成较为分散。前十大上市公司的权重占比为 54.07%，具体如下：

表 3-180

| 排名 | 证券代码 | 证券名称 | 权重 | 自由流通市值 |
|---|---|---|---|---|
| 1 | 300012.SZ | 华测检测 | 13.42% | 293.7 |
| 2 | 600754.SH | 锦江酒店 | 10.32% | 246.95 |
| 3 | 300144.SZ | 宋城演艺 | 7.53% | 156.13 |
| 4 | 600258.SH | 首旅酒店 | 6.23% | 129.22 |
| 5 | 002607.SZ | 中公教育 | 3.28% | 66.78 |
| 6 | 300416.SZ | 苏试试验 | 3.18% | 65.86 |
| 7 | 600158.SH | 中体产业 | 3.16% | 62.94 |
| 8 | 600138.SH | 中青旅 | 2.72% | 58.53 |
| 9 | 002967.SZ | 广电计量 | 2.20% | 46.63 |
| 10 | 300662.SZ | 科锐国际 | 2.03% | 45.24 |

社会服务（申万）指数共包括 73 只股票。按照申万二级行业分类社会服务行业可分为体育Ⅱ、专业服务、酒店餐饮、旅游及景区、教

育，社会服务行业市值占比较分散。

表3-181

| 二级分类 | 成分股个数 | 成分股占比 | 市值（亿元） | 市值占比 | 平均市值 |
|---|---|---|---|---|---|
| SW社会服务 | 73 | 100.00% | 5,356.14 | 100.00% | 73.37 |
| 旅游及景区 | 19 | 26.03% | 1,368.30 | 25.55% | 72.02 |
| 专业服务 | 22 | 30.14% | 1,519.51 | 28.37% | 69.07 |
| 酒店餐饮 | 9 | 12.33% | 1,416.73 | 26.45% | 157.41 |
| 教育 | 19 | 26.03% | 906.59 | 16.93% | 47.72 |
| 体育Ⅱ | 4 | 5.48% | 145.01 | 2.71% | 36.25 |

### （2）行业盈利及股息指标

近年来，社会服务行业收入呈下降趋势，2019—2022年，收入同比下降到-17.55%，归母净利润同比下降-117.23%。

表3-182

| 主要科目项目 | 2019A | 2020A | 2021A | 2022A | 年度 | 股息率 | 现金分红总额（亿元） |
|---|---|---|---|---|---|---|---|
| 主营业务收入（亿元） | 1,400.62 | 993.04 | 1,196.81 | 1,154.76 | 2022 | 0.42% | 18.13 |
| 同比 | -3.82% | -29.10% | 20.52% | -3.51% | 2021 | 0.36% | 20.68 |
| 归母净利润（亿元） | 86.79 | -2.22 | -68.75 | -14.95 | 2020 | 0.38% | 29.60 |
| 同比 | -8.68% | -102.55% | -3002.68% | 78.25% | 2019 | 0.76% | 27.69 |
| 每股收益-稀释 | 0.43 | -0.01 | -0.15 | -0.03 | 2018 | 1.01% | 28.89 |
| 同比 | -2.13% | -102.35% | -1416.27% | 77.62% | 2017 | 0.79% | 24.42 |
| PE | 41.96 | — | — | -296.98 | 2016 | 0.36% | 14.12 |
| PEG | -1194.00% | -1229.00% | — | — | 2015 | 0.33% | 12.21 |
| 净利润（亿元） | 99.30 | 5.53 | -70.62 | — | 2014 | 0.52% | 10.55 |
| 同比 | -7.82% | -94.43% | -1377.57% | — | 2013 | 0.75% | 9.93 |

### （3）社会服务（申万）指数与宽基的相关性分析及涨跌幅对照

特别值得注意的，根据 2017 年 1 月 1 日至 2022 年 12 月 31 日的数据，社会服务（申万）指数和上证 50、沪深 300 相关性较高，均在 0.7 以上。

表 3-183

|  | 上证 50 | 沪深 300 | 中证 500 | 中证 1000 |
|---|---|---|---|---|
| 社会服务（申万） | 0.777 | 0.877 | 0.641 | 0.313 |

2012 年 1 月 1 日至 2022 年 12 月 31 日，申万社会服务行业指数大幅跑赢沪深 300，此阶段沪深 300 上涨了 68.42%，申万社服指数上涨了 373.48%。

从社会服务（申万）与沪深 300（可比）的趋势对比来看，2020 年后，社会服务（申万）与沪深 300 出现了偏离度较大的情况。

2019 年 12 月 31 日至 2021 年 12 月 31 日期间，社会服务（申万）上涨了 78.91%，沪深 300 上涨了 20.60%，差距为 14.94%，社会服务（申万）大幅跑赢大盘 58.31%。

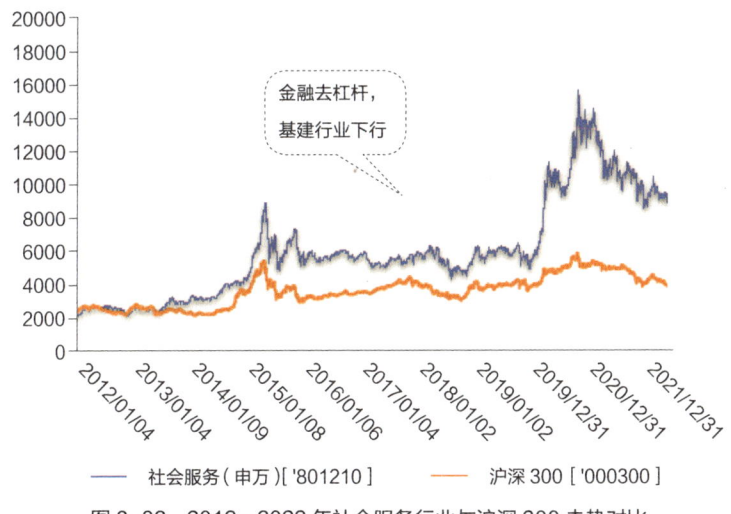

图 3-82　2012—2022 年社会服务行业与沪深 300 走势对比

图 3-83　2012—2022 年社会服务行业与沪深 300（可比）走势对比

### 5.4.30 美容

**（1）基本信息及主要成分构成**

本书美容行业的分析主要基于美容护理（申万）指数的研究，美容护理（申万）基本信息如下：

表 3-184

| 指数名称 | 美容护理（申万） |
| --- | --- |
| 英文名称 | SWSBeautycare Index |
| 指数代码 | 801980.SI |
| 指数类型 | 股票类 |
| 基日 | 1999 年 12 月 30 日 |
| 基点 | 1000 |
| 发布日期 | 2021 年 12 月 13 日 |
| 发布机构 | 申银万国指数 |
| 加权方式 | 自由流通市值加权 |
| 收益处理方式 | 价格指数 |
| 成分数量 | 28 |

美容行业市值很集中，前十大上市公司的权重占比为83.3%，具体如下：

表 3-185

| 排名 | 证券代码 | 证券名称 | 权重 | 自由流通市值 |
| --- | --- | --- | --- | --- |
| 1 | 300896.SZ | 爱美客 | 30.61% | 415.92 |
| 2 | 603605.SH | 珀莱雅 | 17.03% | 230.21 |
| 3 | 300957.SZ | 贝泰妮 | 13.15% | 198.62 |
| 4 | 002511.SZ | 中顺洁柔 | 5.00% | 67.54 |
| 5 | 600315.SH | 上海家化 | 4.31% | 95.61 |
| 6 | 300888.SZ | 稳健医疗 | 4.27% | 79.65 |
| 7 | 300856.SZ | 科思股份 | 2.96% | 39.31 |
| 8 | 002243.SZ | 力合科创 | 2.15% | 30.33 |
| 9 | 300132.SZ | 青松股份 | 1.98% | 27.15 |
| 10 | 000615.SZ | 奥园美谷 | 1.84% | 27.24 |

美容护理（申万）指数共包括28只股票，按照申万二级行业分类美容行业可分为个护用品、医疗美容、化妆品三大类。

表 3-186

| 二级分类 | 成分股个数 | 成分股占比 | 市值（亿元） | 市值占比 | 平均市值 |
| --- | --- | --- | --- | --- | --- |
| SW 美容 | 28 | 100.00% | 4,084.66 | 100.00% | 145.88 |
| 个护用品 | 13 | 46.43% | 935.74 | 22.91% | 71.98 |
| 医疗美容 | 2 | 7.14% | 1,289.88 | 31.58% | 644.94 |
| 化妆品 | 13 | 46.43% | 1,859.04 | 45.51% | 143.00 |

**（2）行业盈利及股息指标**

近年来，美容行业收入利润稳定上升，2019—2022年，收入同比增长达到62.94%，归母净利润同比增长高达208.93%。

表 3-187

| 主要科目项目 | 2019A | 2020A | 2021A | 2022A | 年度 | 股息率 | 现金分红总额（亿元） |
|---|---|---|---|---|---|---|---|
| 主营业务收入（亿元） | 501.10 | 627.99 | 722.80 | 816.51 | 2022 | 0.62% | 23.43 |
| 同比 | 16.92% | 25.32% | 15.10% | 12.96% | 2021 | 0.62% | 27.54 |
| 归母净利润（亿元） | 34.61 | 47.48 | 79.10 | 106.92 | 2020 | 0.24% | 8.59 |
| 同比 | 46.51% | 37.18% | 66.62% | 35.17% | 2019 | 0.39% | 5.01 |
| 每股收益－稀释 | 0.48 | 0.55 | 0.67 | 0.89 | 2018 | 0.70% | 5.38 |
| 同比 | 15.18% | 14.88% | 22.86% | 32.09% | 2017 | 0.27% | 2.39 |
| PE | 43.40 | 98.43 | 47.78 | 35.25 | 2016 | 1.18% | 7.42 |
| PEG | 200.00% | −275.00% | −176.00% | 87.00% | 2015 | 0.68% | 4.35 |
| 净利润（亿元） | 34.98 | 36.62 | 79.65 | — | 2014 | 0.90% | 3.94 |
| 同比 | 44.91% | 4.68% | 117.51% | — | 2013 | 0.88% | 4.02 |

### （3）美容（申万）指数与宽基的相关性分析及涨跌幅对照

根据 2017 年 1 月 1 日至 2022 年 12 月 31 日的数据，美容护理（申万）指数和上证 50、沪深 300、中证 500 相关性较高，均在 0.7 以上。

表 3-188

|  | 上证 50 | 沪深 300 | 中证 500 | 中证 1000 |
|---|---|---|---|---|
| 美容（申万） | 0.755 | 0.881 | 0.735 | 0.455 |

2012 年 1 月 1 日至 2022 年 12 月 31 日，美容护理（申万）指数大幅跑盈沪深 300，此阶段沪深 300 上涨了 158.33%，美容（申万）上涨了 68.42%。

从美容护理（申万）与沪深 300（可比）的趋势对比来看，2020 年后，美容护理（申万）与沪深 300 出现了偏离度较大的情况。

2019年12月31日至2021年12月31日期间，美容护理（申万）上涨了58.15%，沪深300上涨了20.60%，美容护理（申万）大幅跑赢大盘37.55%。

图 3-84　2012—2022 年美容行业与沪深 300 走势对比

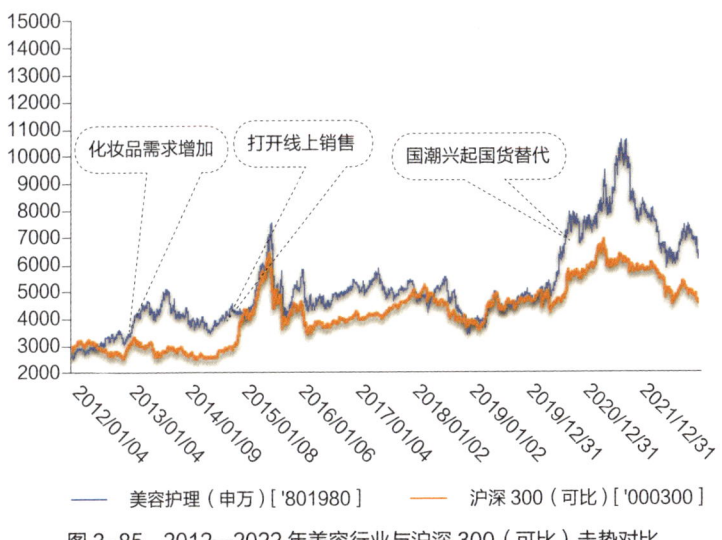

图 3-85　2012—2022 年美容行业与沪深 300（可比）走势对比

## 5.5　股票的选择

### 5.5.1　资本及股票的归因及估值

**（1）资本市场的归因**

资本市场的总市值和哪些因素有关？这方面的理论及模型有很多，但我认为以下模型可以较好地解释当下的市场。

$$V_t^e = GDP_t \times S_t^k \times PE_t$$

$V_t^e$ 是指权益市场整体价值；

$GDP_t$ 是指名义GDP水平；

$S_t^k$ 是指每一份GDP的盈利水平；

$PE_t$ 是指市场整体的PE比率；

照此理论，在有限的期间内 $S_t^k$ 和 $PE_t$ 均会影响资本市场整体价值，但长期来看，影响资本市场价值的最主要因素为 $GDP_t$。

**（2）股票的估值及归因**

在股票的估值方面，有两种实用的方法，相对价值法和戈登增长模型；在归因方面，GK模型更为有效。

①相对价值法

相对价值法是相对简单的，即用目标公司的PB、PE或PEG等倍数和行业的PE、PB进行对比，来判断目标公司的股票是否被高估或者低估，以此对投资进行判断。

②Gordon增长模型

1956年，Myron J.Gordon和其他学者一起发布了戈登增长模型（Gordon Growth Model，GGM），其本质是假设未来以恒定速率增长的一系列股息来确定股票的内在价值（Intrinsic value）。

$$P = \frac{D_1}{r-g}$$

P：股票价格（公允价值）；

$D_1$：下一年向普通股股东分配的每股预期股息；

r：贴现率或必要收益率或资本成本；

g：是预期恒定的股息增长率；

3. GK 模型

2002 年，Grinold 和 Kroner 在戈登增长模型的基础上，提出了 GK 模型，将股票预期收益拆解成现金流收益（$\frac{D}{P} - \%\Delta S$）、盈利增长（$\%\Delta E$）、和 PE 倍数调整这三个部分（$\%\Delta P/E$），具体如下：

$$E(R_e) = \frac{D}{P} - \%\Delta S + \%\Delta E + \%\Delta P/E$$

$E(R_e)$：预期股票收益率；

$\frac{D}{P}$：股票分红率；

$\%\Delta S$ 是预计在外股票数的变化百分比；

$\%\Delta E$ 是预计总盈利的变化百分比；

$\%\Delta P/E$ 是预计在 PE 倍数的变化百分比；

## 5.5.2 选股的基本逻辑

### （1）自下而上的选股逻辑

自下而上的选股整体可以分为价值导向和成长导向。

①价值导向

价值导向逻辑即寻找证券价格低于其内在价格的股票，具体包括以下六种策略：

a. 相对价值策略；即寻找公司的 P/E 或者 P/B 倍数低于行业平均的公司，但要警惕价值陷阱。

b. 深度价值策略；寻找极低市场行业的 PE 或者 PB 的公司，这些公司往往正处于一些财务压力之中。深度价值的创造需要投资者是某一方面的专家，需要其具备判断上市公司是否有深度价值反转的能力。

c. 重组公司股票策略；关注那些濒临破产，但资产又大于负债的公司。

d. 股利投资策略；关注那些高股利的且有正向股利增长的公司，即高息股股票。按照笔者过往经验，高息股组合整体收益风险比较高，但在上涨、下跌环境下还是有所差异，市场下跌时，高息股可以起到"熊市保护伞"的作用，例如在 2018 年市场急速下跌期间，高息股超额收益明显；但在市场快速上涨时，高息股表现会弱于大盘，例如 2015 年的牛市。

e. 质量公司投资策略；关注那些盈利能力好、治理水平高，能够稳健融资的公司。

f. 事件驱动策略；如果投资者对某些事件的理解比他人更透彻、更长远，甚至在合法合规的前提下，比广大投资者更先知道某些新信息，就可以采取事件驱动策略。常见的事件驱动策略包括并购、换股引发的事件驱动。

举个例子：A 公司股票目前 45 元 / 股，B 公司股票 15 元 / 股。A、B 公司拟按照 1 股 A 换 2 股 B 的比例进行换股。公告发布后 B 公司股价上涨到 19 元 / 股，而 A 公司的股票下跌到 42 元。投资者王先生对此次收购非常有信心，认为一定会成功实现，此时他做出了抛售 10,000 股 A 公司股票，买入 20,000 股 B 公司股票的动作。

如果该并购如期完成，王先生的收益将会是 $42\times10{,}000-19\times20{,}000=40{,}000$ 元。但是世界上没有免费的午餐，如果王先生判断失误，并购交易没有完成，在不考虑其他因素的情况下，A 股票会回归到

45元，而B股票将下跌到19元。

由于A股票是卖空，因此A股票的交易损失为（42-45）×10,000=-30,000元；

由于B股票是做多，因此B股票的交易损失为（15-19）×20,000=-80,000元；

累计亏损为：-30,000-80,000=-110,000元。

随着资本市场越来越有效率，事件驱动的有效性会越来越弱。

②成长导向

相对于价值导向的投资，成长导向的投资，更少地关注公司现有的PB或者PE估值，而是关注于该公司的成长情况，其是否具备长期增长能力，通过PEG（即P/E-togrowth ratio）来衡量和判断一家公司可能在某些环境下的增长是否可持续。

举一个例子：

表3-189

| 公司 | 股价 | 预测12个月后的EPS | 预测3年后EPS增速 | 分红率 | 所属行业 | 行业平均PE |
|---|---|---|---|---|---|---|
| A | 50 | 5 | 20% | 0.01 | 消费 | 10 |
| B | 56 | 2 | 2% | 0 | 互联网 | 35 |

A公司的PE为10（50÷5），与行业平均PE相同；B公司的PE为28（50÷5），低于行业平均35。如果仅从估值的角度来看，应该选B公司进行投资，因为B公司低于行业平均，公司业绩被低估。

但是如果考虑到成长导向的，A公司的PEG要远小于B公司，因此要选A公司。

A公司PEG=10÷20=0.5；

B公司PEG=28÷2=14；

当我们以成长导向做投资时，一定要关注成长陷阱。所谓成长陷阱是指一些行业由于投资人对其未来的"成长"过于乐观，给予股票当下过高的估值，导致 PE 过高。但是未来公司是否能"快速成长"，这是一个概率事件。一旦成长不及预期，股价存在大跌或者崩盘的风险。

**（2）自上而下的选股逻辑**

自下而上的选股主要关注点是公司个股，而自上而下的选股关注的则是宏观经济环境和板块变量，重点要考虑以下大变量：全球及全国经济状况及政策、行业发展及轮动、市场波动率、主题投资及热点。

### 5.5.3 如何购买好并卖出股票

购买好的股票，实际上分为三个步骤。第一步是发现好股票，第二步是择时买入，第三步是及时止盈。

**（1）发现好股票**

虽然股票投资不只是挑选好股票，但选择好股票是可以说得上是最基础的一步。那什么股票可以叫作好股票？

不同的流派观点不一样，深度价值的投资者认为，估值低安全边际高的股票是好股票；成长性投资者又认为，想象空间大，成长性好的股票是好股票；其他流派又有自己对好股票的定义。

各流派的观点存在即合理。每个流派都有自己的投资逻辑和投资指标，但是投资时严格按照这些逻辑和指标选股票，也不能确保能选到好股票。正确的选股逻辑不能保证每一次都正确，只能对提高正确率有帮助。

投资是一个长期的体系化过程，提高选股正确率对提升投资收益是非常重要的。如果投资者只投一次，投得好不好，运气占了很大的因素。但是投资是一个长时间且需要多次尝试的过程，在这个体系下，成功的概率就非常重要了。

在不同投资逻辑前提下，好股票的标准是完全不一样的。条条大路通罗马，但是频繁地更换"大路"，那结果一定通不了罗马。如果投资者选定了一套逻辑和标准来挑选股票，那么，除非股票基本面发生很大的变化，否则无论股价如何变化，最好一直坚持下去，不要这山望着那山高，频繁地更换赛道和方法，只会促成一个结果——"追涨杀跌"。

**（2）择时买入**

对于大众投资者而言，择大时是非常重要的，甚至比择股票还要重要。选择一个好的时间点，切莫跟风！

**（3）及时止盈**

做股市投资，尤其是股票投资，及时止盈非常重要。宁可少赚，也要少承担风险。只有卖出，才叫盈利，其余都叫做浮盈。

# 6 股指期货及衍生品的应用

切记,股指期货及衍生品只是一种工具,而不是一种判断。衍生品的成功运用必须建立在对市场正确预判的基础上,如果对市场方向判断是正确的,那么衍生品的应用会是极其成功的,如果对市场和方向判断反了,那无疑是场灾难。

## 6.1 股指期货

股指期货(Share Price Index Futures),是指以股价指数为标的物的标准化期货合约,双方约定在未来的某个特定日期,可以按照事先确定的股价指数的大小,进行标的指数的买卖,到期后通过现金结算差价来进行交割。

相对于股票及基金,股指期货的以下 2 个特点在助力实现资产增值中会起重要作用。

### 6.1.1 杠杆性

股指期货的交割,保证是买卖一手股指期货合约占用的保证金比例,一般为合约价值的 10%—20%(具体由交易所规定)。这就意味着投资者在看好某一指数时,可以通过看买该指数的股指期货来实现,且不用投入足额本金,在不考虑手续费的情况下,10% 的保证金意味着 10 倍杠杆。

### 6.1.2 双向性

股指期货既可以买涨,也可以买跌。如果投资者不看好未来的股市,当他进行股票或者基金操作时只能以空仓来避免损失。一旦运用股指期货,则可通过看空来获利。

## 6.2 期权

### 6.2.1 看涨期权

看涨期权(call option)又称认购期权,是指期权的购买者拥有在期权合约有效期内按执行价格买进一定数量标的物的权利。挂钩金融资产的看涨期权,往往不会进行实物交割,而是轧差交易标的上涨期间的现金。

### 6.2.2 看跌期权

看跌期权(put option)又称认沽期权,是指买方有权在将来特定时间以特定价格卖出约定数量合约标的的期权合约。客户购入看跌期权后,有权在规定的日期或期限内,按契约规定的价格、数量向"看跌期权"的卖出者卖出某有中价证券。

### 6.2.3 组合期权:备兑看涨期权策略

备兑看涨期权策略是指投资者持有一个股票,同时卖出一个看涨期权,即备兑看涨期权策略 = 买股票 + 卖期权。

投资者王先生持有股票价格 41 美元,此时以 3 美元的成本卖出执行价格为 44 美元的看涨期权,构成备兑看涨期权策略。组合期权的主要功能是股票持有者在长期持有股票时,可以通过卖出期权增厚收益。

### 6.2.4　组合期权：保护性看跌期权

保护性看跌期权是指投资者持有一只股票，同时买入一个看跌期权，即：保护性看跌期权＝买股票＋买期权。

例如，投资者王先生持有股票价格41美元，此时以3美元的成本买入执行价格为40美元的看涨期权，构成保护性看跌期权。保护性看跌期权的主要功能是股票持有者在长期持有股票时，买入看跌期权，以防股价大幅下跌。

### 6.2.5　组合期权：衣领期权

衣领期权是指投资者持有一只股票，同时买入一个看跌期权，同时卖出一个看跌期权，即：衣领期权＝买股票＋买入看跌期权＋卖出看涨期权。

例如，投资者王先生持有股票价格40美元，此时以3美元的成本买入执行价格为35美元的看跌期权，同时以3美元的成本卖出执行价格为44美元的看涨期权，构成衣领期权。衣领期权的可以理解为在保护性看跌期权的基础上再卖出一个看涨期权。此举为为股票持有者在长期持有股票时，买入看跌期权，以防股价大幅下跌。但是通常而言，看跌期权的期权费很贵，为了对冲成本，需要卖出同一标的的看涨期权。

### 6.2.6　组合期权：跨式期权

跨式期权是指投资者持有同一个标的看涨期权和看跌期权，即跨式期权＝买看涨期权＋买看跌期权。

买入跨式期权的主要功能是股票持有者预测未来股票会大幅波动，但是看不准股票的波动方向，买入跨式期权后无论股票大涨，还是大跌都会有收益，但是代价就是支付期权费。当投资者预测未来股票不会有大的波动时，可以卖出跨式期权，即卖出同一标的的看涨期权或看跌期权，以赚取期权费。

## 6.3 期货及期权的运用

### 6.3.1 看涨期权或股指期货加杠杆做多

当投资者看好某一指数时，可以通过期权或者股指期货加杠杆做多，获取超额收益。

### 6.3.2 看跌期权或股指期货加杠杆做空

当投资者看跌某一指数时，可以通过期权或者股指期货加杠杆做空，即便是指数下跌，也可获得收益。

### 6.3.3 通过衍生品对冲权益风险

可以通过股指期货来控制和管理对应股票的敞口。具体公式如下：

$$\beta_T \times S = \beta_S \times S + N_F \times \beta_f \times F$$

反解出需要购买的期货数量：

$$N_F = \left(\frac{\beta_T - \beta_S}{\beta_f}\right)\left(\frac{S}{F}\right)$$

$\beta_S$ 与 $\beta_T$：初始股票对应的 $\beta$ 与目标股票对应的 $\beta$；

$S$：购买股票或者权益资产的市值；

$\beta_f$：期货的 $\beta$；

$F$：期货的价值；

$N_F$：需要交易期货的数量。

举个例子：张先生买了 7000 万的中证 500ETF，假设 1 个月的 500

期货报价是 3000 元，1 点中证 500 是 200 元。张先生想对冲掉其 40% 的 500ETF 的风险敞口。张先生需要怎么操作呢？

对冲掉 40% 的 500ETF 敞口，就是把 40% 的 500ETF 基金的 β 调整为 0，而 500ETF 和 500 期货的 β 为 1。

$$N_F = \left(\frac{1.9-0.85}{1}\right)\left(\frac{15,000,000\times 0.9}{2300\times 200}\right) = 30.81 \approx 31$$

答案是张先生需要做空 47 手期货。

### 6.3.4 通过衍生品调整组合的 β 系数及股性

根据 $N_F = \left(\frac{\beta_T - \beta_S}{\beta_f}\right)\left(\frac{S}{F}\right)$，不仅可以对冲风险，还能加杠杆，看多股市。

举个例子：王先生现在有 1,500 万元的大盘股股票头寸，这些股票头寸与中证 500 的 β 系数为 0.85，他预计 3 个月后股票会有一轮大行情，他决定把 90% 的股票头寸的 β 调整到 1.9，他要如何操作呢？中证 500 期货报价是 2300 点，1 点 200 元。

$$N_F = \left(\frac{1.9-0.85}{1}\right)\left(\frac{15,000,000\times 0.9}{2300\times 200}\right) = 30.81 \approx 31$$

答案是王先生需要买入 31 手 500ETF。

# 第四篇
# CHAPTER 4

# 风控及成本管理

> 投资法则一,尽量避免风险,保住本金;第二,尽量避免风险,保住本金;第三,坚决牢记第一、第二条。
>
> ——[美]沃伦·巴菲特

# 1 风控管理

## 1.1 风控的重要性

风控控制是实现资产增值过程中至关重要的一个环节。在投资圈，大家或多或少都听过有关风控的金句，比如，巴菲特的投资原则，第一条原则：永远不要亏钱；第二条原则：永远不要忘记第一条原则。

在不少投资者看来，上述金句确实非常有道理，但是实际操作起来却无从下手。首先，投资是一种放大人类欲望的"投机运动"，一但参与进来，容易被欲望牵引，见好就收或者及时止损，这是不现实的；其次，资产价格都是不断波动的，巴菲特"永远不要亏钱"的建议，很多投资者完全无法理解，昨天买了基金，今天就亏损，我找谁说理去？

在过往投资过程中，我也遇到过相关的困惑。在实际操作中，如果对自己的投资行为做"风控"，会影响赚钱的效率；但如果不对自己的投资行为做"风控"，则容易出现血本无归的结局。

经过漫长的思考和探索，我意识到，风控绝对不是独立于投资行为的约束，而是投资行为的一部分。如何做风控和很多方面有关系，是一件比较复杂的事情，绝对不是简单给自己画一条线"涨 20% 就止盈，跌 20% 就止损"这么简单的理解。

## 1.2 风控过程中重点考虑因素

### 1.2.1 投资品种

投资者对自己投资品种进行风控时,一定要做一个判断,即这个投资品类是否自带风控属性,进而判断是否需要投资者进行主观风控。

举个例子,如果投资者直接买的股票,那就需要严格风控,并根据市场风格进行调整;但是如果投资者买的是中性基金,投资品种本身就自带风控属性,如果频繁对头寸并频繁调整,反而会影响收益率。

### 1.2.2 资本积累阶段

如何风控,也和投资者所处的阶段紧密相关。如果投资者还年轻,处于资本积累阶段。那就不妨将风控尺度放大一些,投资更加集中一些。如果投对了,可以大幅缩短实现资产增值的时间。如果投错了,大不了再攒本金从头再来。

这个阶段做投资可以多关注夏普比率,可以适度加一些杠杆。当然,在加杠杆增加超额收益的同时,也会增加超额风险,且不是同比例增加。超额收益的增加值要小于超额风险,主要由于风险增加后的收益衰减。

### 1.2.3 资本增值保值阶段

如果投资者已经完成原始资本积累,进入了资本增值保值阶段。这个时期就应当严格做好风控,选择多品类优质资产,尽可能地分散,降低风险。在安全的前提下,实现资产的增值保值。

# 2 成本管理

在投资的过程中,成本也是需要被重点考量的,以下几类成本需要投资者重点关注。

## 2.1 机会成本

机会成本是指做一个选择后所丧失的不做该选择而可能获得的最大利益。

举个例子,投资者王先生只有100万元的资金,全部用于购买年化5%固定收益,于是,就没有多余的资金用于购买权益类资产。恰逢牛市行情,权益市场上涨20%,由于购买固定收益而丧失的购买权益类资产的或有收益,这就是机会成本。

## 2.2 时间成本

时间成本,即做某件事情要花费的时间,把这个时间换算成人民币即可衡量。例如,投资者老王的月薪是10万元,他每个月会花将近1周的时间来研究股票,那老王在股票上的时间成本就是2.5万元。

## 2.3　交易成本

交易成本是指投资者最终成交的价格和理想中的价格之间的差额，在英文中有个专业的名词，叫作 Implementation Short fall（以下简称 IS）

IS（交易成本）= paper return（理想中的交易价格）– actual return（实际交易价格）

1991 年，Wagner（1991），针对交易环节进行进一步分解

IS（交易成本）= delay cost + trading cost + opportunity cost + fixed fees

延迟成本：反映的是作出决策，到准备提交交易时，交易资产的价格变动；

交易成本：反映的是提交交易到实际完成交易，两者的差值；

机会成本：反映的是未交易资产的价格变动引起的成本；

## 2.4　融资成本

如果投资者进行融资加杠杆，那就一定要考虑到融资成本。

在本书第二篇 2.2.1 套利提到：加杠杆后的收益率。

$$R_P = R_I + \frac{V_B}{V_E} \times (R_I - R_B)$$

$R_P$：加完杠杆后最终收益率；

$R_I$：投资资产的收益率；

$R_B$：杠杆的成本；

$V_B$：杠杆的总额；

$V_E$：本金金额；

其中 $R_B$ 就是融资成本，投资者在进行加杠杆融资时一定要考虑融资成本的大小，($R_I$–$R_B$) 的差距越大，收益越多。

## 2.5 佣金、管理费、业绩报酬成本

投资者在进行资产投资时，也需要对佣金、管理费、业绩报酬等中间费用进行关注。比如，在购买房地产时，会涉及中介佣金，如果房价总价 1000 万元，佣金 2%，那就是 20 万元。再比如购买私募基金，往往会涉及管理费（一般而言，管理费 1%）和业绩报酬（一般而言业绩报酬为 20%）。

如果投资者王先生花 100 万元购买了某私募基金，1 年后基金资产涨到了 200 万元，在不考虑管理费和业绩报酬的情况下，此时基金涨幅为 100%。但是要考虑有 1% 的管理费和 20% 的业绩报酬。200 万元净值会收取 1% 的管理费，管理费后收入 198 万元，针对 98 万元部分，收取 20% 的业绩报酬 19.6 万元，因此，管理费、业绩报酬后实际收入：200 – 19.6 – 2 = 178.4 万元。

基金净值实际收益为 78.4%。

在投资过程中，投资者应尽量避免上述成本，投资收益的提升是一个积沙成塔，积水成渊的过程，切莫因为某一项成本低而忽略。